HELGA HENGGE

*Nur der Himmel ist höher*

HELGA HENGGE

# Nur der Himmel ist höher

*Mein Weg auf den Mount Everest*

DROEMER

Besuchen Sie uns im Internet:
www.droemer-weltbild.de

Die Folie des Schutzumschlags sowie die Einschweißfolie
sind PE-Folien und biologisch abbaubar.
Dieses Buch wurde auf chlor- und säurefreiem Papier gedruckt.


Umschlaggestaltung: ZERO Werbeagentur, München
Umschlagfotos: Helga Hengge, Sigi Hengstenberg
Umbruch: Ventura Publisher im Verlag
Druck und Bindung: Clausen & Bosse, Leck
Printed in Germany
ISBN 3-426-27213-X

4 5 3

Für Russell Brice, Lobsang Tember Sherpa, Phurba Tember Sherpa, Karsang Sherpa, Sonam Sherpa, Narwang Sherpa, Chimi Sherpa, Lacchu Basnet, Kulpadur Basnet, Kassang, Choldrim und Norbu

Die Himalayan Experience Expedition
auf den Mount Everest über die Nordseite, Frühjahr 1999

| | |
|---|---|
| Expeditionsleiter: | Russell Brice, Neuseeland |
| Sherpas und Mitglieder des Teams: | Lobsang Sherpa (Sirdar)<br>Phurba Sherpa<br>Karsang Sherpa<br>Sonam Sherpa<br>Narwang Sherpa<br>Lacchu (Koch)<br>Kulpadur (Koch)<br>Chimi Sherpa (Kochboy)<br>Kassang<br>Choldrim<br>Norbu |
| Bergsteiger: | Ken McConnell, Australien<br>Geoff Robb, Australien<br>Kazuhiko Kozuka, Japan<br>Kunitsugu Kobayashi, Japan<br>Helga Hengge, Deutschland |

*Eine Karte von der Nordseite des Mount Everest mit der Route über den Nordsattel und den Nordostgrat zum Gipfel finden Sie auf Seite 303.*

*Mount Everest, 27. Mai 1999*

*Nie werde ich die Nacht vergessen, als wir zum Gipfel der Welt stiegen, jene fast vollmondhelle Nacht, in der die Sterne von den Schneefeldern in den Himmel blitzten. Vorsichtig beugte ich mich über die Wechte und drückte mein Daunenkleid in den gefrorenen Schnee. Dann tastete ich mich langsam nach vorne. Wundersam leuchtete ein weißes Licht im Inneren des Berges. Die Schneefelder rauschten leise in die Tiefe, Millionen von Schneekristallen glitzerten ins Unendliche der schwarzen Nacht. Es war vollkommen still; die ganze Welt schien unter den dicken silbernen Wolken zu schlafen. Nie werde ich die Nacht vergessen, in der der Mond auf den Schneefeldern tanzte. Hier waren die Götter zu Hause, im Land des Schnees – im Himalaja.*

# 1

*Wäre es uns möglich, weiter zu sehen, als unser Wissen reicht, und noch ein wenig über die Vorwerke unseres Ahnens hinaus, vielleicht würden wir dann unsere Traurigkeiten mit größerem Vertrauen ertragen als unsere Freuden. Denn es sind die Augenblicke, da etwas Neues in uns eingetreten ist, etwas Unbekanntes; unsere Gefühle verstummen in scheuer Befangenheit, alles in uns tritt zurück, es entsteht eine Stille, und das Neue, das niemand kennt, steht mitten drin und schweigt.*

RAINER MARIA RILKE

## *New York, in einer schlaflosen Nacht*

Erneut drehte ich mich in meinem Bett herum, zum hundertsten Mal in dieser Nacht. Mit aller Macht versuchte ich, meine Gedanken in stillere Bahnen zu lenken, um endlich in jene selige Leere zu gleiten, die sich kurz vor dem Einschlafen einstellt. Ich hatte schon alle Schafe dieser Welt gezählt, aber der Schlaf wollte nicht kommen. Wieder beugte ich mich vornüber, um meine Bergstiefel zu schnüren, und begann über das Hochland zu wandern. Die Gebetsmühlen in dem alten Kloster drehten sich langsam und trugen die Gebete fort in die blauen Lüfte des Himmels. Dann brach der tosende Sturm in mir wieder los – und da stand er auch schon wieder: strahlend in der Morgensonne, ein weißer Wolkenschweif wehte von seinem Haupt in den Himmel.

Wenige Wochen zuvor hatte ich beschlossen, mit Stefan, einem alten Freund aus München, nach Lhasa zu fliegen und mich einer Trekkingtour zum Basislager des Mount Everest anzuschließen. Ich dachte, diese Tour, die unter der Leitung von Russell Brice stattfinden sollte, sei ein gutes Training, weil ich plante, im Sommer den 8049 Meter hohen Broad Peak im Karakorum (Pakistan) zu besteigen. Ein paar »kleinere« Achttausender wollte ich schon noch erklimmen, bevor ich mich an den höchsten Berg der Welt wagte. Warum also sollte ich nicht für drei Wochen nach Tibet fahren, um mir den Ausgangspunkt meiner zukünftigen Expedition schon einmal anzuschauen? Stefan war begeistert von dieser Idee. Wenige Stunden zuvor hatte ich Russell per E-Mail die Bestätigung unserer Teilnahme geschickt. Ich hatte Russell im Herbst des vergangenen Jahres während meiner Expedition zum Cho Oyu kennen gelernt. Russell leitete zwar eine andere Gruppe, aber wir waren Nachbarn

im Basislager; ich war sehr beeindruckt von seiner Organisation und dachte, wenn ich jemals den Everest besteigen würde, dann mit ihm. Die Gebetsmühlen drehten sich weiter und weiter, aber meine Gedanken waren schon wieder zum Everest gewandert. Meine Plastikstiefel, die dicke Daunenjacke, Steigeisen und Eisaxt – all dies brauchte ich diesmal nicht zu packen, denn das Basislager, unsere letzte Station auf der Trekkingroute, liegt auf 5200 Metern, also weit unterhalb der Gletscher. Ich hatte schon viele Bilder vom Basislager gesehen, wo die Chomolungma, wie die Tibeter den Mount Everest nennen, so erhaben in die Höhe ragt. Die ganze Nordwand kann man von dort aus sehen, und den weißen, über der Gipfelkrone wehenden Wolkenschweif, in dem die Götter der Berge zu wohnen scheinen. Und dort sollte ich dann umkehren und den wagemutigen Abenteurern nachwinken, wenn sie an einem frühen Morgen zum nächsten Camp aufbrachen? Nein, das war unmöglich.
Ich drehte mich im Bett noch einmal um, um weiter zu träumen von dem fernen Land dort oben auf dem Dach der Welt. Aber ich konnte nicht schlafen. Immer weiter stiegen die anderen, die ich noch gar nicht kannte, über die große Moräne hinauf. Nun waren sie schon winzig klein, mächtig über ihnen stand der Mount Everest. In meiner Vorstellung befanden sie sich auf dem Weg in die Glückseligkeit. Wieso kann ich nicht jetzt schon mit ihnen gehen? Wieso eigentlich nicht? Warum nicht schon in diesem Jahr? Ob Russell mich wohl mitnehmen würde? Habe ich genug Erfahrung, um es schon zu wagen? Ist man überhaupt jemals gut genug für den Everest?
Die Tibeter sagen, dass die Wolken im Himalaja Berge haben. Alte tibetische Märchen erzählen von dem magischen Seil »mu«, das von den Spitzen der Berge in den Himmel steigt – manchmal als ein Bündel goldener Sonnenstrahlen, manchmal aber auch als rauschende Säule aus Winden oder als ein leuchtender Regenbogen, der sich nach oben windet und die Erde mit dem Himmel verbindet. Die ersten mythischen Könige Tibets sollen sich an diesem himmlischen Seil auf die Erde herabgelassen haben, und es blieb auch, während sie unter den Menschen weilten, immer mit ihrem königlichen Haupt

verbunden. Wenn ihr irdisches Leben ausklang, verwandelte sich ihr Körper in einen Lichtstrahl, verwob sich mit dem Seil »mu«, und sie kehrten wieder in den Himmel zurück.

Immer wieder zog ich im Halbschlaf meine Trekkingstiefel an, wanderte über die Hochebene und drehte langsam die Gebetsmühlen in den alten buddhistischen Klöstern. Ich musste endlich schlafen, es war schon tiefe Nacht. In der Ferne konnte ich das Knirschen meiner Steigeisen im gefrorenen Schnee hören. Die Sterne leuchteten am dunklen Himmel; die Luft war eisig kalt. Eine Sirene heulte durch die Nacht – New York; wie ich die Stadt in dieser Nacht hasste! Nie konnte man in Ruhe schlafen, der Lärm machte mich noch verrückt! Ich stand wieder auf und schaltete den Computer ein.

»Hallo, Russell, vergiss meine letzte E-Mail – ich bin nun mal keine Trekkerin. Ich möchte mit auf den Everest. Ich will als Bergsteigerin an Deiner Expedition teilnehmen. Was hältst Du davon? Helga.« Mit einem Mausklick war die E-Mail abgeschickt. Endlich konnte ich einschlafen.

Russells Antwort kam am nächsten Morgen: Seine Everest-2000-Expedition sei noch nicht ausgebucht, und er würde sich freuen, wenn ich dann mitkäme. 2000 – aber das war doch erst im nächsten Jahrtausend! Nein, ich wollte in diesem Jahr mitkommen – jetzt, in sechs Wochen. »Auch das ist möglich«, schrieb er mir, leicht verwundert über meinen Übermut, aber ich müsse mich schnell entscheiden, weil er Vorkehrungen treffen müsse bezüglich meines Visums und anderer Dinge.

Ich war wild entschlossen: Ich hatte noch sechs Wochen, um zu trainieren, und ich musste mir eine Daunenhose und neue Plastikstiefel besorgen. Meine Katze würde während der zweieinhalb Monate, die ich fort sein würde, bei meiner Schwester unterkommen. Der Countdown in meinem Kopf lief schon, als ich um den Park joggte. Immer wieder musste ich lächeln. Diese unendliche Glückseligkeit, die mich in den nächsten Wochen erfüllen sollte, hatte mich bereits erfasst und spiegelte sich auf meinem verfrorenen Gesicht wider.

Dieses Abenteuer würde meine Sehnsucht besänftigen, dachte ich. Der Everest würde entweder das letzte meiner Bergabenteuer sein, weil ich dann genug davon hätte, oder der Beginn einer lebenslangen Passion. Danach konnte ich dann das Angebot, als Moderedakteurin für eine deutsche Frauenzeitschrift zu arbeiten, annehmen und nach München ziehen, mich niederlassen, heiraten und das tun, was meine Eltern von mir erwarteten. Das Geld für die Besteigung des Everest, immerhin 35 000 Dollar, hatte ich schon lange auf die Seite gelegt; vor ein paar Jahren hatte ich genau diese Summe von meinem Großvater geerbt. Schmetterlinge flatterten wie wild in meinem Bauch, alles war auf einmal so klar. Die Unruhe, die mich während der vergangenen Monate geplagt hatte, war mit einem Schlag verflogen. Meine Schwester war die einzige, die ich in mein Vorhaben eingeweiht hatte. Ich rief sie jeden Abend an, um ihr zu sagen, dass ich schier platzen würde vor Glück. Russell hatte geschrieben, dass er mir gute Chancen einräume. Er habe mich am Cho Oyu beobachtet und als stark empfunden. Ich hätte eine gute, realistische Einstellung, und er würde sich freuen, mich mit meiner guten Laune in seinem Team dabeizuhaben.
Während der folgenden Wochen, als mein Entschluss noch ein streng gehütetes Geheimnis war, erfüllte mich ein berauschendes Glücksgefühl. Meiner Schwester Lu hatte ich ein Schweigegelübde abgenommen, aus Angst, dass dieser Traum plötzlich wie eine Seifenblase zerplatzen könnte.

*

Es war die Verlockung des Abenteuers, in eine mir unbekannte Welt vorzudringen, der ich gefolgt war, als ich mich im Sommer 1996 entschloss, nach Argentinien zum Bergsteigen zu reisen. Ich hätte genauso gut eine Reise in die Wüste Gobi antreten und wochenlang in einer Karawane durch die Steppe ziehen können, oder nach Kenia auf Safari, um in der Morgendämmerung nach wilden Tieren Ausschau zu halten, oder auf einer einsamen Insel in Thailand durch das

Riff schnorcheln. Aber letzten Endes waren es die Berge, die mich faszinierten. Ich sehnte mich danach, einmal in himmlische Höhen zu steigen und die Welt weit unter mir zu lassen.

Ich hatte gerade an der Universität von New York mein Film- und Philosophiestudium abgeschlossen, machte bereits Karriere als Modestylistin und wusste nicht, wie ich diese beiden so gegensätzlichen Welten unter einen Hut bringen sollte. Ich wusste einfach nicht, wohin es mich zog. Das Glück, das ich in den ersten Jahren in New York gefunden hatte, war dem Alltag anheim gefallen, und mein Studium war zu plötzlich zu Ende gegangen. Eigentlich ging es mir gut; ich war erfolgreich, arbeitete in einem kreativen Beruf, der mir Spaß machte – aber gerade das schien der springende Punkt zu sein. Ich verstand die Welt nicht mehr, sah keinen Sinn mehr in meinem hektischen Großstadtleben. Ich hatte in gewisser Weise mein Ziel erreicht und sehnte mich nach einer neuen Herausforderung, nach einem neuen Ziel auf einer ganz anderen Ebene. Etwas Grundlegendes hatte sich in mir verändert. Wie hieß es doch bei Rainer Maria Rilke: »... wie ein Haus sich verwandelt, in welches ein Gast eingetreten ist. Wir können nicht sagen, wer gekommen ist, wir werden es nie wissen, aber es sprechen viele Anzeichen dafür, dass die Zukunft in solcher Weise in uns eintritt, um sich in uns zu verwandeln, lange bevor sie geschieht.«

Es war der Sommer, in dem ich mich entschied, an einer Expedition auf den Aconcagua teilzunehmen, und plötzlich spürte ich ein neues Glücksgefühl in mir. Eine Tür hatte sich geöffnet, und ich war eingetreten; die Reise in ein fernes Abenteuer konnte beginnen.

*

Ich hatte mich an einen alten Kindheitstraum erinnert. Meine Großeltern hatten früher, in den sechziger und siebziger Jahren, Trekkingtouren gemacht. Monatelang waren sie durch die abgeschiedenen Königreiche des Himalaja und die Anden gewandert: Peru, Mustang, Bhutan, Nepal. Jedes Mal brachten sie uns von ihren Reisen Geschenke mit: Kostbarkeiten wie bronzene Schalen, mit denen man helle Klänge anstimmen konnte, bunte Wollpuppen mit langen schwarzen Zöpfen, die die Einheimischen gestrickt hatten, und tibetische Glücksbringer, die ich dann an einem Lederband um den Hals trug.

Oft hatten sie uns in ihre Wohnung eingeladen. Es war dunkel, und ein Hauch von Räucherstäbchen strömte durch die Luft. Mein Großvater hielt eine Klangschale in der Hand und brachte sie zum Klingen, indem er einen hölzernen Stab an ihrem Rand kreisen ließ. Meine Geschwister, zwei Brüder und drei Schwestern, und ich saßen auf bestickten Kissen auf dem Boden, und meine Großmutter brachte uns Tee in bunt bemalten Schalen. Im Gegensatz zu unserer Großmama, die uns immer freudig erwartete und umarmte, hatte mein Großvater etwas Düsteres; er schaute immer sehr streng unter seinen dicken buschigen Augenbrauen hervor. Dann zog er die Vorhänge zu und löschte alle Lichter – und die Reise in eine ferne und fremde Welt begann. Wundersame Pagoden leuchteten golden von der Wand, bunte Gebetsfahnen flatterten im Wind, Gebirgsketten rauschten wie ein tosendes Meer unter dem tiefblauen Himmel. Die Einheimischen mit ihren sonnenverbrannten Gesichtern zogen mit Packeseln und Zelten in Karawanen über das Hochland; sie trugen dicke Schaffelljacken, ihre Haare waren wild zerzaust. Von weißen Stupas, an denen steinige Pfade vorbeiführten, strahlten die allsehenden blauen Augen des Buddha zu uns ins Wohnzimmer. Mit braunroter Kalkfarbe bestrichene Mauern aus Manisteinen schienen wie aus dem Fels gewachsen. Dort, in der Einsamkeit des Himalaja, lebten die rot gewandeten tibetische Mönche. Fasziniert lauschte ich den Worten meines Großvaters und träumte davon, einmal in diese ferne Welt des Himalaja auszuwandern.

Ich war sechs Jahre alt, als wir von Chicago nach München zogen, wo meine Eltern ursprünglich herkamen. Unser neues Haus lag draußen auf dem Land in einem kleinen Dorf, eine halbe Stunde von der Landeshauptstadt entfernt. Vom Wohnzimmer aus sah man die Alpen am Horizont. Wir waren nicht unbedingt das, was man sich un-

ter einer normalen Familie vorstellt, doch es sollten noch Jahre vergehen, bis ich diese Tatsache zu schätzen lernte.
Unser Insignium war ein selbst gebauter Schuppen mit einem himmelblauen Tor, der sich kühn an unsere deutsche Normgarage lehnte. Das himmelblaue Tor führte in die Welt meines Vaters – eine Welt des Chaos, wie meine Mutter sie nannte. Soweit ich mich erinnern kann, war der Schuppen immer der Ort, an dem ich meinem Vater ganz besonders nahe sein konnte. Sie bildete den Ausgangspunkt für all unsere Abenteuer und bot uns immer einen Platz, an dem wir uns verstecken konnten, wenn wir in unserer Abenteuerlust übers Ziel hinausgeschossen waren.
Mein Vater war als Chefarzt mehrerer Kliniken in Süddeutschland unter der Woche selten zu Hause, aber an den Wochenenden übernahm er zu Hause das Kommando über uns Kinder, das im Wesentlichen aus spontanen Einfällen bestand. Mein Vater nannte dies immer »Operation Sonnenschein«. Die einzige, die nicht daran teilnehmen musste, war meine Mutter. Es war ihr schwer verdienter freier Tag.
Der Schuppen, den wir stolz »unsere Garage« nannten, war in einer solchen »Operation Sonnenschein« entstanden. In wochenlanger geheimer Mission hatte mein Vater alles zusammengetragen, was wir dazu brauchten: eine Zementmaschine, Holzstangen, Sand, leere Farbeimer, schwarze Teerpappe und Werkzeuge aller Art. Binnen weniger Minuten hatte er uns begeistert, was immer seine Stärke war, und bei Einbruch der Dunkelheit, nach viel Streit, Gelächter, Schweiß und Tränen, hatte mein Bruder seine Design-Ideen durchgesetzt – vielleicht hatte er sich damals entschieden, Architekt zu werden –, und unsere neue Garage stand, oder besser gesagt, lehnte an der alten. Ziel dieser Aktionen war es, unsere Mutter zu überraschen, was uns auch in den meisten Fällen gelang – ganz besonders jedoch in diesem.
Stolz und überglücklich präsentierten wir ihr abends unser architektonisches Meisterstück, das von vier in die Farbeimer zementierten Holzstangen gestützt wurde; es hatte ein schiefes Dach aus gewell-

tem Fiberglas, eine orangefarbene Regenrinne und war mit schwarzer Teerpappe verkleidet. Unsere Mutter, die einen ausgeprägten Sinn für Stil und Farben hatte – sie liebte marokkanische Kelims, indische Decken, Santa-Fe-Möbel und bunte Blumengärten –, fiel aus allen Wolken. Sie bezeichnete unser Meisterwerk als Slumhütte, womit sie bestimmt nicht ganz falsch lag; aber gerade das Improvisierte, das Chaotische und das Abenteuerliche waren es, was ich daran so liebte. Ungezählte Stunden konnte ich in der Welt meines Vaters zwischen alten Lederhandschuhen, Schaufeln und Handsägen, Zementsäcken und Rasenmähern, rostigen Farbtöpfen und Medizinjournalen verbringen, mit ihm zusammen Toaster reparieren, Ölwechsel machen und über Politik und die menschliche Psyche diskutieren.

Im Sommer weckte mein Vater uns manchmal am Sonntag schon im Morgengrauen. »Der Berg ruft«, sagte er freudig und fuhr mit uns in Richtung Alpen – einen Laib Brot, Salami, ein großes Stück Käse, Schokolade und ein paar Flaschen Apfelschorle im Rucksack. Er parkte das Auto am Fuß eines Berges, und dann wanderten wir im ersten Sonnenlicht hinauf. Die gemütlichen Wanderwege waren nie sein Fall, der direkte Weg schien ihm immer der beste. Wir folgten ihm durch die Wälder, kletterten steile Grashänge hinauf, stiegen über Zäune, jagten die Kühe über die Weiden und badeten in den Gebirgsbächen. Ich kann mich nicht erinnern, dass wir jemals irgendeinen Gipfel erreicht hätten, aber das schien nicht wichtig – dort hätten wir ohnehin nur die Wanderer getroffen, die wir auf unseren eigenen Wegen so geflissentlich vermieden hatten. Wir schafften es grundsätzlich nie vor Anbruch der Dunkelheit zurück. »Ich hätte schwören können, dass wir das Auto hier geparkt haben«, lautete seine stehende Redewendung, bevor wir weiter durch die Nacht wanderten, wieder hinauf, durch dichtes Unterholz, einen steilen Abhang hinunter, vorbei an einem rauschenden Fluss, an den sich niemand erinnern konnte. Meine kleine Schwester fing dann an zu heulen und musste getragen werden. Die Schokolade war längst aufgegessen, doch wir hielten durch, auch wenn wir noch so müde und erschöpft waren. Immer siegte der Abenteuergeist meines Vaters und hielt uns bei der Stange. Mal waren wir auf einer geheimen Mission, mal auf Schatzsuche. Früher oder später sahen wir Lichter, ein Haus, in dem wir nach dem Weg fragen oder unsere Mutter anrufen konnten, damit sie kam, um uns zu retten.

*

Ich machte mein Abitur und träumte von einem kreativen Beruf, der es mir ermöglichte, ferne Länder zu bereisen – am liebsten als Reporterin für *National Geographic*. Dass ich Moderedakteurin wurde, hatte ich einer Reihe von Zufällen zu verdanken. Als Schülerin hatte ich mit meiner besten Freundin zusammen manchmal für eine Mädchenzeitschrift Modell gestanden, und nach dem Abitur bewarb ich mich dort um ein Volontariat – es war die einzige Zeitschrift, bei der ich jemanden kannte. Ich bekam ein Volontariat in der Textredaktion, wo ich die Telefone bediente, die Post sortierte und Leserbriefe beantwortete. Als dort die Modeassistentin kündigte, wurde mir ihr Job angeboten, und ich nahm ihn an, obwohl mich Mode nicht sonderlich begeisterte. Interessant wurde es für mich erst, als ich im Auftrag der Zeitschrift mit auf Reisen durfte, um etwa Safari-Mode in Sanddünen und Blumenkleider im Sonnenuntergang am Strand zu fotografieren. Ich fand zunehmend Spaß an der Arbeit, lernte Kleidung zusammenzustellen, Farben und Accessoires zu koordinieren, Studios, Fotografen und Modelle zu buchen, Designerkleidung zu bestellen; bis spät in die Nacht schrieb ich an Modetexten. Wir arbeiteten fast rund um die Uhr und oft auch an den Wochenenden, aber ich liebte diese neue Welt.
Ein ganzes Jahr lang hielt ich durch; dann zog es mich unwiderstehlich nach New York, wo ich noch nie in meinem Leben gewesen war. Ich schickte Bewerbungen an dortige Zeitschriften und wartete ungeduldig auf Angebote, die nie kamen. Eine Freundin meiner Mutter arbeitete bei einer namhaften Modezeitschrift und besorgte mir eines Tages einen Termin beim Herausgeber. Nervös betrat ich eines

Nachmittags sein gestyltes Büro. Er führte mich stolz durch sein internationales Imperium und zeigte mir die neuesten Ausgaben der Hochglanzmagazine aus aller Welt.

»Ich habe gehört, dass du nach New York gehen möchtest«, sagte er, und ich nickte begeistert. »Ich werde dich für drei Monate zu einer unserer Zeitschriften dort schicken, aber du musst mir versprechen, dass du dann zurückkommst und für ein neues Magazin arbeitest, das wir im Herbst herausbringen werden.«

Ich gab ihm das gewünschte Versprechen. Zwar schickte er mich dann nie nach New York, aber ich bekam eine Stelle bei dem neuen Magazin.

Mit Margret, der Modechefin, die mich unter ihre Fittiche nahm, flog ich zum ersten Mal zu Designer-Shows nach Paris und Mailand. Ihr Gefühl für Mode und ihr ausgefallener Stil inspirierten mich. Ihr ging es nicht nur darum, die neueste Mode auf den Hochglanzseiten zu präsentieren, um den Frauen zu diktieren, was sie anzuziehen hatten; sie wollte damit auch Anregungen geben und Abenteuer und Geschichten erzählen. Es waren Geschichten von Reisen in fremde Länder, wo die Menschen ihre landesüblichen Trachten trugen; manchmal unternahmen wir auch Zeitreisen in frühere Jahrhunderte. In ihrem Büro stapelten sich Fotobände und Bücher über den Schmuck der nubischen Stämme in Afrika, über die Inkas in Peru und die alten Maya-Tempel, über die großartigen Schlösser der Habsburger und die rauschenden Ballnächte in Wien. Nächtelang saßen wir in ihrem Büro und dachten uns Geschichten aus – von den Eskimos in Grönland bis zu den Bazaren in Marokko, von den tibetischen Nomaden bis zu den Gauchos in Argentinien. Wir ließen uns von jeder Kultur inspirieren. Dann verbrachte ich Tage damit, nach bestickten Wollröcken, silbern eingefasstem Türkisschmuck, roten Cowboystiefeln, Schaffelljacken und bunten Lederhemden zu fahnden. Es war wie einst die Schatzsuche unter Anleitung meines Vaters. Ich rief die Designer in Paris, Mailand und London an und bestellte all die extravaganten Kleider und Accessoires, die wir auf den Laufstegen gesehen hatten. Wir flogen nach Arizona und standen vor der Sonne auf, um

in die Wüste zu fahren und im ersten Licht zu fotografieren. Mal flogen wir auf die Malediven, um balinesische Sarongs aufzunehmen, mal in ein Schloss nach Wien, wo wir hunderte von weißen Kerzen anzündeten und rosarote Seidenrosen auf schwarze Seidenkleider drapierten, in denen sich die Models zu unsichtbarer Musik bewegten. In Simbabwe fuhr ich mit einem Team eine Woche lang durch die Wildnis, wo wir die einheimischen Stämme in ihren kleinen Dörfern besuchten und vor den Lehmhütten Modeaufnahmen machten. Ich kaufte auf dem Dorfmarkt Schmuck für die Models – meterlange Stränge aus bunten Glasperlen –, und bei Sonnenuntergang schauten wir den Elefanten zu, die am Wasserloch badeten, und den Affenfamilien, die sich kreischend durch die Bäume schwangen. Ich brachte eine holzgeschnitzte Giraffe mit in die Redaktion und avancierte offiziell zur Moderedakteurin.
Sosehr ich meinen Job auf Reisen auch liebte, sosehr verabscheute ich die oft von Intrigen und Machtkämpfen bestimmte Atmosphäre in der Redaktion. Ich fühlte mich einsam in München, wo ich all die Freunde vermisste, die ich auf den Reisen neu gewonnen hatte. So schwer es mir mitunter fiel, ständig neue Teams am Flughafen zu treffen, um eine Woche intensiv und kreativ mit ihnen zu arbeiten, so schwer fiel es mir am Ende, sie wieder zu verabschieden und vielleicht nie mehr wieder zu sehen. Auch hasste ich die abendlichen Cocktailparties für unsere Anzeigenkunden, wo wir die glamouröse Welt unseres Modemagazins repräsentieren mussten, mitsamt dem üblichen Smalltalk und natürlich entsprechend gewandet in modische Designerkleidung, zu der ich statt der »vorgeschriebenen« Highheels Turnschuhe trug. Manchmal fühlte ich mich wie in einem Haufen züngelnder Schlangen, die mir die Luft abschnürten.
Im Mai 1990 rief mich der Fotograf an, den ich zu Aufnahmen von Skimoden nach Saas Fee begleiten sollte.
»Kannst du Zelte und Schlafsäcke, Kochgeschirr und Seile für die Reise organisieren?«, fragte er mich. »Ich will, dass wir eine Nacht oben am Gletscher verbringen, damit wir die erste Morgensonne erwischen. Ich kenne den Gletscher gut, und wir können in den aufge-

brochenen Eistürmen die Models beim Eisklettern fotografieren. Ich kenne auch eine exzellente Snowboarderin, die bereit wäre, von den Eistürmen zu springen. Das wird richtig gut«, erklärte er mir. Hannes war nicht nur Fotograf, sondern auch ein erfahrener Bergsteiger. Die gefällige Ski- und Après-Ski-Mode, die ich zusammengestellt hatte, landete wieder in der Kleiderkammer, und den Designern sagte ich adieu. Stattdessen rief ich Bergsteigerfirmen an, bestellte Klettergurte, Goretex-Hosen, dicke Daunenjacken, Eisäxte, Gletscherzelte, Rucksäcke und Steigeisen. Es kostete mich einiges an Überredungskunst, der Redaktion klarzumachen, dass wir unbedingt ein Gletscherabenteuer in unserer Zeitschrift brauchten. Dafür musste ich jedoch hoch und heilig versprechen, dass wir nicht auf dem Gletscher übernachten würden. Margret, meine Modechefin, lachte nur.

»Letztes Mal, als ich mit Hannes gearbeitet habe, hat er die Models an der Eiger-Nordwand abgeseilt und dort fotografiert. Ich stand auf einem Felsvorsprung und mir war gottsjämmerlich schlecht, allein vom Zuschauen«, sagte sie.

Wir seilten uns an und traversierten den Gletscher bis zur Mitte der Eistürme. Die Sonne glitzerte auf dem Eis, und Hannes stieg auf einen der gläsernen Giganten, um von dort zu fotografieren. Das Allalinhorn thronte über uns, und weit unten konnte man das kleine Bergdorf und unser Hotel inmitten grüner Wiesen sehen. Am Spätnachmittag stellten wir unsere Zelte auf dem Gletscher auf und sahen gelassen zu, wie die letzte Gondel im Sonnenuntergang nach unten verschwand. Dann waren wir ganz allein. Hannes spannte eine lange Schnur mit bunten Gebetsfahnen um unser Camp. Sie seien aus Tibet und würden uns vor den Berggeistern beschützen, sagte er. Wir schmolzen Schnee über dem Gaskocher und kochten Tee und Suppe, während Hannes und sein Assistent eine Eiskletterroute für uns erstellten, wo wir im letzten Abendlicht herumkraxelten. Bis spät in die Nacht hinein saßen wir um den fauchenden Gaskocher, tranken Glühwein und lauschten Hannes' Geschichten.

» Vor vielen Jahren hab ich mal eine Tour hier gemacht, und in einer

Nacht haben wir hier unter dem Allalinhorn unser Camp aufgeschlagen. Es war eine stürmische Nacht. Ich lag in meinem Zelt, der Wind pfiff, und ich hörte draußen Stimmen, die durch den Wind heulten. Ich öffnete mein Zelt und rief nach draußen, konnte in dem Sturm jedoch niemanden sehen. Ich bekam auch keine Antwort. Dann schien der Sturm die Stimmen fortzutragen, und ich wusste nicht mehr recht, ob ich sie mir nur eingebildet hatte«, erzählte er.

Ich schüttelte mich und schenkte uns mehr Tee ein. Der aufkommende Wind trieb kleine Schneeflocken durch unser Camp. Hannes erzählte weiter:

»Am nächsten Morgen hatte ich das Ganze schon wieder vergessen, da berichtete einer meiner Freunde von den nächtlichen Stimmen, die er ebenfalls gehört hatte. Dann erzählte er die Geschichte der verlorenen Seelen vom Allalinhorn, die nachts im Wind heulen. Vor vielen Jahrzehnten war einmal eine Gruppe von Italienern auf das Allalinhorn gestiegen. Sie hatten ihr Camp im Morgengrauen verlassen, und die Einheimischen hatten beobachtet, wie die Bergsteiger nahe dem Gipfel im Wolkennebel verschwanden. Sie warteten ungeduldig auf deren Rückkehr, aber am Berg tobte ein Sturm. Am nächsten Tag stiegen einige Bergsteiger auf, um nach den Vermissten zu suchen. Sie fanden Eisäxte und sorgfältig aufgerollte Seile am Gipfel, aber keine Spur von den Italienern. Jetzt sagen sie, dass ihre Seelen den Berg heimsuchen und man ihre verzweifelten Schreie nachts im Wind hört.«

Die Schneewolken hatten sich aufgelöst, und der Himmel war von Sternen übersät. Die Gebetsfahnen flatterten im Wind; sie würden uns vor den Geistern des Bergs beschützen.

Einige Tage später fuhren wir ins Rhônetal und stiegen in einem alten Grandhotel auf dem Pass ab. Die Daunendecken türmten sich auf den Betten, und nachts brachte der Hotelbesitzer jedem eine Schüssel heißes Wasser zum Waschen. Der hoch gelegene Pass war nur in den Sommermonaten geöffnet, und wir waren die einzigen Gäste. Der Gletscherfluss rauschte in sanften Wellen ins Tal hinunter, und seine aufschäumenden Fluten sahen aus, als seien sie mitten in einem Sturm zu Eis erstarrt. Die mächtigen Berge umgaben uns wie ein Amphitheater. Majestätisch ragten die Felsen und ihre weißen Häupter in den Himmel und strahlten eine Ruhe aus, die tief in mich drang. Die Bergwelt hatte mich während dieser kurzen Zeit bereits in ihren Bann gezogen. Ich stand lange auf dem Balkon und schaute in die Nacht. Tausend Sterne glitzerten am dunklen Firmament, und der Mond leuchtete bleich auf den Schneefeldern.

*

Im Frühjahr 1991 wurde unsere Zeitschrift eingestellt, und eine Woche später zog ich endlich nach New York. Ich begann als freie Modestylistin für Werbekampagnen, Kataloge und Modemagazine zu arbeiten. Meine Eltern legten mir nahe, zu studieren, und so schrieb ich mich an der Universität von New York für die Studiengänge Philosophie und Film ein. New York war aufregend, und im Großstadttrubel vergaß ich die Bergwelt schnell. Ich arbeitete tagsüber als Stylistin und las abends Shakespeare, Homer und Kierkegaard.
Hannes hatte uns am letzten Tag unserer Reise durch die Bergwelt zum Klettern mitgenommen, und nun, Jahre später, betrat ich mitten in New York ein Sportgeschäft und kaufte mir einen Klettergurt und Kletterschuhe. Ein paar Straßenblocks entfernt hatte ein Fitnessstudio mit einer spektakulären Kletterwand eröffnet. Ich überredete einen meiner Freunde, mit mir zusammen dem Club beizutreten, und wir wurden begeisterte Kletterer. Unser Ziel war ein vier Meter langer Überhang, den man an großen Haltegriffen traversieren musste. Im Sommer fuhren wir upstate New York zu den Shawangunks-Klippen, die aus zirka hundert Meter hohen Felswänden bestehen – ein beliebter Treffpunkt von Freeclimbern. Die von weiten Feldern und einer hügeligen Landschaft umgebenen Felsklippen ließen mich mein Heimweh nach dem Alpenvorland, nach meiner bayrischen Heimat schnell vergessen, auch wenn es dort keine richtigen Berge gab. Ich fand dort viele neue Freunde, aber die meisten

von ihnen waren noch nie beim Bergsteigen gewesen. Freiklettern und Bergsteigen sind doch zwei ganz verschiedene Welten.

*

Im Sommer 1996 meldete ich mich für die Expedition auf den Aconcagua an. Der Aconcagua ist 6960 Meter hoch und liegt in Argentinien. Er ist einer der »Seven Summits« der Welt, der höchste Berg des amerikanischen Doppelkontinents, und er sollte das Ziel meiner ersten wahrhaftigen Bergexpedition werden. Bean, der Leiter der Expedition, den mir meine in Colorado lebende Schwester Madeleine empfohlen hatte, erstellte mir einen Trainingsplan. Ich sollte anfangen zu joggen und versuchen, in den folgenden zwei Monaten dreimal pro Woche auf acht Kilometer zu kommen. Er schlug mir auch vor, mit Gewichten im Rucksack auf das Stepgerät zu steigen. »Fang mit fünf Minuten und fünf Kilo an und versuch langsam auf fünfundvierzig Minuten und zehn Kilo zu kommen. Das stärkt deine Beinmuskulatur und deinen Rücken«, riet er mir.

Außerdem faxte er mir eine Ausrüstungsliste: Daunenjacke, Goretex-Jacke und -hose, Eisaxt, Plastikstiefel und Steigeisen, Fleecepullover und Thermowäsche, einen auf minus dreißig Grad ausgelegten Schlafsack, Daunenfäustlinge ... Als meine Schwester, eine professionelle, in der Weltrangliste aufgeführte Snowboarderin, nach New York kam, um ihre Sponsoren zu treffen, begleitete sie mich in einen Bergsteigerladen downtown New York. Wir testeten die Schlafsäcke und legten uns mit ihnen in das kleine Gletscherzelt, das im Laden aufgebaut war, nahmen die Plastikstiefel unter die Lupe und probierten verschiedene Steigeisen aus. Die Fachverkäufer erklärten uns ausführlich die Vorteile der längeren gegenüber der kürzeren Eisaxt, während ich tunlichst darum bemüht war, die Einzelteile meiner Ausrüstung farblich aufeinander abzustimmen. Als wir dann jedoch zu den Plastikstiefeln kamen, gab ich schließlich entmutigt auf und entschied mich für die, die am wärmsten und bequemsten waren. Madeleine sagte immer wieder:

»Ich kann nicht glauben, dass du wirklich zum Bergsteigen willst! Du weißt schon, dass du deine Pradastiefel da nicht mitnehmen kannst.«
Nachts schlief ich dann in meinem neuen Schlafsack auf der dünnen Schaumstoffmatte am Boden. Zum Frühstück wärmten wir uns eines der alpinen Fertigmenüs auf und aßen es direkt aus der Plastikverpackung.
Meine Eltern waren schockiert, als sie von meinen Plänen erfuhren. Dann traf ich jedoch, als ich in Saas Fe für eine Fotokampagne des Schweizer Touristikverbands tätig war, den alten Bergführer meiner Großeltern, Cäsar Zurbriggen. Meine Mutter war mit ihren Eltern und ihm oft beim Bergsteigen gewesen und hatte mich gebeten, ihn zu besuchen. Er begrüßte mich stürmisch, obwohl wir uns gar nicht kannten, und im Verlauf unseres Gesprächs stellte sich heraus, dass auch er im kommenden Januar zum Bergsteigen in den Anden reisen wollte. 1897 hatte sein Großonkel als erster den Aconcagua bestiegen, und nun wollte Cäsar mit seinen Kindern das hundertjährige Jubiläum der Erstbesteigung auf dem Gipfel des Aconcagua begehen. Der Zufall wollte es, dass wir beide am selben Tag, dem 2. Januar 1997, im Basislager eintreffen sollten.
Plötzlich war meine Idee gar nicht mehr so verrückt, und meine Mutter war beruhigt, weil Cäsar schon auf mich aufpassen würde. Sie vertraute ihm; schließlich hatte er vor vielen Jahren ihren Vater aus einer Gletscherspalte gerettet. Sie erschauderte, als sie mir die Geschichte erzählte.
»Ich werde nie vergessen, wie blau gefroren sein Gesicht war, als Cäsar ihn herauszog. Er hatte sich nichts gebrochen, aber er zitterte am ganzen Leib, und der blanke Schrecken flackerte in seinen Augen, wie ich es noch nie zuvor bei irgendjemandem gesehen habe. Wir waren nicht angeseilt über ein weites Schneefeld gewandert – mein Vater, meine Freundin und ich –, als er plötzlich vor unseren Augen in der Tiefe verschwand. Er brach mit einem herzzerreißenden Schrei durch den Schnee und war einfach verschwunden. Wir waren wie gelähmt und wagten es nicht, uns auch nur einen Millimeter vom

Fleck zu bewegen. Das Seil und die Eisäxte befanden sich in seinem Rucksack – tief unten in der Gletscherspalte. Er schrie um Hilfe, aber wir konnten nichts für ihn tun. Nie wieder in meinem Leben habe ich mich so hilflos gefühlt wie damals. Dann kam Cäsar, unser Retter in der Not. Er war so böse mit meinem Vater, wütend, dass er uns nicht ans Seil genommen hatte, wie er es ihm hundertmal eingeschärft hatte. Er beugte sich über die Spalte und rief hinunter: ›Hast du den Herrgott getroffen, Wolfgang? Und hat er dir gesagt, wie unverantwortlich du bist?‹ Cäsar hatte keinen Funken Mitleid mit meinem Vater, der in der Tiefe wimmerte. Ich glaube, ich habe noch nie jemanden so mit meinem Vater reden hören. Es war eine zutiefst demütigende Erfahrung für ihn«, sagte meine Mutter. Es war ihre letzte Bergtour gewesen.

Die »routa normal« auf dem Aconcagua wird von vielen Bergsteigern als eine leichte Bergwanderung beschrieben, aber in den Büchern, die ich auf dem Stepgerät schwitzend las, stand auch zu lesen, dass der Aconcagua aufgrund seiner Lage weit südlich des Äquators besonders berüchtigt sei für häufig aufkommende Stürme und sehr kalte Temperaturen; auch die Auswirkung der Höhe sei dort extrem. Gefürchtet werden vor allem die plötzlich auftretenden weißen Winde, die »vientos blancos«, die den Bergsteiger in eisige Wolkenfetzen hüllen und ihm die Sinne verwirren.

Unsere Gruppe traf sich in Santiago de Chile, und wir fuhren mit dem Bus in das kleine Dorf Puente del Inca in Argentinien. Dort wurde unser Expeditionsgepäck auf Mulis verladen, und wir wanderten mit unseren Rucksäcken hinauf in das Horocones-Tal. Unsere Expeditionsleiter, Bean und Jon, waren jung und noch unerfahren im Führen einer kommerziellen Gruppe, aber sie bemühten sich sehr, zumal ich damals überhaupt noch keine Bergerfahrung hatte. Nie werde ich den Tag vergessen, an dem wir in unserem ersten Camp ankamen. Wir hatten unsere Zelte in den Grasmatten neben dem Fluss aufgestellt, und ich fragte Bean, wo denn die Toilette sei. Er sah mich ungläubig an und zeigte dann auf einen Felsen.

»Weißt du, der Felsen da drüben schaut mir so aus, als wäre es genau der richtige Platz für dich. Hier hast du einen runden Stein, den kannst du zum Abwischen benutzen«, sagte er und reichte mir einen Stein.

Ich nickte so gelassen wie möglich, obwohl mir natürlich auf der Stelle klar war, wie lächerlich ich mich soeben gemacht hatte. Tanja, eine Ärztin aus New Mexico, war meine Zeltgefährtin. Sie war sehr verständig und weihte mich geduldig in die Bedingungen im Hochgebirge ein. Leicht war es für mich trotzdem nicht; vor allem die Höhe machte mir anfangs schwer zu schaffen. Ich litt unter Kopfschmerzen und Appetitlosigkeit und konnte nachts nicht schlafen. Tanja erklärte mir, dass der Körper sich langsam an die Höhe gewöhnen und ich Geduld haben müsse. Sie gab mir Aspirin und machte mir in den schwersten Stunden Mut.

Zwei Tage lang wanderten wir durch das Horocones-Tal, eine weite Sand- und Steinwüste, die zu beiden Seiten von Felswänden und steilen Hügeln umschlossen ist. Manchmal hatte ich das Gefühl, dass jemand das Wasser abgelassen hätte und wir über Meeresboden gingen. Hin und wieder tauchten ein paar Gauchos mit schwarzen Sombreros auf, die mit bunten Gepäckstücken beladene Mulis führten. Wie Nomaden zogen sie an uns vorbei und verschwanden wieder in der Ferne. Die große Felspyramide des Aconcagua leuchtete tiefrot im Sonnenuntergang, als wir im Basislager auf einer Höhe von 4200 Metern ankamen. Mehrere Bergsteigergruppen hatten sich bereits dort eingerichtet; über fünfzig bunte Zelte standen wie Wüstenblumen im Geröll.

Der Winter war sehr trocken gewesen; es lag fast kein Schnee auf den rötlichen Felsflanken des Berges. Es dauerte nicht lange, bis auch ich mich im Basislager heimisch fühlte, und ich war überrascht, wie wenig ich brauchte, um glücklich zu sein. Tanja und ich stellten unser Zelt neben dem kleinen Fluss auf und richteten es gemütlich ein. Cäsar Zurbriggen und seine Kinder hatten ihr Lager direkt neben uns. Wir spannten Wäscheleinen durchs Zelt und legten eine kleine Vorratskammer mit Keksen und Süßigkeiten an. Nachmittags holten wir Wasser von Fluss und erhitzten es auf unserem kleinen

Gaskocher, um unsere Haare damit zu waschen. Am schönsten waren die Nächte: Nie zuvor hatte ich so viele Sterne am Himmel leuchten sehen. Stundenlang lagen wir im offenen Zelt und zählten die Sternschnuppen.
Meine erste ernsthafte Begegnung mit der Höhenkrankheit machte ich auf etwa 5000 Metern. Ich setzte mich ins Geröll und weigerte mich stur, auch nur einen Schritt weiterzugehen. Unser Camp 1, Nido de Condores, lag jedoch noch 400 Meter höher. Mir war hundeübel, und ich hatte rasende Kopfschmerzen. Ich verlangte von unserem Bergführer, sich vor mir niederzuknien und mit erhobener Hand zu schwören, dass ich nie wieder etwas essen müsste. Das tat er auch – wohl, weil ihm die seltsamen Auswirkungen der Höhenkrankheit zur Genüge bekannt waren –, bevor er mich ins Basislager zurückbrachte. Cäsar wurde gerufen und nahm mich unter seine Fittiche.
»Du musst es langsamer angehen und deinem Körper Zeit lassen, sich zwischendurch zu erholen. Du darfst immer nur so schnell gehen, dass du noch bequem durch die Nase atmen kannst. Dein Atmen bestimmt den Rhythmus in der dünnen Luft. Alle halbe Stunde machst du eine kleine Pause, trinkst eine Tasse Tee und isst ein Stück Schokolade; das vertreibt die Kopfschmerzen. Jeder Schritt zählt, auch wenn es dir unendlich langsam vorkommt. Schau dich um und genieß die Berglandschaft, fühl den Wind und lass dich von ihm nach oben tragen. Hör auf einen alten Bergfex wie mich«, riet er mir.
Ein paar Tage später wanderte ich mit ihm wieder hinauf und folgte seinen Schritten im Schneckentempo. Gerade als mich die Kräfte zu verlassen drohten, verließ Cäsar den ausgetretenen Pfad und führte mich auf ein flacheres Geröllfeld.
»Komm, wir nehmen die Abkürzung über das Sternenfeld«, sagte er und bückte sich, um ein paar Steine aufzuheben. Er drückte mir einen kleinen Kristall in die Hand. »Schau nur, wie er leuchtet.«
Der milchige Stein war kantig geschliffen, und die Sonnenstrahlen schienen durch ihn hindurch zu tanzen. Als ich genauer hinsah, bemerkte ich, dass tausende dieser kleinen Kristalle aus dem weiten

Geröllfeld blitzten wie die Sterne der Milchstraße. In meiner Begeisterung vergaß ich die Anstrengungen der Wanderung und schaffte es leicht zum Camp 1.

Camp Berlin, 6000 Meter über dem Meeresspiegel: Kurz nach Mitternacht am 10. Januar verließen wir unser höchstgelegenes Camp. Die Nacht war schwarz, und tausend Sterne leuchteten am Firmament. Der Wind fauchte wie ein Ungetüm, und es war bitterkalt. Längst konnte ich meine Zehen schon nicht mehr spüren. Ich versuchte, mit meiner Gruppe Schritt zu halten, fiel jedoch immer weiter zurück. Meine Nase lief und Tränen tropften auf meine Daunenjacke. Bean bleib geduldig an meiner Seite und versuchte mir Mut zuzusprechen. Seine Stirnlampe warf gelbe Lichtkreise auf den schmalen Pfad vor uns, und ich versuchte ihnen zu folgen. Die Kälte würde vergehen, wenn ich in Bewegung blieb. Ich versuchte meine Zehen zu bewegen, aber sie schienen zu Eisklumpen erstarrt zu sein. Nach ein paar Stunden oder auch einer Ewigkeit kamen wir an eine kleine Holzhütte und krochen hinein, um dem Sturmwind zu entkommen. Bean half mir die Plastikstiefel auszuziehen und wärmte meine Füße in seiner Daunenjacke.

»Vielleicht ist es besser, wenn wir umkehren. Du bist völlig erschöpft, und Heulen hilft hier auch nicht weiter«, sagte Bean und sah mich durchdringend an.

»Umkehren?« Ich starrte ihn ungläubig an und schüttelte energisch den Kopf. Seine besorgten Worte hatten mich aufgerüttelt, und er hatte Recht. Mein Selbstmitleid brachte mich keinen einzigen Schritt voran. Entschlossen wischte ich meine Tränen weg.

»Nein, ich will nicht umkehren, nicht jetzt! Und ich verspreche dir, dass ich mich von nun an zusammenreißen werde. Lass es uns wenigstens noch ein Stück probieren«, entgegenete ich ihm.

Ich schnürte meine Stiefel fest und kroch zurück in die Nacht. Ich wusste, dass ich gerade einen großen Schritt gewagt hatte. Nun musste ich tief in mich gehen, um irgendwo in mir die nötige Kraft zu finden, wo immer sie auch stecken mochte. Ich wusste auf einmal, dass ich sie besaß. Vielleicht würde sie nicht bis zum Gipfel reichen,

aber ich war entschlossen, es wenigstens zu versuchen. Der Wind legte sich plötzlich, und schwache rosa Lichtstrahlen trennten den Nachthimmel vom Horizont.
Im ersten Sonnenlicht stiegen wir in die Canaletta ein, ein steiles Geröllfeld, das sich unendlich in die Höhe zieht. Ich folgte Beans Schritten und balancierte vorsichtig von Fels zu Fels. Ich fing an, meine Schritte zu zählen – fünfundzwanzig, Pause, fünfundzwanzig, Pause. Mein Herz pumpte heftig unter meiner Daunenjacke, und ich sog, über meinen Skistock gebeugt, die dünne Luft mit voller Kraft in meine Lungen, als ob ich Luftballons für eine Gartenparty aufblasen müsste – orangefarbene, rote, grüne und blaue, wie die Farben der bunten Daunenjacken der Bergsteiger, die vor mir das Geröllfeld hinaufstiegen. Ich kämpfte mich entschlossen von Stein zu Stein nach oben. Das Gipfelfieber hatte plötzlich von mir Besitz ergriffen, und die Sonnenstrahlen schienen mir neue Energie zu verleihen.
Um zwölf Uhr mittags erreichten wir den Gipfel. Ganz Argentinien lag uns zu Füßen. Um mich herum nur noch blauer Himmel. Ich hatte es geschafft. Ich hatte die bösen Geister des Selbstmitleids besiegt und war über mich selbst hinausgewachsen, um auf dem höchsten Gipfel des amerikanischen Doppelkontinents zu stehen. Weit unter uns schwappten die weißen Bergspitzen der Anden wie schäumende Sturmwellen gegen den blauen Himmel, und in der Ferne schimmerte der Pazifische Ozean golden in der Sonne. Ich glaubte die Erdkrümmung zu sehen, warf meine Arme in die Luft und begann mich zu drehen. Im Gipfelrausch drehte ich mich weiter und weiter. Nun gehörte ich zum exklusiven Club der hartgesottenen Bergsteiger, die nachts in ihren Zelten zusammensaßen und von ihren Abenteuern erzählen konnten.
Dies war mein Einstieg in das Extrembergsteigen. Die Schweizer Bergsteiger boten mir einen rauschenden Empfang, als ich zurück ins Basislager stolperte. Cäsar überreichte mir eine Orange und klopfte mir bewundernd auf die Schultern. Er stellte mich Stephane Schaffter vor, der das Schweizer Team leitete, und wir tauschten unsere Adressen aus. Im Frühling lud Stephane mich zu einer Expedi-

tion in Peru ein. Meine Großmutter hatte mir Jahre zuvor eine kleine Wollpuppe aus Peru mitgebracht. Sie hatte ein langes buntes Kleid und schwarze Wollhaare, die ich zu Zöpfen flocht. Meine Großeltern hatten eine Trekkingtour zur Ruinenstätte Machu Picchu gemacht, und ich stellte mir Peru immer wie ein Märchenland vor – mit überzuckerten weißen Berggipfeln und bunt gekeideten Menschen in Wollponchos, die auf den grünen Wiesen zwischen zotteligen Lamas standen. Es war genau dieses Bild von Peru, das wir hinter uns ließen, als wir im Mai 1997 hinaufwanderten, um den Huascarán, den höchsten Berg in Peru, zu besteigen.

*

»Manchmal, wenn mich die Wellen ziellos über den Waldener See treiben, höre ich auf zu leben und fange an zu sein.« Diese Worte von Henry Thoreau beschreiben am besten meine Gefühle in jener Nacht, als wir im Mondschein über ein verwehtes Schneefeld dem Gipfel des Huascarán entgegenstrebten. Wir hatten unser letztes Camp, Camp Gargantua auf 5900 Metern, verlassen und waren dem Schein des Mondes gefolgt. Die Schneefelder glitzerten in der unendlichen Stille der Nacht, und das weite Plateau erstreckte sich etwa einen halben Kilometer breit zwischen den beiden Schwestergipfeln des Huascarán, durch die wir wanderten. Die stummen Giganten standen gelassen zu unseren Seiten wie ein verlassenes Theater im alten Griechenland, das nur darauf wartete, dass der Dirigent den Taktstock ehob, um das Konzert beginnen zu lassen. Weit in der Ferne fiel das Plateau ab und verschwand in der Tiefe der Nacht. Ich hatte meine Stirnlampe ausgemacht und folgte den Schritten unseres peruanischen Bergführers. Meine Steigeisen knirschten im gefrorenen Schnee, und ich spürte plötzlich, wie eine innere Ruhe und ein unendliches Glücksgefühl von mir Besitz ergriffen. Ich war ein Teil des Universums wie der kleinste Stern, der am fernen Firmament leuchtete. Irgendwann waren wir unerwartet aus dem Trubel des irdischen Lebens gestiegen und hatten die himmlischen Sphären betreten.

Im Mai standen wir auf dem höchsten Gipfel von Peru, dem Huascarán, auf 6768 Meter. Tagelang hatte ich ehrfürchtig zum Gipfel aufgeschaut und in der unendlichen Anstrengung schon fast jede Hoffnung, ihn zu erreichen, aufgegeben. Dann kam jene magische Nacht, in der wir aus dem Leben stiegen und im ersten Sonnenlicht den Himmel berührten. Das unbändige Freiheitsgefühl, so hoch über der Erde zu stehen, war berauschend. Mich faszinierte, wie sich meine Gefühle immer wieder gewandelt hatten, wie es mir immer wieder gelungen war, die körperliche Anstrengung zu vergessen und das Glück der himmlischen Sphären einzufangen. Manchmal schien es mir, als hätte ich Flügel, die mich hinauftragen würden. Meine wildesten Träume hatten sich erfüllt, und die eisigen Höhen der Bergwelt hatten mich endgültig in ihren Bann gezogen.

Es ist das ursprüngliche, bedürfnislose Leben, das ich am Bergsteigen so liebe, die Zeitlosigkeit des Gehens – ein Schritt nach dem anderen. Mit zunehmender Höhe wirkt die immer dünner werdende Luft auf Körper und Geist ein; das scheinbar so einfache Gehen bringt das Blut in Wallung und fordert einem plötzlich immense Konzentration ab. Die Berge um mich herum strahlen unendlichen Frieden aus, und ich habe das Gefühl, mit der unberührten Natur in diesen Höhen zu verschmelzen. Die zahllosen Anforderungen des alltäglichen Lebens verflüchtigen sich; nichts bedrängt mich, wenn ich bei Mondschein ein Firnfeld hinaufsteige. Gedankenfetzen rauschen vorbei, bis sich völlige Leere einstellt – das Gefühl mit mir völlig im Reinen zu sein. In solchen Momenten spüre ich, wer ich wirklich bin – erfasse mein innerstes Wesen –, und ich schöpfe Vertrauen in meine Körperkraft und in meine Phantasie.

*

Nach Peru kam Nepal, dann Ecuador und im Herbst 1998 Tibet. Ich schritt weiter auf den Spuren meiner Großeltern. Mein Training für die Berge war schon längst zu einer Routine in meinem New Yorker Großstadtleben geworden. Ich joggte in den frühen Morgenstunden um den Washington Square Park und grüßte meine Laufgenossen mit einem Lächeln. Viele von ihnen trainierten für den Marathonlauf, der jeden November in New York stattfindet; das konnte ich an ihren T-Shirts ablesen. Auch der Obstverkäufer aus Pakistan, der an der Ecke Fourteenth Street/Fifth Avenue seinen Stand hatte, winkte mir immer zu, wenn ich vorbeilief. Ich erzählte ihm, dass ich eines Tages auch in sein Heimatland reisen würde, um die Berge dort zu besteigen.

Im Fitnessstudio fragten mich die Leute, welcher Berg als nächstes dran wäre, wenn sie mich mit meinem schweren Rucksack auf dem Stepgerät sahen. »Der Cho Oyu, der sechshöchste Berg der Welt, mein erster Achttausender«, erzählte ich ihnen mit geschwellter Brust und bereute meinen Übermut im selben Moment wieder, weil ich meinen Atemrhythmus verloren hatte. Beim Luftholen fällt das Sprechen schwer, auch auf dem Stepgerät.

Meine Freunde mussten sich daran gewöhnen, dass ich in meiner Begeisterung nur noch von den Bergen sprach, und viele ertrugen es nicht allzu lange. Andere bewunderten meinen Abenteuergeist und freuten sich jedes Mal auf die Gipfeldinners in meinem Appartement, wo ich die Dias von den Reisen zeigte und von meinen Abenteuern erzählte. Ich brachte jedes Mal Geschenke, goldene Klangschalen, bunte Gebetsfahnen und Talismane mit. Die Fotografen, mit denen ich arbeitete, berieten mich bei der Wahl des Filmmaterials und überredeten mich dazu, mir eine gute Kamera zu kaufen. Meine Freundin Sandrine, die sich neben ihrem Beruf als Maskenbildnerin mit Aromatherapie beschäftigte, kreierte duftende Cremes und ätherische Öle, die sie mir auf meine Expeditionen mitgab.

Im Frühsommer 1998 meldete ich mich dann bei einer britischen Agentur für eine Expedition auf den Cho Oyu an. Der Cho Oyu liegt an der Grenze zwischen Nepal und Tibet und gilt als einer der leichtesten Achttausender, wenn man bei Achttausendern überhaupt von leicht sprechen kann.

Ende August 1998 flogen wir nach Kathmandu, die Hauptstadt von Nepal. Der Monsun hing noch über der Stadt und hüllte die Häuser in grauen Nebel. Kathmandu liegt in einem weiten Hochtal inmitten der südlichen Ausläufer des Himalaja, und an klaren Tagen sieht man von dort aus die weißen Eisriesen der Hauptkette, die sich erhaben über die eng gekammerten Vorgebirgsstränge erheben. Einer Legende zufolge war das Kathmandu-Tal einst ein großer See; in seiner Mitte strahlte ein göttliches Licht, das aus einer Lotusblüte hervorgegangen war. Vor vielen hundert Jahren kam der Buddha Manjusri Bodhisattva während seiner Pilgerschaft an diesen heiligen See und meditierte lange Zeit vor dem Licht. Er wanderte dreimal um den See und trieb schließlich mit seinem gewaltigen Schwert einen Keil in die Felswand. Das Wasser floss aus dem See, und so entstand dieses Tal.

Kathmandu selbst strahlt im Zentrum noch den Charme einer alten Königsstadt aus, der allerdings durch das rege Treiben der aufstrebenden Handelsmetropole immer mehr überprägt wird. Althippies wandern durch die winkeligen Gassen auf der Suche nach dem Nirvana; man begegnet aber auch zahllosen Trekkingtouristen mit Safarihüten, die sich verschreckt in enge Hauseingänge flüchten, um den gewagten Manövern der Rikshafahrer auszuweichen. Der Stadtteil Thamel bildet eine Enklave der westlichen Besucher; dort befinden sich die besseren Hotels und unzählige Geschäfte, in denen man indische und nepalesische Antiquitäten, Teppiche und Seidenstoffe, Klangschalen und Duftkerzen, englischsprachige Bücher über die Lehren des Buddhismus und Kassetten mit New-Age-Musik und Ethno-Pop, aber auch Expeditionsausrüstung kaufen kann. In hartem Konkurrenzkampf bieten Agenturen Wildwasserfahrten, Trekkingtouren und Dschungelsafaris an. Einschlägige amerikanische Popsongs dröhnen durch die Gassen, die bei einbrechender Dunkelheit von den Neonschildern der Restaurants und Bars erleuchtet werden.

Mit einem klapprigen Tuktuk, einem dreirädigen Dieseltaxi, fuhren wir in atemberaubendem Tempo durch die schmalen Gassen – vorbei an blumenübersäten Heiligtümern, vor denen sich in bunte Saris gewandete Frauen zur Puja reihten, und grünlich schimmernden

Wasserbecken, in denen Lotusblüten schwammen. Ausgezehrte Männer mit langen weißen Bärten schritten an uns vorbei und lächelten vergeistigt. Auf den schmalen Bürgersteigen saßen Barbiere in weißen Hemden im Schneidersitz auf dem Boden und schnitten Passanten die Haare und Bärte; Tagelöhner zogen große, wagemutig beladene Holzkarren an uns vorbei. Nur um die heiligen Kühe, die hier und da ungerührt im Abfall stöberten, machte der Fahrer einen großen Bogen; er wagte es auch nicht, laut zu hupen, was er sonst ohne Unterlass tat. Inmitten all dieses hektischen Treibens tauchte plötzlich das Ziel unserer rasenden Fahrt auf – die große, weiß gekalkte Stupa von Bodhnath.

Wir betraten eine Oase der Ruhe, die man überall, nur nicht inmitten dieses lärmenden Chaos vermutet hätte. Über der mächtigen gemauerten Kuppel des alten Reliquienschreins erhebt sich ein schirmförmiger, mit Blattgold verzierter Aufbau, von dem aus die allsehenden Augen des Buddha auf einen herabschauen. Dreizehn Stufen führen steil hinauf zur Basis der Stupa. Angesichts dieses fast 2000 Jahre alten, mächtigen Bauwerks glaubte ich, fast schon vor den strahlend weißen Gebirgszügen des Himalaja zu stehen, die sich im Norden in den tiefblauen Himmel erhoben. Tausende von Gebetsfahnen flatterten im Wind; zahllose Pilger in langen Roben umschritten Gebetsmühlen drehend das Heiligtum.

Die Stupa ist von schmalen, mehrstöckigen Häusern umgeben, in denen die Exil-Tibeter leben. In den im Erdgeschoss untergebrachten kleinen Geschäften bieten sie ihre Schätze feil: Klangschalen, Schmuck und Talismane, aufgerollte Gebetsfahnen, Räucherwerk, Tankas, Seidenstoffe in leuchtenden Farben und gewebte Teppiche. Aus den nahe gelegenen Klöstern erschallt der Klang von Trommeln, Zimbeln und Hörnern; in den dunklen Gebetsräumen flackern hunderte von Butterlämpchen.

Am späten Nachmittag besichtigten wir die auf einer nahe gelegenen Anhöhe gelegene Stupa von Swayambunath. 365 Steinstufen führen zum Heiligtum hinauf; dieser steile Aufstieg stimmte uns demütig und bereitete uns auf die lange Reise vor.

An einem regnerischen Morgen verließen wir in aller Frühe die Stadt in einem großen silberfarbenen Bus und folgten dem Lauf eines breiten Flusses in die grünen Hügel. Die Dörfer, durch die wir fuhren, wurden zunehmend kleiner. Auf den terrassenförmig angelegten Feldern arbeiteten Frauen in bunten Saris. Schulkinder mit Ledertaschen bahnten sich ihren Weg durch das hohe Gras und hielten Bananenblätter als Regenschutz über ihre Köpfe. Das Regenwasser tropfte hinter ihnen ins Gras und ließ den Pfad erahnen, den sie genommen hatten. Lehmverkrustete blaue Busse hupten laut und hielten an, damit sie aufspringen konnten. Wir durchquerten auf unserer Reise nach Tibet das gesamte Spektrum der verschiedenen Klimazonen des Himalaja – von der subtropischen Zone in den tiefer gelegenen Tälern, in denen Bananenstauden, Orangenbäume, Zuckerrohr und wilde Orchideen wachsen, zu den Reisterrassen und Maisfeldern der ansteigenden Vorberge, hinauf zu den Rhododendron- und Zedernwäldern bis hin zu den sandigen Grasmatten des Hochlands und über die steilen Pässe, von denen aus wir bereits die Geröllfelder und das ewige Eis der Gletscher sehen konnten.

Unsere Gruppe setzte sich aus zwei Teams von insgesamt sechzehn Bergsteigern zusammen; hinzu kamen zehn Sherpas, die unsere Höhencamps einrichten und uns beim Aufstieg begleiten sollten. Geführt wurden sie von unserem *sirdar* Ang Rita, der sich außerdem um die gesamte Logistik unserer Expedition kümmerte. Ich war die einzige Frau in dieser Gruppe und fühlte mich zusehends wie die einsame Ophelia unter den »lawless resolutes« des Fortinbras in Shakespeares *Hamlet.* Einige Teilnehmer hatte ich bereits im Vorjahr bei der Besteigung des Imja Tse (Island Peak) und der Tour zum Everest-Basislager kennen gelernt, doch im Grunde genommen hatte ich wenig gemein mit all den hartgesottenen Bergsteigern, denen der Gipfelsturm schon ins Gesicht geschrieben stand. Nur mit Michael, der aus Hawaii stammte und im richtigen Leben Ingenieur auf einem Frachtschiff war, verband mich ein Erlebnis, das der Beginn einer anhaltenden Freundschaft geworden war. Er hatte mir damals über das eisige Schneefeld hinuntergeholfen, als ich unbedingt zurückbleiben und die Sterne betrachten wollte. Unser Bergführer hatte vergeblich versucht, mich zum Aufbruch zu bewegen, aus Angst, dass ich für immer dort oben bleiben und zu Eis erstarren würde. Michael hatte sich einfach neben mich gesetzt und war eine Weile bei mir geblieben. Er erläuterte mir die Konstellationen der Sterne und nahm dann meine Hand und wanderte mit mir durch die Nacht zurück.

Tingri – ein kleines Dorf am nördlichen Ende der alten Handelsroute zwischen Nepal und Tibet – war unsere letzte Station, bevor wir in das unbewohnte Land der hohen Berge aufbrachen. Tingri liegt auf 4200 Metern im Süden der Tibetischen Hochebene und gleicht einer kleinen Cowboystadt mitten in der Prärie. Der Ort ist für die Nomaden auch heute noch ein wichtiger Stützpunkt auf der alten Yakroute über den Himalaja. Von Tingri aus ziehen die Yaktreiber mit ihren Tieren in Karawanen hinauf zum Gletscherausläufer des Cho Oyu und von dort über den Pass Nangpa La ins Khumbu auf der Südseite des Everest. Sie bringen Salz, Wolldecken, Schaffleisch und Tsampa nach Nepal und verkaufen all dies auf dem Markt in Namche Bazar. Tingri hat ein paar hundert Einwohner. Flache Lehmhäuser säumen die geteerte Straße, die durch das Dorf führt.

Die weiß getünchten Häuser leuchteten bei unserer Ankunft in der Sonne, dahinter verlor sich die Straße in den sandigen Hügeln der Tibetischen Hochebene. Wir wohnten in einem Hotel, dessen winzige Zimmer alle um einen großen Innenhof gruppiert waren. Die Wände waren mit bunt gemusterten Tüchern bedeckt. Auf den schmalen Holzbetten türmten sich dicke Wolldecken, denn nachts wurde es dort sehr kalt. Aber noch brannte die Sonne heiß auf unseren Steingarten nieder.

Die Teestube war zugleich die Küche und Wohnstube der tibetischen Familie, die das Hotel betrieb. In der Mitte stand ein Holzofen, vor dem eine alte Frau saß und das Feuer schürte. Abwechsend warf sie verdorrte Wüstenbüsche, orangefarbene, knorrige Holzstücke und getrocknete Yakfladen ins Feuer. Ihr runzliges Gesicht war

von der Hochlandsonne rotbraun gefärbt; die langen schwarzen Haare hatte sie geflochten. Im Gegensatz zu den Männern, die ihre langen Zöpfe mit roten Bändern um den Kopf wanden, trug sie die Zöpfe offen; an ihren lang gezogenen Ohrläppchen hingen einen Bergtürkis und ein roter Korallenstein an einem roten Faden.
Auf den schwarzen Steinplatten über dem Feuer standen große schimmernde Töpfe, in denen sie für uns Yakcurry und Reis kochte. Es war himmlisch warm; die Sonne schien anheimelnd durch die kleinen Fenster. Auf den schmalen Holzbänken lagen dicke tibetische Teppiche, davor standen bunt bemalte Teetischchen. Die Tochter der alten Frau servierte uns Tee; ihre Kinder liefen kreischend durch die Stube und versuchten eine schwarz-braun gefleckte Katze einzufangen. Die beiden Frauen trugen typische tibetische Gewänder, ärmellose, bodenlange Wickelkleider über einer Seidenbluse, dazu eine bunt gewebte Schürze und eine silberne Gürtelschnalle. An den Wänden hingen vergilbte Expeditionsposter von Hans Kammerlander und anderen berühmten Bergsteigern.
Jon Tinker, unser Expeditionsleiter, war mit drei weiteren Bergsteigern aus Lhasa gekommen und erwartete uns schon. Scott, der Expeditionsleiter der fünf Amerikaner, die sich unserer Gruppe angeschlossen hatten, setzte sich zu mir. Er war ein erfahrener Bergführer auf dem Mount McKinley in Alaska und wollte im Jahr darauf mit Jon auf den Everest. Er schien sich zu fragen, was ich unter all den Männern bei dieser Expedition verloren hatte. Ich erzählte ihm, dass ich nur zu einer Trekkingtour mitgekommen sei und bei Ang Rita in der Küche aushelfen würde; ich würde auch – und hier ging meine Phantasie dann mit mir durch – im Basislager die Wäsche übernehmen und beim Flicken der Zelte aushelfen. Er sah mich bewundernd an und stimmte meinem Plan von Herzen zu, während Michael sich einerseits kaum das Lachen verkneifen konnte und andererseits leicht errötete, weil er sich für seinen Bergführer schämte. Mir war das egal, schließlich war ich nicht hier, um irgendeinem dieser Männer irgendetwas zu beweisen.
Mit einem großen Lastwagen, in dem sich unsere gesamte Expedi-

tionsausrüstung befand, fuhren wir von Tingri aus ins Basislager. In der Ferne konnten wir den Everest und den Cho Oyu sehen. Eine Woche später wanderten wir am Gletscherausläufer entlang ins vorgeschobene Basislager, auch ABC (Advanced Base Camp) genannt. Die Yaks und ihre Hüter begleiteten uns auf dem langen Marsch, der zwei Tage dauerte. Die Yaks transportierten unsere Expeditionsausrüstung, und das Singen und Pfeifen der Tibeter erleichterte mir den anstrengenden Weg. Das vorgeschobene Basislager lag auf 5700 Meter Höhe und sollte für die nächsten Wochen unser Zuhause sein. Zwölf Teams kampierten in bunten Zelten auf dem Geröllfeld in unmittelbarer Nähe des Nangpa La.
Der Cho Oyu ist der meistbestiegene Achttausender. Dementsprechend dicht gedrängt standen unsere Zelte auf der Moräne, und man lernte schnell viele der anderen Teams kennen. Da gab es eine Gruppe aus Estland, die ein altes Militärzelt dabeihatte und ihr Essen auf einem Feuer aus Yakdung kochte. Ein chinesischer Marathonläufer, der den Rekord auf der Chinesischen Mauer hielt, hatte sein Zelt neben uns aufgestellt und mit Gebetsfahnen geschmückt. Neben vielen nationalen Expeditionen war auch Henry Todd mit einer Gruppe von zehn internationalen Bergsteigern da. Seinen Namen kannte ich schon, weil er jedes Jahr eine Expedition auf der Südseite des Everest führte und in vielen Büchern erwähnt wurde. Er war ein großer, breitschultriger Schotte mit einem wilden Bart. Oft lud er mich nachmittags zum Tee ein. Dort lernte ich auch Russell kennen, der sein eigenes Team leitete und sein Lager neben dem unseren errichtet hatte. Er kam aus Neuseeland, lebte aber in Chamonix; berühmt war er vor allem wegen seiner äußerst professionell geführten Expeditionen auf der Nordseite des Everest. Stolz zeigte er uns seine neue Broschüre, die ihn in heldenhafter Pose auf dem Gipfel des höchsten Berges der Welt zeigte. Er hielt den Rekord für den schnellsten Aufstieg auf den Cho Oyu: elf Stunden vom ABC bis zum Gipfel. Russell und Henry waren mit unserem Expeditionsleiter Jon gut befreundet; alle drei waren sie Everest-Veteranen und konnten stundenlang von ihren Abenteuern im Himalaja erzählen.

In den folgenden Wochen stiegen wir zu unseren Höhencamps auf; wir übernachteten im Camp 1 auf 6400 Metern und im Camp 2 auf 7000 Metern, um uns zu akklimatisieren. Im Gegensatz zum Bergsteigen in den Alpen verbringt man im Himalaja viel Zeit damit, den Körper an die extreme Höhe zu gewöhnen. »Klettere hoch und schlafe niedrig« lautet dort das Motto. Das bedeutet, dass man tagsüber in ein höheres Camp aufsteigt, ein paar Stunden dort verbringt und abends zum Schlafen wieder zurückkehrt. Wenn man ein paar Tage später wieder aufsteigt, hat man sich schon teilweise akklimatisiert, und die Auswirkungen der dünnen Luft sind nicht mehr ganz so anstrengend. So klettert man höher und höher in dem Bestreben, der Höhenkrankheit zu entkommen.
Eines Nachmittags stiegen wir vom Camp 1 über das ausgedehnte Geröllfeld ab, das vom Fuß des Berges zum ABC führt. Wenn die Beine nicht mehr wollten, musste einen die eigene Phantasie antreiben, und mitunter gelang es mir, meine letzten Energiereserven mit Hilfe der überwältigenden Ausblicke zu mobilisieren. Aber an diesem Nachmittag half alles nichts. Ich war erschöpft und kämpfte mich lustlos voran. Tom, unser Bergführer, ging beflissen hinter mir, damit ich nicht vom Weg abkam. Vermutlich dachte er, er müsse auf mich besonders gut aufpassen, weil ich die einzige Frau im Team war. Er ging mir auf die Nerven, aber ich konnte ihn nicht loswerden. Um mich von den Strapazen abzulenken, trat ich mit meinen Plastikstiefeln ein paar große Brocken los und schaute zu, wie sie krachend in einen der blauen Eistümpel einbrachen. Mein Kopf dröhnte vor Schmerzen, und meine Nerven waren schon bis aufs Äußerste gespannt. Mein Zeltnachbar, ein langweiliger, steifer Engländer, schritt schnurstracks an mir vorbei und meinte mich belehren zu müssen.
»Du solltest deine Skistöcke benutzen, dann geht es leichter«, sagte er.
»Ja, warum nehm ich nicht meine Stöcke und zieh dir eins über, du Wicht«, murmelte ich leise zurück, aber er hörte mich nicht und ging unbeirrt weiter.

Mein Vater hatte immer gesagt, dass Aggression gut sei; sie bringe den Kämpfer in einem zum Vorschein. Doch in diesem Moment half mir auch diese Weisheit nicht, und ich setzte mich schließlich entmutigt auf einen Felsen und schloss die Augen. Vielleicht würden sie ja alle einfach fortgehen, wenn ich mich nicht bewegte. Als ich die Augen wieder aufmachte, stand Tom immer noch vor mir und wartete geduldig. Zur Hölle mit ihm. Wo war sie nur, die herrliche Einsamkeit der Berge?

Dann kam die Rettung in Gestalt von Henry, der einen schweren Rucksack auf den Schultern trug und unwirsch vor sich hin murmelte. Als er uns sah, brach er in lauten Protest aus. Ein Tibeter war ihm auf der Moräne nachgelaufen und hatte versucht, ihm seinen Rucksack abzunehmen. Er sprach kein Englisch und Henry kein Tibetisch, aber der Mann wollte sich von seinem Vorhaben, Henrys Rucksack zu tragen, nicht abhalten lassen.

»Ich musste mit meinem Skistock nach ihm schlagen, damit er endlich von mir abließ. Ich bin zwar schon 58, aber ich bin noch nicht zu alt, um meinen Rucksack selbst zu tragen. Der Tibeter spinnt wohl«, entfuhr es ihm.

Henry schnaubte wütend und ging weiter. Tom und ich brachen in schallendes Gelächter aus. Später im ABC trafen wir Russell, der vor seinem Küchenzelt stand und nach seinen Kunden Ausschau hielt. Es stellte sich heraus, dass er den Tibeter losgeschickt hatte, um einem seiner Bergsteiger mit dem Rucksack zu helfen, und dieser hatte Henry mit Russells Kunden verwechselt. Weil er davon ausging, dass Henry an der Höhenkrankheit litt und er ihm helfen sollte, ließ er sich von seinem Vorhaben nicht so leicht abbringen. Als aber Henry anfing, mit dem Stock nach ihm zu schlagen, lief er entsetzt davon. Aufgelöst kam er zu Russell zurück und berichtete ihm von dem ungeheuerlichen Benehmen des Bergsteigers. Russell war sprachlos und wollte sich gerade selbst auf den Weg machen, als wir ihn trafen und ihm die Geschichte erzählten.

»Wenigstens hat unsere Prinzessin dabei ihre Erschöpfung überwunden, sonst würde sie jetzt noch da oben sitzen und nachdenken,

wie sie mich überreden kann, in einem der Gletscherseen schwimmen zu gehen«, sagte Tom und lachte.
Von da an nannten mich alle »die Himalajaprinzessin«. Noch Tage später hatten wir darüber gelacht. Es stimmt, dass die Höhe einen Überschwang der Gefühle auslöst und man oft stundenlang über den gleichen Witz lachen kann.
Ende September war es dann so weit. Der Gipfelsturm begann. Wir hatten eine lange Nacht im Camp 2 auf 7000 Metern verbracht, und ich stieg in der Morgensonne über ein Schneefeld Richtung Camp 3, das 500 Meter höher lag. Über mir ragten die Gipfel wie Scherenschnitte in den strahlend blauen Himmel. Ich hatte meine Daunenjacke ausgezogen, so warm war es an diesem Tag. Das Schneefeld war manchmal so steil, dass ich zur Sicherheit meinen Jumar am Seil befestigte. Zu beiden Seiten fielen die weißen Felder in die dunklen Schatten der Tiefe. Ich atmete mit jedem Schritt tief ein und aus und hob dann den unteren Fuß nach oben. Meine Stiefel versanken im tiefen Schnee, während ich den Jumar am Seil weiter nach oben schob. Der Trick bestand darin, beim Aufstieg ungeachtet des Schwierigkeitsgrads einen gleichmäßigen Rhythmus beizubehalten – langsam wie eine Schnecke, die ein zu großes Haus auf ihrem Rücken trägt.
Die Sonnenstrahlen glitzerten wie Sterne über das endlose Weiß. Der Wind wehte sanft an meine erhitzten Wangen, und ich spürte auf einmal wieder den Zauber der Höhe. Gedankenfetzen rauschten vorbei, bis sich eine himmlische Leere einstellte. Ich lauschte nur noch meinem gleichmäßigen Atem, setzte zielgerichtet einen Fuß vor den anderen und spürte den unendlichen Frieden der Berge in mir. Meine Bewegungen waren langsam und stetig, und jeder Windstoß trug mich höher hinauf. Weit hinter mir erstreckte sich das Tibetische Hochland bis zum Horizont. Vor mir leuchteten in sanften Blautönen die Eistürme in der Sonne. Von oben tauchte plötzlich ein rotes Knäuel auf, das durch den tiefen Schnee purzelte. Es war Henry, der auf dem Hosenboden am Seil entlangrutschte. Er stoppte direkt vor mir.

»Ein Engel ist aus dem Himmel gefallen. Wo sind deine Flügel?«, fragte ich ihn lachend.
Er sah mich erstaunt an.
»Warum bist du denn so gut gelaunt?«, fragte er zurück.
»Weil ich auf dem Weg in den Himmel bin«, antwortete ich ihm.
Ich setzte mich in den Schnee und holte meine Thermosflasche hervor. Nebelschwaden drängten sich durch die Sonnenstrahlen und hüllten mich ein wie ein Schwarm weißer Schmetterlinge. Ein herrliches Gefühl von Indifferenz erfüllte mich; mir war nicht heiß und auch nicht kalt, und alles war weiß um mich herum. Die Schneeflocken waren leicht wie Daunenfedern. Ich hätte für immer so dasitzen und den Sonnenstrahlen zuschauen können, die sich vorsichtig durch die Wolken tasteten. Obwohl sich die Welt ständig änderte, blieb sie doch immer gleich. Die Berge standen schon seit ewigen Zeiten dort und schauten ungerührt auf das irdische Treiben hinunter. Ich spürte, dass auch ich ein Stück von ihrem unendlichen Frieden in mir trug. Nichts hatte sich wirklich verändert in mir während all der Jahre – der tiefe Frieden und die schlichte Glückseligkeit ruhten immer in mir, doch in New York spürte ich sie nur selten, weil die Hektik des Alltags ihnen kaum die Möglichkeit zur Entfaltung bot. Dort oben aber erfüllten sie mich wieder.
Als ich im Camp 3 ankam, setzte starker Schneefall ein. Um Mitternacht wollten wir zum Gipfel aufbrechen. Wir waren nur noch zu fünft; die anderen hatten erschöpft aufgegeben und waren umgekehrt. Ich fühlte mich stark an diesem Abend und sah der Nacht mit Freuden entgegen.
Für mich ist die Gipfelnacht immer am schönsten – die magische Nacht, in der die Steigeisen so verheißungsvoll im gefrorenen Schnee knirschen. Es ist dann ganz still, und die Sterne glitzern auf den weißen Schneefeldern. Nach stundenlangem Aufstieg, wenn sich der schwarze Nachthimmel vom Horizont zu lösen beginnt, wirkt die Welt dort oben innerhalb weniger Minuten wie verwandelt. Zunächst noch in blaue Schwaden gehüllt, die über den tief liegenden Tälern hängen, leuchten die Schneefelder bei den ersten

Strahlen der aufgehenden Sonne plötzlich feuerrot auf. Nun sollte der ganze Himalaja uns zu Füßen liegen. Ich hatte schon auf fünf Sechstausendern gestanden, und jedes Mal hatte ich nach meiner Rückkehr in New York wochenlang nur von der Gipfelnacht und dem wunderbaren Schauspiel erzählt, das einem nur in der Welt des Hochgebirges vergönnt ist.

Diesmal jedoch sollte mir das Glück der magischen Nacht versagt bleiben. Es schneite und schneite. Die Nacht war schon hereingebrochen, und es schneite immer noch in wilden, dicken Flocken – so stark, dass wir immer wieder das kleine Zelt schütteln mussten, um nicht erdrückt zu werden. In der Ferne vernahmen wir ein Donnern. Lawinen brachen tosend durch die Stille der Nacht.

Um Mitternacht klang Toms Stimme zu uns herüber:

»Ihr könnt weiterschlafen, es ist zu gefährlich. Wir können nicht zum Gipfel gehen. Vergesst nicht, euer Zelt zu schütteln. Es hat schon über einen Meter geschneit.«

Plötzlich war alles zu Ende. Auch am nächsten Morgen tobte der Schneesturm noch weiter. Der Anstieg zum Gipfel des Cho Oyu führt über ein steiles Schneefeld. Dort war in der Nacht unendlich viel Schnee gefallen, der nur darauf wartete, als Lawine in die Tiefe zu rauschen und uns mitzureißen. Traurig brachen wir am Morgen unsere Zelte ab und begannen schweigend durch die Schneemassen abzusteigen. Auch während der folgenden vier Tage schneite es heftig, und wir mussten jeden weiteren Versuch aufgeben. Die Saison war zu Ende.

Zurück in Kathmandu trafen wir uns alle noch einmal zu einem gemeinsamen Abendessen. Henry erzählte Russell, wie er mich auf dem Schneefeld zum Camp 3 getroffen hatte.

»Ich hab noch nie jemanden gesehen, der so beglückt dieses entsetzliche Schneefeld raufgestiegen ist. Sie dachte sogar, ich sei ein Engel. Kannst du dir das vorstellen – ich mit Flügeln?«

Er brach in schallendes Gelächter aus.

»Du hättest sie sehen sollen, wie sie zwei Tage später an unserem Gemeinschaftszelt vorbeiging, immer noch im Höhenrausch und

laut singend«, sagte Russell, »während mein Team noch halb tot vor Erschöpfung in den Zelten lag. Ich traute meinen Ohren kaum.«
Ich errötete und schüttelte den Kopf. Ich versuchte erst gar nicht, ihnen von dem himmlischen Zauber zu erzählen, den ich dort oben verspürt hatte. Diese Männer setzten auf ihre Körperkraft und ihren eisernen Willen, wenn es ums Bergsteigen ging. Für mich war es eher eine Reise spiritueller Natur.
Nach dem dritten Glas Wein hatte Henry mich überredet, mit ihm die Ama Dablam zu besteigen. Die Ama Dablam ist kein Achttausender, aber technisch sehr viel anspruchsvoller als der Cho Oyu. Sie erfordert solide Felsklettererfahrung, vor allem aber ist die Ama Dablam bei weitem der schönste Berg, den ich je gesehen habe. Das Schmuckstück des Khumbu, wie die Sherpas ihn nennen, ist 6850 Meter hoch und liegt im Herzen der Sherpalandes auf der Südseite des Everest. Steil aufragend, thront dieser faszinierende Berg auf der Ostseite des Khumbu-Tals oberhalb der Trekkingroute zum Basislager des Everest, von wo aus ich ihn mit seinen beiden markanten Flanken und seinem mächtig überhängenden Gletscher schon bewundert hatte. Es war der berauschendste Anblick, den ich je im Hochgebirge erlebt habe. Ich musste meine Agentin in New York anrufen und fragen, ob sie mich noch für zwei weitere Wochen entbehren könne.
»Du klingst ja ganz verklärt, wie kann ich da Nein sagen. Bist du etwa verliebt?«, antwortete mir Michelle.
Am nächsten Tag schloss ich mich dann Henrys Team an, und zehn Tage später, in einer stillen Oktobernacht, stiegen wir zum Gipfel der Ama Dablam auf. Dann kehrte ich, nach einer kleinen Ewigkeit im Himalaja, wieder nach New York zurück.

## *New York, nach einer schlaflosen Nacht*

Da saß ich nun, ein halbes Jahr später, wieder einmal mit dem Telefonhörer in der Hand, um meine Agentin Michelle anzurufen.

»Du wirst also in den ersten beiden Aprilwochen nicht im Lande sein?«, fragte sie mich.

Es dauerte eine Weile, bis ich ihr erklärt hatte, dass niemand in der Lage sei, in nur zwei Wochen den Everest zu besteigen, dass sie diesmal zweieinhalb Monate lang auf mich verzichten müsse. Sie konnte die freudige Erregung in meiner Stimme hören.

»Ich wusste doch, dass irgendetwas los ist mit dir. Ich hab dich selten so beschwingt erlebt wie in den letzten Wochen. Also mach, dass du fortkommst! Steig auf diesen verrückten Berg – aber pass auf dich auf! Wir brauchen dich noch in New York.«

## 2

*Padmasambhava, der berühmte indische Lehrmeister, führte vor mehr als 1200 Jahren den Buddhismus in Tibet ein. Zu jener Zeit herrschte ein König über Tibet, der kein Buddhist war. Er ärgerte sich über die Verehrung und Hochachtung, die sein Volk dem indischen Meister entgegenbrachte. Dem König schien sogar, dass sie Padmasambhava mehr huldigten als ihm selbst. Da beschloss er, den Lehrmeister einzuladen. Padmasambhava sollte vor allen Fürsten des Landes und dem Hofstaat, den er im Palast versammelt hatte, ihm, dem König, seine Ehrerbietung erweisen.*

*Padmasambhava kam in den Palast, und der König konnte seine Freude kaum verhehlen, als er sah, wie Padmasambhava seine Arme zum Zeichen der Hochachtung in die Luft warf und im Begriff stand, sich vor dem Thron zu verbeugen. Doch plötzlich schossen zwei Flammen aus Padmasambhavas Händen und entzündeten die Kleider des Königs. Dieser brannte lichterloh, und die Männer des Hofstaats hatten Mühe, die Flammen zu löschen. Der König fiel im Rauch der Flammen zu Boden und riss seinen zeremoniellen Schal von den Schultern. Überwältigt von der Übermacht des indischen Lehrmeisters warf er sich Padmasambhava zu Füßen und bot ihm seinen Schal als Zeichen der Ergebenheit dar. Padmasambhava nahm den Schal entgegen und gab ihn dem König zurück. Er legte ihn zum Segen über die Schultern des Königs und versinnbildlichte auf diese Weise den Sieg der spirituellen über die weltliche Macht.*

*So kam es, dass Padmasambhava in Tibet, dem Land, in dem nur wenig Blumen wachsen, die Darbietung der Kata, des Schals des Glücks, als eine Geste des Respekts einführte.*

LEGENDE AUS TIBET

## *Chomolungma*

Hoch oben in den Wolken thront ein Berg. Höher als alle anderen Gipfel ragt er in den Himmel. Die Tibeter nennen ihn Chomolungma, die Muttergöttin der Erde. Majestätisch weht eine weiße Schneefahne von ihrem Gipfel in die blauen Lüfte der Unendlichkeit. Nach dem Glauben der Tibeter soll die Göttin Miyo Lungsangmo auf dem Gipfel der Chomolungma residieren, in den himmlischen Höhen, wo die Erde den Himmel berührt.
Im Dezember 1997 war ich zum ersten Mal im Himalaja gewesen. Damals, als wir trotz eines Schneesturms den 6189 Meter hohen Imja Tse (Island Peak) bestiegen hatten, stand ich dann an einem mir unvergesslichen Weihnachtsmorgen vor dem höchsten Berg der Welt. Ich war auf eine Anhöhe oberhalb des Basislagers geklettert und hatte das Schauspiel betrachtet – stundenlang stand ich da und staunte. Wie viele Götter wohl da oben wohnten? Wie viele Engel wohl all den Schneestaub in den Himmel wirbelten?
Dann hatte ich wieder jene Bilder vor Augen – bunt gewandete Figuren, vermummt in Daunenanzügen und dicken Handschuhen, die Gesichter hinter dunklen Sauerstoffmasken verborgen. Erschöpft lehnten sie über ihren Eisäxten. Jeder Schritt schien ihnen ungeheuere Kräfte abzuverlangen – und doch brachte sie jeder Schritt ihrem Traum ein Stück näher. Der weiße Gipfelgrat spiegelte sich kristallklar in ihren Gletscherbrillen. Unter ihnen ragten die höchsten Berge der Welt in den blauen Himmel – ihre schneebedeckten Gipfel leicht geneigt, als wollten sie sich vor einem großen König verbeugen. Souverän regiert der Everest die Heimat des ewigen Schnees – den Himalaja.
Damals schon hatte ich den Wunsch, eines Tages eine dieser ver-

mummten Gestalten zu sein, trotz all der Horrorgeschichten, die ich gelesen hatte. Es war eine Herausforderung, der ich nicht würde widerstehen können. Ein Traum war erwacht, mächtiger als alle anderen Träume.

Hinter mir ging langsam die Sonne unter; schon tasteten sich die letzten goldenen Strahlen an den eisigen, weißen Flanken der benachbarten Berge des Everest hinauf. Sie erglühten kurz in tiefstem Orange, bevor sie in ein zartes Blau übergingen. Nur die Felspyramide der Chomolungma brach noch die rötlichen Strahlen der untergehenden Sonne in den Abendhimmel.

## *Von Kathmandu nach Lhasa* 3. April

Noch vor Sonnenaufgang hatten wir im Hotel unsere Rucksäcke gepackt. In den verwinkelten Gassen Kathmandus, der Hauptstadt von Nepal, setzte bereits das alltägliche Verkehrschaos ein – knatternde Tucktucks, hupende Taxis, rasselnde Fahrradklingeln und die langgezogenen Pfiffe der Rikshafahrer. Auf kaum nachvollziehbaren Schleichwegen gelangten wir zum Flughafen, wo sich vor den Flugschaltern bereits dichte Menschentrauben gebildet hatten. Wir hatten Tickets nach Lhasa, der Hauptstadt von Tibet, und waren die Ersten, die in dieser Saison mit hundert anderen Passagieren die Maschine der China South West Airlines bestiegen. Natürlich stürzten sich alle auf die Fensterplätze.

Die alte Propellermaschine begann zu dröhnen und hob schließlich ruckelnd ab. Ich drückte mich in den Sitz und schaute aus dem Fenster. Unter mir breitete sich das ziegelrote Häusermeer Kathmandus aus. Im Morgennebel stiegen wir höher und überflogen die Vorberge des Himalaja. Reisterrassen zogen sich steil die Hänge hinauf, gesäumt von kleinen Bauernhütten. Durch unwegsame, tiefe Schluchten wanden sich schimmernde Flüsse, die in der bald einsetzenden Regenzeit zu reißenden Strömen anschwellen würden. Höher und höher türmten sich die Berge in den Himmel: Wir näherten uns den

Eisriesen der Hauptkette, die in der diesigen Luft zu schweben schienen.
Plötzlich begann das Flugzeug zu vibrieren und sackte immer öfter in Luftlöchern ab. Mit Orangensaft und Cola gefüllte Plastikbecher flogen durch die Kabine, und der Pilot bat uns über Lautsprecher, die Gurte wieder anzulegen und festzuziehen.
»Wir erwarten noch stärkere Turbulenzen.«
Die Ankündigung sollte sich bald bewahrheiten. Die Stewardessen setzten sich im Mittelgang auf den Boden und hielten sich an den Sitzen fest. Einige Passagiere begannen ängstlich zu kreischen, andere beteten laut.
Mich selbst hatte die Aussicht, die das winzige Kabinenfenster bot, völlig in ihren Bann gezogen. Inmitten dieses gigantischen Gipfelmeers, auf das wir unbeirrt Kurs nahmen, versuchte ich jene Berge auszumachen, deren Formationen mir von Fotos her vertraut waren, Berge, die ich zumindest dem Namen nach schon kannte. Neben mir saß Ken, unser Expeditionsarzt. Mit ausgestrecktem Zeigefinger deutete er auf einzelne Massive:
»Das da drüben in der Ferne, das ist der Kangchenjunga, der dritthöchste Berg der Erde. Und das ist der Makalu; dort der Lhotse mit dem Grat des Nuptse daneben. Ja, und dahinter, das ist er.«
»Der Everest?«, fragte ich.
An seinem weißen Wolkenschweif kann man ihn stets erkennen – den König der Berge, der so hoch in den Himmel ragt, dass sein Gipfel den Jetstream einfängt. Ich hätte am liebsten das Fenster geöffnet und meinen Kopf in die dünne Luft hinausgehalten; ich wollte mit meinen Händen über die gleißenden Schneefelder streichen und mit den Fingern an den spitzen Felsgraten entlangfahren. Auf diesen Berg, auf den Everest, wollten wir hinaufsteigen!
Alle Passagiere schauten gebannt durch die kleinen runden Kabinenfenster. Kameras klickten ohne Unterlass. Der Everest – wenn alles gut ging, konnten wir schon sechs Wochen nach unserer Ankunft in Tibet von dort oben hinunterwinken. Vielleicht würde ich dann in meinem Daunenanzug mit den dicken Handschuhen über meiner

Eisaxt lehnen, mein Gesicht hinter einer dunklen Sauerstoffmaske verborgen. Der Gipfelgrat würde sich in den getönten Gläsern meiner Gletscherbrille spiegeln. Ich würde unmittelbar zu ihm hinaufschauen – noch zwanzig Meter, noch zehn ... Jeder Schritt würde mich eine unendliche Anstrengung kosten, aber jeder einzelne würde mich dem Gipfel der Welt entgegenführen. Ich musste lachen; es war phantastisch, absurd, völlig unmöglich. Sechs Wochen zuvor hatte mich plötzlich das Everest-Fieber ergriffen, und ich hatte von nichts anderem mehr geträumt als von meiner Reise nach Tibet, von meiner Wallfahrt in den Himalaja – davon, hoch auf die eisigen Flanken des Everest zu steigen und vielleicht sogar im Schnee auf seinem Gipfel zu stehen. Aber es war nur ein Traum, ein ferner Traum, der wie die meisten Träume unerfüllbar schien. Das tat jedoch meinem Glück, ihn zu träumen, keinen Abbruch.
Ich starrte wieder hinaus. Wir hatten die gewaltige Hauptkette des Himalaja bereits überflogen. Fast übergangslos breitete sich nun das endlose, goldbraun schimmernde Hügelmeer des Tibetischen Hochlands vor uns aus. Der Sinkflug begann, und bald landeten wir auf einem von weiten Schotterflächen umgebenen Flugfeld. Unser »Silbervogel«, der uns sicher über die höchsten Berge der Welt getragen hatte, rollte auf das moderne Terminal-Gebäude zu und spiegelte sich in den großen Fensterflächen – Lhasa Airport. Von der Stadt selbst war weit und breit nichts zu sehen.

## *Lhasa – »Erde der Götter«*

In der Maschine waren auch viele Trekker gewesen, die nun ihre Fahrräder vom Gepäckband hoben und sich durch den Zoll drängelten. Einige von ihnen sollten wir später im Basislager wieder sehen. Unser offizieller Reisebegleiter und Verbindungsmann, Herr Mosa, erwartete uns schon und geleitete uns zu einem silberfarbenen Bus, der uns nach Lhasa bringen sollte.
Wir befanden uns bereits auf über 3000 Meter Höhe; die Luft war

klar, der Himmel wolkenlos. Wir fuhren an braunen, kahlen Feldern vorbei, die von den langen Wintermonaten völlig ausgedörrt waren, und an breiten Flussbetten entlang. Durch Lhasa fließt der Kyichu, der »Fluss des Glücks«, doch er führte damals kaum Wasser – viel war offensichtlich nicht übrig geblieben vom Glück.
Die Stadt war größer, als ich sie mir vorgestellt hatte, und die Straßen verliefen schnurgerade durch die Stadt. Die Chinesen hatten überall Betonblocks hochgezogen, nichts war mehr zu sehen von jenem kleinen verwinkelten Dorf, das ich aus alten Filmen kannte. Das berühmte Eingangstor, das Heinrich Harrer bei seinem ersten Besuch in der Verbotenen Stadt durchschritten hatte, wirkte völlig unscheinbar inmitten all der neuen Gebäude. Nur der Potala, der Palast des Dalai Lama, thronte noch über der Stadt – mit seinen zahllosen kleinen schwarzen Fenstern, die weit über das besetzte Land schauten. Unser Hotel stand direkt daneben; silbern und blau glänzten die Glasfassaden in der Mittagssonne.
Auf den breiten Straßen fuhren Rikshas, große Busse, silberne Dreiräder und Traktoren, auf denen Chinesen und dunkelhäutige Tibeter Schweinehälften zum Markt brachten. Tibeter in langen Gewändern gingen an uns vorbei; sie hielten Gebetsmühlen, die sich unablässig drehten. Ihre braunen, runzeligen Gesichter waren vom harten Klima der Hochebene gezeichnet.
Wir stellten unsere Uhren zweieinviertel Stunden vor, denn in Tibet gilt, wie in ganz China, die Beijing-Zeit. Herr Mosa begleitete uns zum Abendessen, denn es war ja schon spät, obwohl die Sonne noch hoch am Himmel stand. Er arbeitete für die *Chinese Tibetan Mountaineering Association* (CTMA) und sollte uns auf unserer Reise bis zum Basislager begleiten. Die CTMA betreut alle Expeditionen in Tibet; bei ihr wird die Genehmigung für die Expedition eingeholt, und sie beantragt dann die Visa für die Expeditionsteilnehmer. Die Beamten der CTMA kümmern sich um die Zollformalitäten für die Einfuhr der Expeditionsausrüstung; sie koordinieren den Transport zu den Basislagern, organisieren Jeeps, buchen die Hotels und Restaurants – kurz, sie planen sämtliche Details der Reise.

Herr Mosa sprach sehr gut Englisch; er sollte uns die Sehenswürdigkeiten von Lhasa zeigen. Das kleine Restaurant, in das er uns führte, entsprach nicht meinen Erwartungen; es war vielmehr ein ganz gewöhnliches chinesisches Restaurant, wie man es in New York an jeder Straßenecke von Chinatown findet. Es gab verschiedene eintopfartige Gerichte, leuchtend rot gewürzte Fleischscheiben, gelben Fisch, der in einer dicken braunen Soße schwamm, grünes, zerkochtes Gemüse und Reis. Stark geschminkte Chinesinnen servierten eine Platte nach der anderen, und Herr Mosa rauchte dazu eine ganze Schachtel Zigaretten.
Wir saßen zu neunt an dem runden Tisch. Die Reise hatte eben erst begonnen, und es war an der Zeit, dass ich meine Gefährten näher kennen lernte.
Da war Herr Kozuka aus Japan, vierzig Jahre alt, von kräftiger Statur und Single, der stets eine digitale Videokamera und einen Fotoapparat der professionellen Kategorie mit sich herumtrug. Er dokumentierte alles und hatte schon auf der Fahrt nach Lhasa ununterbrochen die Kamera aus dem Fenster gehalten, um den Fahrtwind einzufangen. Er war von kräftiger Statur und erzählte uns, dass seine ganze Liebe den Bergen gehöre und er deswegen nie geheiratet habe.
Herr Kobayashi war ebenfalls Japaner und sah aus wie ein alternder Filmstar, der für eine Rolle in einem Everestfilm der dreißiger Jahre engagiert worden war. Er war fünfundfünfzig Jahre alt, hatte zwei Kinder und war bis vor kurzem Polizeichef gewesen. Obwohl schon lange ein begeisterter Bergsteiger, war er noch nie über 4000 Meter hinausgekommen. Der Everest war ein alter Traum von ihm, den er nun endlich verwirklichen wollte. Er sprach so gut wie gar kein Englisch, aber er lächelte mich fortwährend bewundernd an. Sumiyo sagte mir, Herr Kobayashi lebe in dem Glauben, ich sei ein blondes Supermodel aus New York.
Sumiyo, die in Tokio als Produzentin arbeitete, wollte uns bis zum Basislager begleiten und den beiden Japanern als Übersetzerin zur Seite stehen. Dies war ihre fünfte Reise zum Everest. Dreimal hatte sie den Gipfelaufstieg versucht, und im Jahr zuvor war ihr dieser mit

unserem Bergführer geglückt. In ihrer Heimat war sie berühmt, weil sie die erste Japanerin war, die den Everest über die Nordseite bestiegen hatte. Sie hatte auch in dem IMAX-Film, den David Breashears 1996 auf der Südseite des Everest gedreht hatte, mitgespielt, es aber damals nicht bis zum Gipfel geschafft.

Geoff war ein Banker aus Australien. Er war fünfundvierzig Jahre alt, groß und sah ziemlich fit aus. Er erzählte uns, dass er mit seinem Rennrad in den Blue Mountains bei Sydney viele tausend Kilometer zurückgelegt habe, um für die Besteigung des Everest zu trainieren. Seine Frau Sue war mit dabei; sie wollte ihn bis zum Basislager begleiten. Im Herbst zuvor hatte er den in Tibet gelegenen 8046 Meter hohen Shisha Pangma bestiegen und träumte nun davon, die höchsten Berge der Welt zu erklimmen. Er hatte vor kurzem seinen Job aufgegeben, um seinen Traum von der Besteigung des Everest zu verwirklichen.

Ken, unser Expeditionsarzt, war siebenundvierzig Jahre alt und kam aus Tasmanien. Er hatte schon dreimal versucht, den Everest zu besteigen und war der erfahrenste Bergsteiger von uns allen. Er war ziemlich groß, hatte wilde schwarze Locken und einen durchdringenden Blick. Er liebte Yoga und ernährte sich vegetarisch. Er stammte ursprünglich aus Schottland, aber daran erinnerte er sich nicht gerne. Er war in einem Waisenheim aufgewachsen; mit siebzehn Jahren hatte er dann seine als äußerst dunkel und deprimierend in Erinnerung gebliebene Heimat verlassen und war in das sonnige Australien ausgewandert. Auf Russell, unseren Expeditionsleiter, hielt er große Stücke, und er konnte viele Geschichten erzählen, denn er schien über den Himalaja beinahe alles zu wissen.

Don kam aus Neuseeland. Er war Anfang sechzig und Teilhaber einer großen Hotelkette, die auch Helikopter-Skitouren am Mount Cook anbietet. Er war ein ausgesprochener Gentleman und ein alter Freund von Russell. Er wollte sich Russells Expedition auf den Everest einmal anschauen, aber nur bis zum vorgeschobenen Basislager mitkommen.

Lacchu war kaum 1,60 Meter groß, trug eine Brille und war der

Chefkoch unserer Expedition. Lacchu sollte uns Lhasa zeigen und noch Gemüse und Obst für die Expedition einkaufen.
Der Rest unseres Teams befand sich noch in Kathmandu; Russell und die sieben Sherpas würden mit den zwei großen Lastwagen, in denen unsere gesamte Ausrüstung verpackt war, auf dem Landweg nach Tibet kommen. Wir wollten sie wenige Tage später in dem kleinen Ort Tingri treffen.
Es war schon dunkel, als wir das Restaurant verließen. Die Sterne leuchteten hell über dem Potala. Ich nahm ein heißes Bad, denn schon bald würden wir für längere Zeit auf einen solchen Luxus verzichten müssen. Dann machte ich noch ein paar Yogaübungen vor dem Fernseher. Es lief ein alter James-Stewart-Film auf Chinesisch. Unser Arzt hatte mir die Übungen verordnet, um meine Ferse zu heilen, die ich mir ein paar Wochen zuvor beim Training verletzt hatte. Ich hatte wie jeden Tag bei eisiger Kälte meine Joggingrunden im Park gedreht, als mir plötzlich ein stechender Schmerz in den Fuß gefahren war. Und nur der Gedanke an die weite Reise nach Tibet hatte mich in den kalten New Yorker Wintertagen schon frühmorgens aus den Federn getrieben, um noch vor der Arbeit eisern meine Runden zu drehen.

## *Ostersonntag in Tibet*

Nach einem chinesischen Frühstück fuhren wir in unserem kleinen silbernen Bus zum Sommerpalast des Dalai Lama, zum Norbulingka, dem »Juwelengarten«. In seinem Buch *Sieben Jahre in Tibet* erwähnt Heinrich Harrer, dass dies der Lieblingsort des jungen Dalai Lama war. Der Palast befindet sich in einer Parkanlage voller exotischer Vögel und etlicher anderer Tiere. Das Eingangstor ist aus Holz geschnitzt und mit tibetischen Symbolen bemalt.
Ich hatte mein tibetisches Kleid an, und wir wanderten durch den Park. Die Bäume, die die langen Wege säumten, waren grau und braun vertrocknet, und es bedurfte schon einiger Phantasie, um sich

einen himmlischen Garten mit Blumen und Bächen vorzustellen. Einige Pilger wanderten im Park umher, drehten ihre Gebetsmühlen und murmelten Gebete. Die in den Mauern eingelassenen bunt bemalten Türen schienen in ein Märchenland einzuladen, aber für uns waren sie an diesem Tag verschlossen. Anschließend verzichtete ich auf das gemeinsame Mittagessen beim Chinesen; ich fuhr zurück ins Hotel, um meine Kopfschmerzen wegzuschlafen. Lhasa liegt immerhin schon auf über 3600 Meter über dem Meeresspiegel, und anfangs macht mir die Höhe immer zu schaffen.
Nachmittags trafen wir uns wieder und fuhren mit Herrn Mosa zum Kloster Jokhang. Das älteste Kloster in Tibet wurde im siebten Jahrhundert erbaut und hat die Kulturrevolution weitgehend unbeschadet überstanden. Vor dem Kloster auf dem Marktplatz, dem Barkhor, tummelte sich eine bunte Menschenmenge. Auf langen Holztischen türmten sich weiße und gelbe Seiden-Katas, die die Buddhisten den Lamas als Ehrerbietung darreichen und ihren Gästen als Willkommensgruß, aber auch als Abschiedsgeschenk um den Hals legen. Daneben stapelten sich gerollte Gebetsfahnen, die von den Pilgern auf ihre Reisen mitgenommen werden. Viele Tibeter aus den umliegenden Dörfern hatten auf dem Boden ihre Waren ausgebreitet: getrocknete Yakkäsestücke an langen Ketten, Gebetsmühlen, Tsampataschen, silberne Talismane, gewebte Gürtel, lederne Satteltaschen, bronzene Klangschalen und aufgehäufte Bergtürkise.
Im Jokhang, dem »Haus des Meisters«, wird das größte Heiligtum Tibets verehrt: eine kostbare Buddhastatue, die den »Erleuchteten«, Buddha Shakjamuni, darstellt. Als sich Tibet im siebten Jahrhundert auf dem Höhepunkt seiner politischen Macht befand, wurde es von König Songtsengampo regiert. Er hatte zwei Gemahlinnen. Die eine war eine Prinzessin aus Nepal, die andere die Tochter des Kaisers von China, und beide waren tiefgläubige Buddhistinnen. Der Überlieferung nach brachte die chinesische Prinzessin die Buddhastatue im Jahr 641 anlässlich ihrer Vermählung mit Songtsengampo als Geschenk nach Lhasa mit.
Direkt vor dem Klostereingang warfen sich die mit langen Roben

bekleideten Pilger zu Boden, erhoben sich wieder und beteten, den Blick nach innen gekehrt. Ein Mönch führte uns ins Heiligtum. Die Butterkerzen leuchteten wie Sterne am Nachthimmel, als wir in den dunklen Gebetsraum eintraten.

Die Luft war sanft, und eine wohlige Wärme erfüllte den Raum. Zwischen den Holzpfeilern, die die Decke stützten, standen schmale Bänke, auf denen dicke, gewebte Teppiche und rote Mönchsroben lagen. Von oben strömte Sonnenlicht durch die dunkelroten Vorhänge. Der Mönch führte uns an jahrhundertealten Buddhastatuen vorbei. Streng blickende Götter und Lamas mit goldenen Gesichtern und roten spitzen Kappen saßen im Lotussitz nebeneinander. Einige hatten blaues Haar – den Ausführungen des Mönchs zufolge ein Zeichen für Glück. In großen, mit leuchtender Yakbutter gefüllten Steingefäßen flackerten Lichter und erleuchteten die goldenen Gesichter der Statuen. Eine Stupa aus Blattgold, bestückt mit tausenden Türkisen, orangefarbenen Korallen und goldschimmerndem Amber, stand abseits von allen anderen. Die gläubigen Tibeter hatten alles gegeben, um ihre Götter gewogen zu stimmen und um Erleuchtung zu bitten. In die Wand waren bis zur Decke Fächer eingelassen, in denen sich in orangefarbene und rote Tücher gewickelte Gebetsbücher stapelten. Nur wenige Lamas können sie noch lesen und verstehen. Unser Mönch hatte früher Medizin studiert; nun führt er Touristen wie uns durch die Heiligtümer von Lhasa.

Vor der chinesischen Invasion durften die Mönche von Kloster zu Kloster ziehen, um die Lehren Buddhas zu studieren; heute müssen sie sich mit einer Allgemeinbildung bescheiden und in ihrem Stammkloster bleiben. Etwa 200 Mönche leben heute im Jokhang. Sie sind die einzigen, die die Schriften des Buddhismus studieren dürfen, doch lehren dürfen sie nicht, und so müssen die meisten Tibeter ihnen in ihrem Glauben vertrauen. Aus ganz Tibet strömen jedes Jahr viele tausend Gläubige nach Lhasa, um die Klöster aufzusuchen, um im Uhrzeigersinn die Gebetsmühlen zu drehen, um vor dem Buddha zu beten und die Butterlampen zu entzünden. Und ihre Gesichter erstrahlen in tiefgläubiger Erfüllung, trotz all der Strapa-

zen ihrer beschwerlichen Reise, die sie für diesen Augenblick auf sich genommen haben.
Wir kletterten hinauf auf das Dach des Klosters. Unter uns herrschte reges Markttreiben; in der Ferne thronte auf einer Anhöhe der Potala über der Stadt. Und die hässlichen, von den Chinesen erbauten Gebäude, die unten auf der Straße auf mich noch so bedrohlich gewirkt hatten, versanken von diesem Aussichtspunkt aus in schierer Bedeutungslosigkeit.
Draußen auf dem Markt mischten wir uns unters Volk. Lacchu verhandelte geschickt mit den Tibetern, von denen ich Yakwolle kaufte, um im Basislager einen Pullover zu stricken. Die Tibeterinnen hatten mich angesteckt. Für meine Mutter kaufte ich pelzbesetzte Hüte, wie sie die Tibeter im Hochland tragen. Ich wollte sie damit nach meiner Rückkehr versöhnlich stimmen. Von meinen Everest-Plänen wusste sie noch nichts; sie dachte immer noch, dass ich nur zum Trekking nach Tibet gereist sei. Vielleicht ahnte sie ja doch, was mich eigentlich dorthin getrieben hatte, und wollte es nur nicht hören; und ich wollte es ihr nicht erzählen, damit sie sich keine Sorgen machte.
Herr Mosa wollte uns wieder in sein chinesisches Lieblingsrestaurant lotsen, aber an diesem Abend streikten wir; wir wollten endlich einmal Tibetisch essen gehen. Neben dem Potala gab es ein Restaurant, das Ken schon von seinem vorherigen Besuch kannte. Dort saßen wir gemütlich auf dicken Wollteppichen an einem kleinen Tisch und aßen Momos – fritierte Kartoffeln –, Fisch und Zunge; dazu tranken wir viel Tee. Meine Kopfschmerzen waren wie fortgeblasen, und draußen strahlten die Sterne ganz hell am mondlosen Himmel.

## *Der Potala*

An folgenden Tag öffnete der Palast für uns seine Tore. Mit welchem Reichtum an Geschichten, Farben und Gottheiten wir in die Bergwelt fahren würden … Tausend Jahre alte buddhistische Legenden strahlten im Schein der Butterlampen von den alten Klosterwänden wider – sie würden mich während der langen Wochen in den Hochlagern auf dem Everest vor der Kälte schützen wie einst mein Märchenbuch in stürmischen Winternächten. Der Potala wurde im 7. Jahrhundert von König Songtsengampo erbaut und tausend Jahre später vom fünften Dalai Lama erweitert. Der »weiße königliche Wohnsitz« ist heute noch eines der prächtigsten Bauwerke Asiens.

Die vielen Stufen hinauf zum Hintereingang stimmten uns demütig: Die Luft in 3600 Meter Höhe ist bereits so dünn, dass jeder Schritt eine immense Anstrengung bedeutet. Ich hatte mein schönstes Kleid an, ein dunkelgraues, bodenlanges Wickelkleid im tibetischen Stil, das ich mir in Kathmandu hatte anfertigen lassen. Ich wollte den Göttern nicht in Jeans gegenübertreten. Fotografieren war im Potala, der von den Chinesen mit Kameras überwacht wird, streng verboten. Mit Blitzlicht geschossene Fotos hätten die andächtige Stille des Palastes ohnehin nicht einfangen können. Zahlreiche Pilger drückten sich in den schmalen, verwinkelten Gängen an uns vorbei. Ich fühlte mich in dem riesigen Palast in längst vergangene Zeiten zurückversetzt. In jedem Raum erblickten wir Stupas, alte Götter- und Buddhafiguren; fein gearbeitete Holzschnitzereien verzierten die Säulen und Decken im Inneren der Gemächer. Jeder Dalai Lama, der dort residierte, hatte einige Räume mit Gebetbüchern, Statuen und einem Thron ausgestattet, wo er seinen Hofstaat und die Gläubigen empfing, seinen Studien nachging und meditierte. Manchmal strömte ein wenig Sonnenlicht in die dunklen Räume. Das alte Gemäuer jedoch war kalt und feucht. In den gold- und türkisbesetzten Stupas werden die Gebeine der am meisten verehrten Lamas aufbewahrt. Die hohen Steinwände sind mit furchterregenden Gottheiten und Dämonen bemalt. Wie sehr doch diese Pracht mit der kargen Landschaft kontrastierte, die den Palast umgibt. Einem Lama wurde die Fähigkeit zugeschrieben, sich in acht verschiedene Körpern zu inkarnieren, um mehr Gläubigen den Weg zur Erleuchtung weisen zu können. Diese acht Figuren saßen in einem lang gestreckten

Raum in verschiedenen Positionen nebeneinander. Hinter ihnen stapelten sich in bemalten Holzregalen hunderte von Gebetbüchern. Heute leben etwa 160 Mönche im Potala; sie wischen die Böden, entstauben die alten Bücher und entzünden die Butterlampen. Die Wände sind von den Kerzen rußgeschwärzt, die Thankas leuchten in matten Farben. Längst schon hatte ich die Orientierung verloren. Treppauf, treppab ging die Wanderung, vom Sonnenlicht der bunten Terrassen zurück in dunkle Gemächer. All diese kostbaren Schätze müssen als Zeugnisse für die tiefe Religiosität der Tibeter angesehen werden, für ihren festen Glauben an eine höhere Existenz jenseits des irdischen Lebens. In zahlreichen Räumen befinden sich jeweils drei Buddhastatuen, die den Buddha der Vergangenheit, der Gegenwart und der Zukunft darstellen. Manche sind für ein langes Leben zuständig, andere für Barmherzigkeit. Grüne und weiße Taras sitzen Seite an Seite mit goldenen Figuren von Erleuchteten.
Je höher wir stiegen, desto mehr Sonnenlicht strömte durch die kleinen Fenster. Ganz oben im Palast hatte der heutige Dalai Lama gelebt, bevor er 1959 nach Indien flüchtete. Wir hatten nur einen kleinen Bereich des Potala gesehen, und die Stunden waren schnell verflogen. Müde von der langen Wanderung kehrten wir zurück ans Tageslicht. Kein Wunder, dass der junge Dalai Lama seinen Sommerpalast so geliebt hatte. Zwar hätte mich niemand dazu gebracht, auch nur eine Nacht allein dort zu verbringen, wo so viele Geister die Räume bevölkerten; dort oben jedoch, wo der Wind die Mantras der flatternden Gebetsfahnen in den Himmel trägt, hätte ich für immer bleiben können.

## *Das Sera-Kloster*

Ein kleines Dorf mit weiß gestrichenen Steinmauern und flachen Dächern umgibt am nördlichen Stadtrand von Lhasa das alte Sera-Kloster, in dessen baumbestandenem Park sich jeden Nachmittag über 200 Mönche zum »großen Wortstreit« treffen. Durch beide

Tore strömten sie in den Garten, mit ihren dunkelroten Roben und den schwarzen kurzgeschorenen Haaren. Ich blieb dicht an der Steinmauer stehen, um sie nicht zu stören. Aber sie ließen sich völlig unbeeindruckt von dem Geschehen um sie herum in großen Gruppen im grauen Kies nieder. Als alle versammelt waren, stellten sie sich paarweise einander gegenüber auf. Dann sprach jeweils einer eindringlich auf den anderen ein. Dabei schlug er mit der rechten Hand laut in die linke. Herr Mosa erklärte uns stolz, dass es sich hierbei um ein philosophisches Streitgespräch handle. Mich erinnerte es an meinen Philosophieunterricht, an die Dispute, die Sokrates mit seinen Schülern geführt hatte. Zu gerne hätte ich verstanden, worüber die Mönche sprachen. Der Klostergarten vibrierte förmlich von der von ihnen ausgehenden Energie.
Ich stahl mich leise davon und stieg hinauf ins Kloster. Die Ruhe dort war besänftigend, und ich versank in meine eigene Welt. Der Everest, die kühle Bergluft, die langen Wochen abgeschieden von der Welt im ewigen Eis – mit Sehnsucht sah ich der langen Reise entgegen. Abends lud uns Herr Mosa und der Chef der CTMA zu einem chinesischen Buffet ein. Wir tranken einige Flaschen Rotwein und stießen auf den Everest und eine erfolgreiche Expedition an.

## *Auf dem Dach der Welt*

Der Potala erstrahlte im ersten Sonnenlicht, als wir Lhasa verließen. Wir fuhren in südwestlicher Richtung durch die braunen Hügel, die weiten Sanddünen und steinigen Anhöhen der Tibetischen Hochebene. Auf unserer Fahrt kamen wir immer wieder durch kleine Dörfer, die von kargen Feldern umgeben waren. Die weiß getünchten Häuser hatten dunkle Fenster mit vorstehenden Simsen; die Außenwände waren mit blauen und orangefarbenen Streifen verziert. Auf den flachen Dächern lagen knorrige Holzstücke und Yakfladen zum Trocknen aus. An langen Bambusstangen flatterten ausgeblichene Gebetsfahnen. Noch waren die Straßen überwiegend geteert, und ich begann, die dicke rote Yakwolle, die ich auf dem Markt gekauft hatte, zu einem Pullover zu verstricken. Mittags machten wir Halt in einem kleinen Dorf. Über dem offenen Feuer bereitete ein Tibeter grünes Gemüse und Yakfleisch. Dann folgten wir dem Lauf des Flusses Yarlung Tsangpo, der südlich des Himalaja in Indien Brahmaputra heißt.

Die romantische Vorstellung, die ich von Shigaze, der zweitgrößten Stadt Tibets, hatte, wich bei unserer Ankunft herber Enttäuschung. Wie Lhasa ist auch Shigaze quadratisch angelegt – ohne jeglichen Charakter. Breite geteerte Straßen und Betonklötze bestimmen das Bild. Der einzige Anziehungspunkt, das alte Kloster auf einem Hügel über der Stadt, war bereits geschlossen, und so begaben wir uns direkt in unser Hotel. Noch einmal genoss ich ein heißes Bad. Die wohlige Wärme des Wassers prickelte auf meiner Haut, die ätherischen Dämpfe des Eukalyptusöls ließen mich wieder tiefer durchatmen, hatte mich doch der Staub der trockenen Hochlandluft den ganzen Tag schon im Hals gekratzt. Mein Zimmer war eiskalt, und ich schlüpfte unter die dicke Wolldecke auf dem Bett. Zehn Tage zuvor war ich noch in Jamaika am Strand gewesen, wo mir in der unerträglichen Hitze Ströme von Schweiß über den Rücken geflossen waren. Dort hatten wir Strandkleider und Badeanzüge für einen amerikanischen Katalog fotografiert, und ich erinnerte mich noch, wie sehnsüchtig ich an meine bevorstehende Reise ins ewige Eis gedacht hatte.

Es klopfte, und dann schaute Lacchu durch den Türspalt.

»Kommst du mit zum Essen?«, fragte er.

Es gab ein Buffet in unserem Hotel. Wir waren die einzigen Gäste, denn die eigentliche Trekkingsaison begann in Shigaze erst einige Wochen später. Auch die Mountainbiker, die von Lhasa am Everest-Basislager vorbei nach Kathmandu fahren wollten, waren noch weit entfernt.

Unsere kleine Gruppe hatte sich schon recht gut zusammengefunden. Ken erzählte wie jeden Abend von seinen Abenteuern im Himalaja. Bei seiner letzten Everest-Expedition war im letzten Camp auf

8300 Meter ein Bergsteiger seines Teams schwer höhenkrank geworden. Sie hatten ihn zusammen mit den Sherpas hinuntergetragen und ihre Gipfelbesteigung aufgegeben. Schweren Herzens, wie er sagte. Doch diesmal wollte er unbedingt zum Gipfel. Jeder müsse seine Kräfte selbst einschätzen können und die Verantwortung für sich selbst übernehmen, denn er wolle seine Chance wegen eines anderen Expeditionsteilnehmers nicht noch einmal verpassen.

Don mochte ich am liebsten. Er strahlte eine Ruhe aus, die den anderen gänzlich fehlte, weil sie bereits eifrig dabei waren, ihre Gipfelchancen zu kalkulieren, indem sie frühere Erfahrungen mit dem Inhalt der Sauerstoffflaschen und der Stärke der Sherpas multiplizierten. Ich selbst hatte mir über den Gipfelanstieg noch wenig Gedanken gemacht. Ich war schon froh, dass sich mein Fuß von der Überbelastung im Zuge meines Trainings in New York allmählich wieder erholte. Am folgenden Abend sollten wir Russell und die Sherpas in Tingri treffen.

Das Hochland von Tibet ist kahl und grenzenlos. Zunächst erscheint es einem öde, aber wie viele Wüsten der Erde vermittelt es durch seine Weite ein Gefühl von unendlicher Freiheit. Als wir am folgenden Tag weiterfuhren, war die Luft kristallklar. Braune Hügel erstreckten sich weit über den Horizont und gingen in den tiefblauen Himmel über. In der Ferne wirbelten goldschimmernde Sandstürme über die trockenen Ebenen. Die kahlen Hügel leuchteten rötlich im Sonnenlicht; nur in den lindgrünen Grasmatten längs des Flusses wuchsen vereinzelt Sträucher und zierliche Bäume. Wie in alten Cowboyfilmen rollten runde Dornenbüsche über die Schotterstraßen. Längst schon hatten wir die geteerten Straßen hinter uns gelassen und schaukelten auf Pisten von Schlagloch zu Schlagloch Tingri entgegen.

Herr Mosa erzählte uns, dass der vergangene Winter sehr trocken gewesen sei und die Dürre den Tibetern schwer zu schaffen mache. Ihre Yak- und Schafherden hätten Mühe, in den sandigen Hügeln genügend Futter zu finden. Langsam erklommen wir in unserem kleinen Bus einen hoch gelegenen Pass. Die Eisriesen des Himalaja lagen noch weit entfernt, doch in den dicken Wolken am Horizont waren ihre Gipfel schon klar zu erkennen. Wie Scherenschnitte ragten sie daraus hervor. Nicht umsonst sagen die Tibeter, dass die Wolken Berge haben.

## *Tingri* 7. April

Einer Legende zufolge rührt der Name »Tingri« von dem Klang eines flachen Steins her, der vor vielen hundert Jahren durch die Luft klirrte und mitten in diesem Nomadendorf landete. Die Legende berichtet, dass einmal ein Junge namens Tamba in einem kleinen Dorf in Indien lebte. Tamba war dort nicht glücklich; er wollte sein Dorf verlassen und hinaus in die Welt gehen. Eines Tages traf er den Buddha und fragte ihn um Rat.

»Ich möchte von hier fortgehen, aber ich weiß nicht, wohin.«

Der Buddha sagte zu ihm:

»Nimm einen runden Stein und wirf ihn so weit du kannst. Dort, wo der Stein landet, sollst du dein Leben verbringen.«

Tamba nahm einen runden Stein und warf ihn so weit er konnte. Der Stein flog hoch über den Himalaja hinweg. Viele Monate wanderte Tamba Richtung Norden und suchte vergeblich nach seinem Stein. Endlich erreichte er Tibet. Es war Winter, und die Erde war mit Schnee bedeckt. Als er an das Ufer eines Flusses kam, sah er dort einen schneefreien Kreis am Boden. Die Nomaden erzählten ihm, dass ihre Yaks dort im Kreis herumliefen, um den Boden vom Schnee freizuhalten. Als Tamba näher hinsah, entdeckte er in der Mitte dieses Kreises seinen Stein. Die Tibeter hatten eines Tages ein klirrendes Geräusch vernommen, und ein runder Stein war über den Himalaja durch die Luft angeflogen gekommen und dort gelandet. Das Geräusch hatte wie »ting« geklungen, und so kam es, dass sie das Dorf Tingri nannten. An der Stelle, wo der Stein zu Boden gefallen war, baute Tamba eine Mönchszelle und führte bis zum Ende seines Lebens ein Eremitendasein gemäß den Lehren des Buddhas.

Heute steht dort ein Kloster, in dem der berühmte Stein aufbewahrt wird.
Wir wohnten wieder in demselben Hotel wie ein halbes Jahr zuvor bei meiner Expedition zum Cho Oyu. Auch diesmal empfing uns in der Teestube wieder eine anheimelnde Wärme, und wie damals saß eine alte Tibeterin vor dem Ofen und schürte das Feuer. Rußgeschwärzte Töpfe brodelten auf den heißen Platten, und es duftete nach Yaksuppe. Ich ließ mich auf die weichen Teppiche fallen – und mir war, als wäre ich nie fort gewesen.
Nach dem Mittagessen wanderte ich mit Don durchs Dorf. Von einem Hügel aus konnte man den Everest und den Cho Oyu sehen. Ihre weißen Gipfel stiegen hoch über das Wolkenband am Horizont hinaus. Die Nomadenzelte, die bei meinem letzten Besuch im vergangenen Herbst vor dem Dorf gestanden hatten, waren fast alle fort; nur eine Familie wohnte noch in einem dunkelblauen Yakhaarzelt, aus dem Rauchschwaden aufstiegen. Ein paar Pferde, mit braunen Seilen an einem großen Stein angebunden, schnupperten an dem Heu, das ihnen ein kleiner Junge aus einem Sack hinstreute.
Russell und unser Sherpateam waren mit den zwei großen Lastwagen angekommen, in denen sich unsere gesamte Ausrüstung für die Expedition befand. Fünf Tonnen Gepäck: Kochgeschirr, Zelte, Plastikstiefel, Funkgeräte, unzählige Flaschen Sauerstoff, Gaskocher, Dosengerichte, frisches Gemüse – alles, was wir in den nächsten zwei Monaten am Berg brauchen würden. Das ganze Material war in großen blauen Plastiktonnen verpackt. Russell und die Sherpas waren von Kathmandu nach Tibet gefahren, um unsere Ausrüstungslaster durch den Zoll in Zangmu zu begleiten.
Abends saßen wir alle zusammen um einen großen runden Tisch – das Abenteuer konnte beginnen. Russell erzählte von seiner Lodge, die er am Fuße des Mount Everest bauen wollte. Eine Gaslampe hing von der Decke und erleuchtete spärlich den Raum.
Am folgenden Tag wollten Russell und die Sherpas vorausfahren, um unser Basislager aufzubauen. Eine amerikanische Expedition war angeblich schon dort. Wir hingegen blieben noch einen Tag in Tingri,

um uns langsam an die Höhe zu gewöhnen, die inzwischen beinahe allen Expeditionsteilnehmern starke Kopfschmerzen bereitete. Wir wollten nach Shegar fahren, ein auf einem Hügel gelegenes Dorf, etwa eine Stunde von Tingri entfernt. Ich teilte das Zimmer mit Don und Kozuka, der vor dem Zubettgehen seine Füße in einer kleinen silbernen Schüssel wusch. Draußen war es stockfinster, eine mondlose Nacht.

## *Shegar, das »weiße Glasfort«* 8. April

Nicht alle fühlten sich wohl am nächsten Morgen; Kopfschmerzen und Schlaflosigkeit hatten unser Team angegriffen. Trotzdem wollten wir nach Shegar fahren. Herr Mosa hatte einen Landrover organisiert, in den wir uns alle hineinzwängten. Wieder ging die Fahrt auf Schotterstraßen über das Hochland.

Unmittelbar bei Shegar befand sich ein großes Fort; schon von weitem sah man die rötlichen Ruinen, die sich bis auf den höchsten Hügel hinaufziehen. Das Fort wurde während der Kulturrevolution zerstört, aber das Dorf ist wieder aufgebaut worden. Die Einwohner von Shegar leben von den Ernteerträgen der kargen Felder, die das Dorf umgeben. Noch war alles braun, und ich konnte mir nur schwer vorstellen, dass dort jemals etwas wachsen würde. Auf den Feldern bearbeiteten Männer und Frauen die harte Erde mit einem alten Holzpflug, der von Yaks gezogen wurde. Yaks sind nicht unbedingt als Pflugtiere geeignet, da sie sehr störrisch sind, aber die kleinen Pferde und Esel, die es dort noch gibt, sind für die harte Feldarbeit zu schwach.

Die weiß getünchten Häuser waren über den Hügel verstreut wie aus dem roten Fels gewachsene Pappkartons. Wir wanderten auf den Marktplatz des Dorfes, wo die Frauen mit ihren Kindern rings um eine Stupa saßen, die von vielen Gebetsmühlen umgeben war. Die Frauen spannen auf kleinen Spinnrädern Schafswolle. Ihre Gesichter waren von der Sonne verbrannt, und ihre langen schwarzen

Zöpfe hatten sie wie ihre Männer mit roten Bändern um den Kopf geschnürt. Die Kinder spielten rings um die Gebetsmühlen Fangen. Einige der älteren Jungen zeigten uns stolz ihre zerfledderten Schulhefte, in die sie geschrieben hatten. Ich begann, von ihnen Fotos zu machen, und sie posierten in stolzer Pose. Kaum hatte ich jedoch den Auslöser betätigt, stürmten sie schon auf mich zu und riefen:
»Pens, pens.«
Don und ich verteilten all unsere Kugelschreiber, und ich wünschte, ich hätte eine ganze Kiste mitgebracht.
Kozuka und Geoff machten sich auf, um den steilen Hügel zum Fort zu erklimmen. Ihr Training für den Gipfel hatte schon begonnen. Ich begleitete sie ein Stück, gefolgt von drei Dorfjungen. Dann machten wir im Schatten eine kleine Rast. Ein paar Mönche in roten Roben winkten uns von den Dächern aus zu, und wir folgten ihnen zum Kloster.
Kurz vor uns hatte eine Gruppe Amerikaner in farbigen Goretex-Jacken das Kloster betreten. Laut erklärte der Reiseführer ihnen die Geschichte des Wiederaufbaus. Ich drückte mich eng an die dunklen Wände und beobachtete, wie die Sonnenstrahlen vorsichtig durch den dunklen Raum tasteten. Wie wilde Wüstenblumen leuchteten die bunten Farben von den Wänden, die überall mit dämonischen und sanftmütigen Gottheiten bemalt waren. Welche Phantasie im Innern dieser Klöster schlummerte, mit welcher Farbenfreude die Religion hier eine Zuflucht vor der kargen Landschaft bot. Ich mochte dieses Kloster lieber als die Klöster in Lhasa; es war ruhiger und sanfter in seiner gelebten Einfachheit. Im Gegensatz zu den Klöstern in Lhasa waren im Kloster von Shegar die Wände nur von wenigen goldbraunen Statuen gesäumt. Auf dem Altar thronte ein einziger Buddha, der mit zahlreichen weißen Katas behängt war. Wie an den wenigen roten Roben zu erkennen war, die wie umgedrehte Eiswaffeln vor dem Altar auf schmalen Holzbänken aufgereiht standen, lebten in diesem Kloster nur wenige Mönche.
Ich versuchte, die andächtige Stille des Heiligtums, die sich so schwer in Worte fassen ließ, mit meiner Kamera festzuhalten. Wie

ein dicker Wollmantel hüllte mich ein stilles Glücksgefühl ein und hielt die rötliche, warme Luft gefangen, die auf meiner Haut zu prickeln begann. Ich war überrascht, und doch war ich mir ganz sicher, dass diese Seligkeit von innen kam. Dieselbe Empfindung hatte ich einmal gehabt, als ich allein in der Morgensonne ein weites Schneefeld hinaufstieg. Auf einmal hatte sich der Wind gelegt, und nur das Knirschen meiner Steigeisen im gefrorenen Schnee drang wie aus weiter Ferne an mein Ohr. Schritt für Schritt ging ich weiter und merkte auf einmal, dass ich lange schon aufgehört hatte zu leben und angefangen hatte zu sein.

Ein Amerikaner trat an mich heran und herrschte mich wütend an, dass ich verflucht sei, weil ich in dieser heiligen Stätte fotografiert hatte. Erschrocken drückte ich meine Kamera an mich.

»Wissen Sie nicht, dass man hier keine Fotos machen darf?«, fauchte er mich an, bevor er erbost durch die Eingangspforte verschwand.

Verwirrt schaute ich ihm nach, als ich einen Mönch bemerkte, der aus der Dunkelheit trat. Ich deutete schuldbewusst auf meine Kamera.

»Ist es erlaubt, ein Foto zu machen?«, fragte ich ihn.

Er lächelte und nickte. Die Wärme, die sein Gesicht ausstrahlte, gab mir wieder Hoffnung und trug den kalten Fluch davon. Draußen brannte heiß die Sonne vom Himmel, und Herr Mosa winkte mir von weiter unten zu. Längst waren die anderen vom Fort zurückgekehrt und warteten bei unserem Jeep.

Den Nachmittag verbrachten wir in der Teestube vor dem Feuer. Wir mussten in dieser Höhe viel trinken, um die Kopfschmerzen im Zaum zu halten. Ich strickte an meinem Pullover weiter. Zwei Schweizer, die mit dem Fahrrad zum Everest-Basislager unterwegs waren, verschlangen gierig ihr Abendessen. Sie erkundigten sich nach unserer Expedition. Von unserem Bergführer Russell hatten sie schon gehört; dass jedoch auch ich den Everest besteigen wollte, konnten sie nicht begreifen.

»Das ist doch so gefährlich. So viele sind da oben schon umgekommen. Weißt du, dass es dort eine Todeszone gibt?«, fragte einer von

ihnen erstaunt. »Warum um alles in der Welt willst du dir das antun?«, hakte er nach.
Als ich ihnen dann von meinen einsamen Wanderungen über die Schneefelder erzählte, von dem unvergleichlichen Sternenhimmel dort oben, wandten sie sich kopfschüttelnd von mir ab. Die Nacht war wärmer, und eine breite silberne Mondsichel schwebte am Himmel. Am nächsten Tag würden wir zum ersten Mal direkt vor unserem Berg stehen.

## *Auf dem Weg zum Basislager* 9. April

Eine düstere Stimmung erfüllte mich am nächsten Morgen. Ich hatte dröhnende Kopfschmerzen und konnte mich nur im Schneckentempo bewegen. Alle drängten zur Abfahrt, und wenn Lacchu nicht gekommen wäre, um mir beim Packen zu helfen, hätte ich noch Stunden später apathisch auf meinem Holzbett gesessen. Wieder holperten wir über Schotterstraßen dahin, aber an diesem Tag tauchten graue Schleierwolken die Landschaft in eine diffuse Konturlosigkeit.
Ich durfte vorne im Jeep sitzen, und so sah wenigstens niemand die Tränen, die mir über die Wangen liefen. Ich konnte mich einfach nicht von dem schweren Traum der vergangenen Nacht befreien. Ich hatte geträumt, dass ein Freund von mit gestorben war. Er war beim Mittagessen vom Dach gefallen und einfach liegen geblieben. Alle dachten, dass er nur schlafen würde, aber ich wusste, dass er tot war, und konnte nichts tun.
Wir fuhren an einer Gruppe von Tibetern vorbei. Sie verabschiedeten einen Lama, der gerade auf sein bunt geschmücktes Pferd stieg. Ein Windstoß hüllte die Gruppe in feinen Sandstaub, und ich sah ihnen lange im Rückspiegel nach.
Überall auf den trockenen Feldern waren die Bauern mit Pflügen beschäftigt; manche hatten große Mühe, die störrischen Yaks vor den Holzpflug zu spannen. Auf dürren Weiden grasten tausende von

Schafen mit ihren Lämmern, die noch wackelig auf den Beinen standen. Wir waren in ein langes Tal abgebogen, und die Straße wand sich in scharfen Haarnadelkurven durch die Steinwüste bis zum Horizont. Wir näherten uns dem 5000 Meter hohen Pass, von dem aus man normalerweise den Everest sehen kann. So stand es zumindest auf einer kleinen Tafel, die mit Gebetsfahnen geschmückt war; doch dicke graue Wolken versperrten uns an diesem Tag den Blick.

Auf der anderen Seite des Passes öffnete sich das Land wieder in weiten Tälern. Auf felsigen Hügeln ragten zahlreiche Ruinen auf, deren schwarze Fenster traurig in die Ferne starrten. Plötzlich brach die Sonne durch die Wolken. Wie ein verwunschenes Märchenland erwachte ein Dorf nach dem anderen. Ich kurbelte mein Fenster herunter und hielt den Kopf in den Fahrtwind. Die Wärme der Sonnenstrahlen und die friedvolle Landschaft erschienen mir wie ein wieder gefundenes Paradies.

Neben uns fuhr ein Tibeter mit vom Wind zerzausten Haaren auf seinem Holzkarren und trieb mit lauten Rufen sein Pferd an. Rechts und links ragten steile Felswände in den blauen Himmel und umschlossen wie ein Schutzwall das Tal. Kein Wunder, dass Russell in dieser Welt eine Lodge errichten wollte. Ich hatte ja keine Vorstellung von der magischen Ausstrahlung der Bergwelt in dieser Region, zumal wenn im Sommer alles grünt und blüht, wenn die weichen Blätter der wenigen Bäume am Fluss im Wind rauschen, wenn auf den Feldern Buchweizen und Kartoffelpflanzen wachsen und die Schafe geschoren werden.

Wir ließen das Tal hinter uns und wanden uns wieder über schmale Schotterstraßen bergauf. Zu unserer Linken lag das berühmte Rongbuk-Kloster, aber wir waren viel zu müde, um dort Halt zu machen, und zum Basislager war es nicht mehr weit.

# 3

*»Wir blieben stehen, wie vom Donner gerührt. Der Anblick raubte uns jeden Gedanken. Wir sagten überhaupt nichts und schauten nur …«*

GEORGE LEIGH MALLORY

*Everest – Basislager, 5200 Meter* 9. April

Dichte Wolkenbänder und Nieselregen empfingen uns im Basislager. Der Everest war nicht zu sehen. Eine unendliche Geröllwüste erstreckte sich ins graue Nichts. Wir hätten auch auf dem Mond gelandet sein können, so öde war die Landschaft – eine Kiesgrube, zu beiden Seiten begrenzt von felsigen, steil aufragenden Hügeln, die in Nebelschwaden verschwanden. Und hier sollten wir die nächsten Wochen verbringen? In dieser kalten Wüste? Mich schauderte.

Russell und die Sherpas hatten unsere Zelte schon aufgebaut. Traurig kroch ich in meinen Daunenschlafsack und hoffte, dass mich beim Lunch keiner vermissen würde. Russell kam und klopfte sachte an mein Zelt. Ich murmelte nur, dass ich müde sei und schlafen wolle. Dabei hatte ich in diesem Augenblick nur einen einzigen Wunsch: diese elende Trübsal abzuschütteln, die sich meiner bemächtigt hatte wie ein finsterer Traum. Mich beschlich plötzlich das erdrückende Gefühl, dass ich einen großen Fehler begangen hatte, mich dieser Expedition als Bergsteigerin anzuschließen.

Als ich erwachte, leuchtete mein Zelt in einem warmen gelben Licht. Draußen schien die Sonne. Vorsichtig öffnete ich den Reißverschluss. Und plötzlich stand er direkt vor mir – der Everest, der König im Reich des Himalaja. Nie zuvor hatte ich einen Berg gesehen, der so hoch in den Himmel ragte. Über den breiten Felsschultern thronte der Gipfel, elegant, mächtig und unnahbar. Erhaben blickte er auf mich herab. Sein Wintermantel war grau und weiß gefleckt, um die Schultern trug er einen goldenen Schal, und darunter fielen mit glitzernden Sternen besetzte Schneefelder in die Tiefe. Die graue Moräne, auf der sich das Basislager befand, bahnte sich wie ein ausgerollter Teppich einen Korridor zu seinen Gletscherfüßen, und die umliegenden Berge sahen wie Mitglieder eines Hofstaats ehrfürchtig zu ihm empor. Gebannt schaute ich nach oben. Dann verbeugte auch ich mich voller Ehrfurcht vor ihm.

Die Pommes frites waren schon kalt, aber meine Trübsal war mit einem Schlage weggefegt. Im Gemeinschaftszelt standen bunte Plastikblumen in einer Vase mitten auf dem Tisch, und zum Nachtisch gab es Schokoladenostereier. Russell und die Sherpas hatten schwer geschuftet und uns ein wahres Paradies errichtet, in dessen Zentrum vier große, komfortable Zelte standen: ein Funkzelt mit Satellitentelefon und Computer für E-Mails, ein mit silbern schimmernden Töpfen bestücktes Küchenzelt, im dem Lacchu herrschte wie ein König, ein Vorratszelt, in dem eine Yakhälfte nackt am Haken hing, und unser Speise- und Gemeinschaftszelt mit bequemen Campingstühlen und Klapptischen. Sogar ein kleines Holzregal mit Büchern und Spielen gab es dort. Um diese vier großen Zelte herum gruppierten sich grüne und gelbe Schlafzelte, in denen die anderen schon eifrig damit beschäftigt waren, sich häuslich einzurichten. Ich wusch in der Nachmittagssonne in einer großen silbernen Schüssel meine Haare, und Russell teilte mir mit, dass ich viele E-Mails bekommen hätte. Ken wollte von mir die Haare geschnitten bekommen, und so stellten wir einen Stuhl mitten in die weite Steinwüste, wo der Wind von den Gletschern blies.

Um vier Uhr gab es Tee und Kuchen. Mein Glück war vollkommen. Viele Freunde hatten mir aus allen möglichen Ländern geschrieben und drückten mir die Daumen. Sie konnten es gar nicht erwarten, von meinem Abenteuer zu hören. Noch waren erst wenige Gruppen im Basislager angekommen. Die orangefarbenen Zelte der Amerikaner befanden sich etwa eine Viertelstunde von uns entfernt; eine Expedition aus der Ukraine hatte ihr Lager in einer Distanz von ungefähr zehn Minuten aufgeschlagen.

Eine Stunde später, nach Sonnenuntergang, trafen wir uns alle in unserer Bar. Es gab Wein und Käse, Salami und Entenpastete. Ken erzählte uns die Geschichte vom ersten Vorstoß der Engländer zur Nordseite des Everest in den frühen zwanziger Jahren.

»Am faszinierendsten finde ich, dass sie damals am Rongbuk-Gletscher buchstäblich aus der damals vorliegenden Landkarte herausmarschiert sind. Was muss in ihnen vorgegangen sein, als sie hier ihr Basislager errichteten und zum Gipfel hinaufschauten?«

Kozuka nickte gedankenversunken, die Arme vor seiner Brust verschränkt. Er trug ein Stirnband, das ihm, wie er mir erläuterte, Kraft gab und seine Konzentration steigern sollte. Herr Kobayashi lauschte Sumiyos Übersetungen und lächelte höflich in die Runde, mit der zufriedenen Miene eines großen Filmstars. Nichts schien ihn aus der Ruhe bringen zu können. Manchmal hatte ich das Gefühl, dass er nur auf seinen Regisseur wartete, der ihn zu den Dreharbeiten bitten würde – und ganz offensichtlich war er vorbereitet. Sumiyo hatte sich ganz auf ihre Rolle als seine persönliche Assistentin eingestellt, aber es lag etwas Falsches in ihrer bemühten, süßlichen Art. Es war mir schleierhaft, warum sie immer so geflissentlich mit ihren Wimpern klimperte und die Lippen zusammenkniff. Geoff legte schließlich sein Tagebuch beiseite und packte ein Scrabblespiel aus. Wir fingen an zu spielen, während Ken weiter von den ersten Abenteurern am Everest erzählte. Bestimmt hätte er etliche faszinierende Bücher über den Himalaja schreiben können, wenn er nur nicht immer so weit ausholen würde. Wann immer ich ihm eine einfach mit »ja« oder »nein« zu beantwortende Frage stellte, schaute er mich bedächtig an und überlegte lange, bevor er mich mit einer ganzen Litanei von Fakten überhäufte. Wenn er sich allerdings über etwas ärgerte, dann schossen die Worte wie Projektile von seinen Lippen, in einer Mischung aus Sarkasmus und tief empfundener Verachtung für die Schwächen der anderen. Russell hatte uns alle zusammengebracht; aufgrund seiner weitreichenden Erfahrung und seinem unbestrittenen Status als bester Expeditionsleiter an der Nordseite des Everest regierte er im Camp wie ein König. Er behandelte die Sherpas mit väterlicher Fürsorge und Respekt. Als ich ihm das erste Mal am Cho Oyu begegnete, hatte mich sein schroffes, heldenhaftes Auftreten abgeschreckt. Als ich ihn dann aber näher kennen lernte, merkte ich, dass sich unter der rauen Schale eine sehr sensibles Wesen verbarg.

Wenn er von seinen Abenteuern erzählte, brachte er uns mit seinem trockenen Humor immer wieder zum Lachen. Ich fühlte instinktiv, dass ich mit ihm auf dem Everest in den besten Händen war und nicht besorgt sein musste. Ich konnte mich beruhigt zurücklehnen und die Reise genießen, wie hoch sie mich auch führen würde.

Ein kleiner Gasofen nahm unserem Gemeinschaftszelt die abends aufsteigende frostige Kälte; dennoch bestand die vorgeschriebene Dinnerkleidung von nun an aus Daunenjacken. In einer Ecke stand eine riesige blaue Trommel mit dem gesamten Schokoladen- und Süßigkeitensortiment dieser Welt, denn ab jetzt ging es darum, so viele Kalorien wie möglich zu sich zu nehmen. An rosafarbenen Bändern hingen in einer ordentlichen Reihe Plastikbeutel von der Zeltstange. Sie waren vollgestopft mit Teebeuteln unterschiedlichster Sorten. Darunter standen große silberne Thermoskannen mit heißem Wasser. Auf einem kleinen Picknicktisch fand sich eine Auswahl an Ketchup, Senf und Salatsoßen, die jedem kleineren Lebensmittelgeschäft zur Ehre gereicht hätte. Chimi, unser Küchenboy, schleppte dampfende Töpfe mit Spaghetti und Tomatensoße aus dem Küchenzelt herbei, und immer wieder klangen die Stimmen der Sherpas von dort zu uns herüber. Irgendwo in der Ferne bellten Hunde.

Ken war in Hochform; er freute sich über seinen neuen Haarschnitt und machte sich über die Schweizer Radler lustig, die wir in Tingri getroffen hatten.

»Diese verstaubten Trekker halten sich für die Everestexperten schlechthin, bloß weil sie mit ihren Mountainbikes ins Basislager fahren können und Jon Krakauer gelesen haben.«

Russell lachte und erzählte uns von seinen Zugfahrten zum Mont Blanc, wo er im Sommer mit anderen Bergsteigern immer wieder hinfuhr.

»Die treffe ich dort jedes Mal. Da sitzt man so eng beieinander, dass man sich das ganze dumme Geschwätz über die Todeszone wohl oder übel mit anhören muß. Letztes Mal saß ich mit einem amerikanischen Ehepaar im Abteil. Am Adlernest, der letzten Station auf 2500 Metern, sind sie dann ausgestiegen und haben in ihren Shorts

und karierten Hemden auf den Gletscher geglotzt. Der Zug pfiff schon zur Abfahrt, da rief der dicke Amerikaner aus dem Abteilfenster nach seiner Frau, die immer noch draußen mit ihrer Kamera zugange war. ›Jetzt komm endlich, Mavis, der Zug fährt gleich ab. So sind die Leute auf dem Everest gestorben, weil sie unbedingt noch ein weiteres Foto machen mussten.‹«
Wir bogen uns vor Lachen. Die Nacht war sternenklar, als ich in mein Zelt kletterte und tief in den Daunen versank.
Um sieben Uhr ertönte von draußen eine Stimme:
»Didi, morning tea!«
Chimi reichte mir eine Tasse Tee ins Zelt. Alle Sherpas nannten mich »Didi«, was so viel wie »große Schwester« heißt.
Die ersten Sonnenstrahlen leuchteten auf den blitzenden Schneefeldern – der Everest im Morgenlicht. Eine halbe Stunde später schien die Sonne auch durch die Plane meines Zelts, und Wärme strahlte herein. Die Geister der langen Nacht verschwanden, und zum Frühstück gab es Käse- und Tomatenomelettes mit frischem Toast. Ich nahm ein Sonnenbad in Rock und T-Shirt – so warm war es, wenn der Wind nicht blies – und las, wie Shakespeares Hamlet mit seinen Geistern rang.
An diesem Ort also will Russell seine Lodge errichten, seine »Chomolungma Lodge« im Stil des Potala-Palasts. Er hatte sich schon von einem Architekten Pläne erstellen lassen und hofft nun, Sponsoren für sein Projekt zu finden. Acht Zimmer soll die Lodge haben, jedes mit einem kleinen Bad; ein Everest View Restaurant ist ebenfalls vorgesehen. Die Außenwände der Lodge sollen weiß gekalkt sein; sie soll viele kleine wärmedämmende Fenster haben und von sechs kleinen Bungalows mit genügend Platz für je sechs Betten umgeben sein. Nach seinen Kalkulationen müsste er etwa 200 Dollar pro Nacht verlangen; seine Kundschaft wären also die solventen Trekker, die für ein oder zwei Nächte dort in relativem Luxus schwelgend den Anblick des Everest genießen wollen. Geplant ist auch eine Krankenstation. Die soll neben erkrankten oder verletzten Bergsteigern vor allem den Tibetern aus den nächstgelegenen Dörfern zu-

gute kommen. In den Dörfern des Rongbuk-Tals leben insgesamt etwa 3000 Menschen. Es gibt zwar eine Schule, zu deren Errichtung Russell viel beigetragen hat, aber eine Krankenstation fehlt noch. Die drei Tibeter, die Russell bei jeder seiner Expeditionen beschäftigt, sollen später einmal die Lodge führen, um auf diese Weise von dem Trekkingtourismus zu profitieren, der langsam auch die Nordseite des Everest erobert.
Russell und die Sherpas waren schon dabei, auf einer großen blauen Plastikplane unsere Expeditionsausrüstung auszubreiten und in kleinere Ladungen aufzuteilen, die die Yaks dann auch tragen konnten. Lacchu tat dasselbe mit den Essensvorräten. Über 500 Päckchen Tomatensuppe, Berge von Nudeln, 150 Dosen Obst, 2500 Teebeutel, fünfundsiebzig Kilo Reis, sechs Gläser Nutella und über tausend Schokoladenriegel und Kekse stapelte er zu mehreren kleinen Hügeln. Kulpadur führte Buch. Unser vorgeschobenes Basislager, kurz ABC genannt, lag auf 6400 Metern, also zwei Tagesmärsche entfernt. Die Yaks würden unsere Ausrüstung und die Vorräte dorthin schaffen. Der Yak, ein äußerst widerstandsfähiges, genügsames Hochlandrind, ist auch heute noch das wichtigste Tier im Himalaja. Ihm wird mitunter sogar ein göttlicher Charakter zugeschrieben. In manchen Mythen tritt er als Himmelsbote auf. Erst mit der Zähmung dieses Wildrinds gelang es den Himalajavölkern, die höheren Bergregionen zu besiedeln und über die Pässe der Hauptkette Handel zu treiben. Die Yaks sind braun oder schwarz-weiß gefleckt, haben ein zotteliges Fell und einen erhöhten Widerrist. Sieht man von ihren scharf gebogenen Hörnern ab, machen sie einen gutmütigen, gelassenen Eindruck. Yaks dienen als Lasttiere zwischen der Waldgrenze und den Gletschern und leben auf über 3000 Meter Höhe auf den sogenannten Yakalpen. In großen Karawanen ziehen die Yaktreiber mit ihren beladenen Tieren von Tibet über den Nangpa-La-Pass auf der alten Handelsroute nach Nepal. Aus dem Yakfell machen die Tibeter Seile, Decken, Kleider und Zelte. Aus der Milch der Naks, den weiblichen Yaks, wird Butter, Joghurt und auch Käse gewonnen, den die Tibeter in kleinen Stücken trocknen. Wie Perlen auf Schnü-

ren aufgefädelt, dient er als Notproviant auf ihren Handelsreisen. Das Yakfleisch wird in dünnen Streifen über dem Feuer getrocknet, wodurch es sehr lange hält.
Geoff, Sue und Don waren zum Rongbuk-Kloster gewandert; dem Rest der Gruppe hatte Russell jedoch Ruhe verordnet. Wir sollten uns ganz langsam an die Höhe gewöhnen, denn wir befanden uns schließlich schon auf 5200 Metern und damit längst über allen Gipfeln der Alpen. Wir würden eine Woche im Basislager verbringen und sollten es uns so gemütlich wie möglich machen. Die vielen E-Mails, die ich bekommen hatte, halfen mir dabei, nahmen sie mir doch das Gefühl, weit, weit fort und ganz auf mich allein gestellt zu sein.
Am nächsten Morgen gesellte ich mich zu Russell, der gerade dabei war, in unserem Camp elektrische Leitungen zu verlegen. Er war so gut organisiert, dass er eine ganze Armee mit Strom hätte versorgen können.
»Eric Simonsen, der das amerikanische Team leitet, kommt jedes Jahr zu früh«, erzählte er mir. »Ich weiß gar nicht, warum er sich das antut. Oben toben noch die Winterstürme, da will er schon anfangen, seine Hochlager einzurichten. Dabei wird es erst Mitte Mai warm genug, um zum Gipfel aufzusteigen.«
Ich nickte nur stumm, denn mich bewegte in dem Moment etwas ganz anderes.
»Sag mal«, fragte ich ihn schließlich, »wenn unser letztes Camp auf 8300 Metern liegt, dann ist es doch leichter, auf der Nordroute zum Gipfel zu gehen? Auf der Südseite ist das letzte Camp schließlich schon auf 7900 Metern, liegt also 400 Meter tiefer.«
Russell schüttelte den Kopf.
»Du vergisst, dass der Weg auf der Nordroute viel länger ist, weil wir den ganzen Grat entlangklettern müssen«, erwiderte er und zeigte zum Everest. »Außerdem ist es schwieriger, im letzten Camp zu übernachten, weil es schon so hoch liegt. Wir werden zwar mehr Zeit in der sogenannten Todeszone verbringen, aber ich halte die Nordroute für weniger gefährlich, weil es hier, anders als auf der

Südseite, keinen Eisfall gibt und die gesamte Route weniger lawinengefährdet ist.«

Ich schaute lange hinauf. Nachmittags besuchten Don und ich dann die Amerikaner – das BBC-Team unter Erics Leitung. David Breashears hatte mich in New York noch vor meiner Abfahrt angerufen und mich gebeten, seine Freundin Liesl Clark zu besuchen, die für Nova, eine amerikanische Fernsehgesellschaft, die *Mallory and Irvine Research Expedition* produzierte. Wir trafen einen Teil der Crew in ihrem bestens ausgestatteten Kommunikationszelt an und wurden gleich zum Tee eingeladen.

Das amerikanische Team bestand aus etwa zwanzig Leuten, darunter einige namhafte Bergsteiger, die nach der Kamera von George Leigh Mallory und Sandy Irvine suchen sollten. Am 8. Juni des Jahres 1924 waren die beiden oben auf dem Nordostgrat zum letzten Mal gesehen worden, bevor sie in den Wolken verschwanden. Sie waren nie zurückgekehrt. Sie hatten angeblich eine Kamera dabeigehabt, und nun ging es darum, diese zu finden. Es bestand die winzige Chance, dass der Film in der Kamera noch entwickelt werden konnte und eventuell Aufnahmen von ihren letzten Stationen auf dem Weg zum Gipfel enthielt. Ein Kamerateam und der deutsche Everest-Forscher Jochen Hemmleb waren auch dabei, um für Nova und die BBC einen Film zu drehen. Jochen Hemmleb beschäftigte sich schon seit zwölf Jahren mit der Frage, ob es Irvine und Mallory damals nicht doch geglückt war, den Gipfel des Everest zu besteigen. Nachweislich war dies erst 1953 Sir Edmund Percival Hillary und Tenzing Norgay gelungen, und zwar von der Südseite aus.

Das orangefarbene, drei Meter hohe Domzelt der *Mallory and Irvine Research Expedition* war mit vielen Sonnenfenstern, unzähligen Computern und zahlreichen Sponsorenfahnen bestückt. Eric Simonsen, der Leiter dieser Expedition, war ein breitschultriger Amerikaner aus Seattle, der ebenso wie Russell eine auf das Everest Guiding Business spezialisierte Agentur leitete. Er überreichte mir stolz eine überdimensionale Postkarte mit einem Foto von der Nordroute.

Ich traf dort auch Graham, einen alten Freund von Russell, der für die BBC arbeitete. Ursprünglich hatte er vorgehabt, sich mit seinem BBC-Team unserer Gruppe anzuschließen. Als die Presse jedoch plötzlich Wind von der spektakulären *Mallory and Irvine Research Expedition* bekommen hatte, waren auf einmal die Kosten explodiert. Nova wollte sich der BBC anschließen und die Hälfte der Rechnung übernehmen. Dafür verlangten sie eine separate Expedition, die sich ausschließlich auf die Suche nach den Leichen von Mallory und Irvine konzentrieren sollte. Russell war darüber gar nicht glücklich. Graham, der selbst vor einigen Jahren schon den Everest bestiegen hatte, war ein Großneffe von Howard Somervell, dem Mann, der Mallory im Jahre 1924 jene Kamera geliehen hatte, die jetzt gesucht wurde und vielleicht sogar Fotos vom Gipfel enthielt.
»Die Chance steht nur eins zu tausend, dass der Film überhaupt noch entwickelt werden kann«, sagte Graham.
Vor fünfundzwanzig Jahren hatte eine chinesische Expedition berichtet, einen toten Engländer in der Nähe ihres höchstgelegenen Camps gesichtet zu haben. Es konnte sich dabei eigentlich nur um Mallory oder Irvine handeln, weil danach kein Engländer mehr in dieser Höhe auf der Nordseite umgekommen war. Der Bericht der Chinesen und andere Spuren hatten dazu geführt, dass das Interesse an den beiden Everest-Pionieren wieder erwacht war und nun in eine wahre Medienschlacht auszuarten drohte. Liesl führte mich im Camp herum, und ich war froh, unter all den harten Männern eine Freundin gefunden zu haben.
In der Abendsonne wurde Graham am Gedenkstein für Mallory und Irvine auf dem kleinen Hügel neben unserem Camp interviewt und gefilmt.
Ich stieg unterdessen ins Duschzelt, das Russell für uns aufgestellt hatte. Lacchu hatte in der Küche Wasser heiß gemacht und mir geholfen, die große blaue Tonne in das gelbe Zelt zu tragen. Jetzt musste ich nur noch den Gummischlauch ins Wasser halten, einen Hebel umlegen, und schon rieselte herrlich warmes Wasser über meinen Körper – Luxus pur.

Wir luden das Filmteam zu unserer Barstunde ins Gemeinschaftszelt ein. Graham wollte am nächsten Morgen nach London zurück, weil er wenige Tage zuvor im ABC einen schweren Anfall von Höhenkrankheit erlitten hatte und außerdem mit der Nachbearbeitung des Films beginnen musste. Er war ganz froh, das leicht überspannte »Chaotenteam«, wie er es nannte, wieder verlassen zu können. Sein Team war schon zwei Wochen dort, und ich war gespannt, wann es bei uns so weit sein würde. Zu dem Zeitpunkt verstanden wir uns noch gut, aber schon im ABC würden wir alle enger zusammenrücken müssen. Ich spielte Scrabble mit Geoff, der – quasi als Bibelersatz – ein australisches Wörterbuch dabeihatte. Er legte manchmal die unmöglichsten Wörter, um deren Existenz dann mit vor Stolz geschwellter Brust anhand seines Wörterbuches zu demonstrieren. Deutsche Wörter kamen natürlich nicht in Frage, obwohl auch Graham mir darin zustimmte, dass »Tisch« ein wunderbares Wort war. Ken legte Nino Rota auf, Filmmusik von Fellini.
»Noch ein Schluck Whisky gefällig?«, fragte er in die Runde.
Russell erzählte von den vielen Toten, die die Amerikaner in jenem Couloir finden würden, wo sie nach Mallory und Irvine suchen wollten. Er wusste von acht Bergsteigern, die in den letzten Jahren dort abgestürzt waren. Als er sie aufzuzählen begann und Ken ihm hie und da nickend zustimmte, wurde mir übel, und ich verließ das Zelt.
Schon ein halbes Glas Wein verursachte in der Höhe einen gehörigen Schwips, und nach dem Abendessen, zu dessen krönendem Abschluss uns Lacchu eine wunderbare Mousse au chocolat serviert hatte, packte Russell die Spieltruhe aus. Mini-Billard, Vier gewinnt, Monopoly – die Stimmung schlug höher. Die Sherpas schauten, angezogen von dem wilden Treiben, ganz verwundert zu uns ins Zelt. Überglücklich fiel ich erst spät nach Mitternacht in mein Zelt. Was für ein Glück, dass ich in so einer fröhlichen Gruppe gelandet war. Selbst die Japaner, die bis dahin so still gewesen waren, tauten allmählich auf, und Kozuka entpuppte sich als hervorragender »Vier gewinnt«-Spieler. Auch Geoff hatte an diesem Abend ein Funkeln in den Augen. Ken war faszinierend, wenn er von seinen Abenteuern im

Himalaja erzählte, auch wenn er meist einen leicht verrückten Eindruck machte. Die kurzen Haare standen ihm gut, und ich hatte schon diverse Angebote als Camp-Figaro bekommen. Nur Herr Kobayashi war sehr still. Munter wurde er nur, wenn es um den Everest ging. Er schien bereits gänzlich auf seinen Gipfelsturm konzentriert zu sein.

## *Puja – Fest für die Götter* 12. April

Schon früh am Morgen hatten unsere Sherpas hunderte von bunten Fahnen kreuz und quer durchs Camp gespannt. Es waren nicht irgendwelche Fahnen, sondern buddhistische Gebetsfahnen in den fünf Farben der Elemente: Gelb für die Erde, Grün für den Wind, Rot für das Feuer, Weiß für das Wasser und Blau für den Himmel. Sie waren mit Mantras bedruckt, und in ihrer Mitte prangte ein Windpferd. Wenn die Fahnen im Wind wehen, fliegen die Gebete in den Himmel. Zwei Mönche, die mit einem Pferdewagen vom Rongbuk-Kloster heraufgekommen waren, bereiteten zusammen mit Lacchu unsere Puja vor. Spezielles Puja-Brot wurde in heißem Öl frittiert, und Chimi häufte Tsampakugeln, Apfelstücke, Kekse, Schokolade und andere Süßigkeiten auf einen Teller. Kulpadur errichtete in mühevoller Arbeit ein kleines Kunstwerk aus Tsampateig, das Chomolungma darstellen sollte. Unter dem Gipfel malte er ein Sonnenrad in den Teig. Daneben platzierte er zwei Yakfiguren. Für die Sherpas war es wichtig, dass bei dieser Feier den Riten gemäß zelebriert wurde, ging es doch darum, die Götter des Berges günstig zu stimmen und um eine erfolgreiche Expedition zu bitten. Ich zog mein geliebtes tibetisches Kleid an und stellte meine Eisaxt zu den anderen unter den Steinaltar. Der Everest strahlte im Morgenlicht, und die Zeremonie konnte beginnen. Die Mönche saßen bereits vor dem Altar und wiegten sich leise im murmelnden Gebet. Einer der beiden schlug eine kleine Trommel dazu. Immer wieder nahm er einige Reiskörner und warf sie in die Luft. Phurba brannte Zedernbüschel an, deren Rauch uns einhüllte. Kozuka filmte, und die Sherpas beteten leise mit. Zum Schluss der Zeremonie warfen wir Tsampamehl und eine Hand voll Reiskörner in die Luft, um sie den Göttern zu opfern. Lobsang knüpfte jedem von uns ein *sungdhi* um den Hals, ein orangefarbenes Band, das uns während der Expedition vor Unheil bewahren sollte.

Nun war es endlich auch an der Zeit, ein Gruppenbild zu machen. Unserem Team gehörten fünf Sherpas an. Lobsang war der *sirdar*, der Leiter des Sherpateams. Er war 29 Jahre alt, sehr groß und kräftig und strahlte eine wohltuende Ruhe aus. 1995 hatte er mit Russell den Everest bestiegen. Karsang, der Sohn von Ang Rita Sherpa, der mit zehn Gipfelbesteigungen den Rekord hielt, war selbst schon zweimal auf dem Gipfel gewesen – zuletzt 1998 mit Russell und Sumiyo. Karsang war kleiner als Lobsang und spielte oft den Clown, meist aber nur um seine Schüchternheit zu überspielen. Russell hielt große Stücke auf ihn. Phurba hatte sich letztes Jahr auf dem Cho Oyu seine ersten Sporen verdient; jetzt wollte er auf dem Everest sein Können zeigen. Narwang und Sonam waren ebenfalls erfahrene Sherpas, aber selbst noch nicht auf dem Gipfel gewesen. Sonam war lustig und unbeschwert, immer zu Scherzen aufgelegt, was die anderen Sherpas sichtlich genossen. Narwang war demgegenüber eher stiller; er wirkte geradezu melancholisch. Alle fünf stammten aus dem Khumbu, der Region auf der Südseite des Everest.

Sherpa bedeutet nicht Höhenträger, wie viele Menschen glauben, sondern »der, der aus dem Osten kam«. Die Sherpas waren vor zirka 400 Jahren aus Kham im östlichen Tibet nach Nepal ausgewandert und hatten sich hauptsächlich im Khumbu niedergelassen. Bevor sie im Bergsteiger- und Trekkingbusiness arbeiteten, waren sie Bergbauern, die Yaks und Schafe züchteten und Handel mit Tibet betrieben. Heute leben viele der Sherpas ausschließlich von den Expeditionen und Trekkingtouren im Himalaja, die sie als kundige Führer begleiten, während ihre Frauen Teehäuser und Lodges im Khumbu betreiben, das sich in den letzten Jahrzehnten neben dem Annapurna-Gebiet zur Trekkingmetropole schlechthin entwickelt hat. Es gibt dort inzwischen viele Schulen, weshalb die meisten Sherpas auch gut Englisch sprechen. Russell hat in den vielen Jahren im Himalaja seine Sherpas im Klettern, im Anbringen von Fixseilen, in der Seilführung und in der Bergrettung ausgebildet. Die Sherpas haben ihre eigene Sprache, Sherpa, die viele Elemente aus dem Nepali und dem Tibetischen aufweist.

Lacchu war unser Chefkoch und Kulpadur sein Assistent. Sie sollten sich im Basislager und im ABC in der Küche abwechseln, damit wir immer versorgt waren. Die beiden waren keine Sherpas, sondern gehörten Völkern aus anderen Regionen Nepals an. Chimi war der Küchenboy. Kassang, Norbu und Choldrim waren Tibeter, die im Rongbuk-Tal wohnten und schon mehrmals bei Russells Expeditionen ausgeholfen hatten. Sie waren Brüder, alle hoch gewachsen, mit wild zerzausten schwarzen Zöpfen, die sie mit roten Bändern um den Kopf gewunden trugen. Choldrim sah aus wie ein Indianerhäuptling und sollte unser Zwischenlager leiten, das sich auf halbem Weg vom Basislager zum ABC befand.

Trotz der freudigen Stimmung nach der Puja konnte ich mich bei den Aufnahmen unserer Gruppenfotos eines unbehaglichen Gefühls nicht erwehren: Wie oft hatte ich in Büchern solche Gruppenbilder angesehen und in die Gesichter derjenigen geschaut, die vom Gipfel nicht zurückgekommen waren. Wie glücklich sie noch in die Kamera lachten. Der Everest thronte erhaben im Hintergrund, und die bunten Gebetsfahnen flatterten lustig im Wind. Unsere Gruppe löste sich in Heiterkeit auf, während ich mich still zurückzog, um E-Mails nach Hause zu schicken. Ob meine Eltern schon wussten, dass ich noch zwei Monate länger fortbleiben würde, um den höchsten Berg der Erde zu besteigen? Ich hatte ihnen vor der Abreise von meinem Vorhaben nichts erzählt, nur, dass ich zum Trekking nach Tibet reisen würde, was bis dahin sogar noch der Wahrheit entsprach. Sie würden mir spätestens auf die Schliche kommen, wenn sie einen Blick in unsere Webpage warfen, wo mein Name unter den Expeditionsteilnehmern geführt wurde. Ich wollte meine Mutter nicht ängstigen, denn ihr hatte schon nach meinem ersten erfolgreichen

Bergabenteuer vor dem schlichten Wort Everest gegraust, und sie hatte mir gedroht, mich eiskalt zu enterben, wenn ich diesen Namen noch einmal auszusprechen wagte.
Abends gab es Pizza, denn wir hatten sogar einen kleinen Ofen zum Backen. Russell erklärte uns den Wetterbericht, den er fast täglich aus London bekommen würde. Er hatte sich diesbezüglich mit vier anderen Teams zusammengetan, um so die hohen Kosten zu teilen. Der Wetterbericht wurde von einer britischen Wetterstation erstellt und per E-Mail an die beteiligten Teams geschickt.
»Die Meteorologen dort haben ein spezielles Modell für die Region um den Everest entwickelt. Sie können zumindest die Position des Jetstream vorhersagen, der das Wetter auf dem Everest bestimmt. Der Jetstream ist ziemlich unbeständig, deswegen haben wir manchmal sehr starke Winde und an anderen Tagen völlige Windstille. Die Vorhersage gibt auch Temperaturen für die jeweilige Höhe an, Windgeschwindigkeit und -richtung sowie die Niederschlagsmenge. Wir richten uns jetzt schon das dritte Jahr nach diesem Wetterbericht, und ich muß sagen, bisher war er immer ziemlich zutreffend.«
Natürlich kam es letztlich vor allem darauf an, wie man die Daten interpretierte, doch Russell hatte unser volles Vertrauen.

## *Erste Wanderung* 13. April

Im Basislager war es ungewöhnlich warm, und ich nutzte noch jeden Sonnentag, um in seliger Urlaubsstimmung zu bleiben. Es war wie im Paradies. Russell sagte, dass es am Everest in dieser Saison ungewöhnlich trocken sei und es auf der Südseite schwierig werden würde, weil der Khumbu-Eisfall gefährlicher sei als sonst. Auch weiter oben in der Lhotse-Wand würde pures Eis vielen zu schaffen machen. Auf unserer Seite, der Nordroute, mache es keinen so großen Unterschied, nur dass wir vermutlich öfter mit unseren Steigeisen über Felsen klettern müssten. Das war eines der wenigen Dinge, die ich persönlich beim Bergsteigen wirklich hasste.

Norbu war an diesem Tag aus seinem Dorf zurückgekommen und hatte Joghurt mitgebracht. So gab es Birchermüsli zum Frühstück. Die Yaktreiber waren mit lautem Geschrei angekommen und trieben nun ihre Tiere an den Fluss. Sie hatten neben uns ein blaues Zelt aufgestellt, in dem sie alle wohnten. Der Anführer der Yaktreiber arbeitet mit der *Chinese Tibetan Moutaineering Association* zusammen. Jedes Jahr bestellt die CTMA eine bestimmte Anzahl Yaks für die Expeditionen am Everest. Der Chef der Yaktreiber teilt die Herden den jeweiligen Expeditionen zu, damit alle gleichermaßen daran verdienen. Ein Yaktreiber mit drei Yaks verdient fünfzehn Dollar am Tag und elf Dollar für jedes seiner Tiere. Er bekommt zwei Tage bezahlt, um seine Tiere von den Dörfern im Rongbuk-Tal heraufzubringen, und einen Tag für die Rückkehr ins Tal. Zusätzlich rechnet er drei Tage für eine Yaktour vom Basislager zum ABC ab. Während der Everest-Saison macht jeder Yaktreiber gewöhnlich mehrere Touren hinauf zum ABC. Russell kannte die meisten von ihnen, weil er jedes Jahr mit ihnen zusammenarbeitete, und lud sie zum Tee in unser Küchenzelt. Dort verhandelten sie für gewöhnlich ziemlich lange. Die Yaks, die den ganzen Winter wenig zu grasen gehabt hatten, waren schwächer als sonst, und die Traglast für jedes Tier sollte dieses Jahr von sechzig auf fünfzig Kilo reduziert werden. Ein neuer Plan musste ausgehandelt werden, weil wir nun mehr Yaks brauchten, um unsere 4000 Kilo Gepäck, Ausrüstung und Proviant ins ABC zu transportieren. Wir benötigten also statt sechsundsechzig insgesamt achtzig Yaks. Ich hielt mich währenddessen in der Nähe der Yaktreiber auf und bewunderte neugierig ihre Schaffelljacken und ihre hohen Fellmützen.

Kassang trug früh am Morgen den großen Wasserkanister vom Fluss auf seinem Rücken ins Camp und half Lacchu beim Abwasch in der Küche. Er und Choldrim standen Russell außerdem bei den hitzigen Debatten mit den Yaktreibern zur Seite, und Lacchu übersetzte, weil er gut Tibetisch sprach. Kassang war groß, und seine Hosenbeine waren zu kurz. Seine hohen Wangenknochen verrieten den mongolischen Einschlag, und sein sonnenverbranntes Gesicht erinnerte

mich an die Portraits, die Edward Curtis zu Beginn des Jahrhunderts von den Indianern gemacht hatte. Wie seinen Bruder Choldrim hätte man auch ihn für einen berühmten Häuptling halten können.
Herr Kobayashi war früh am Morgen mit Sumiyo aufgebrochen, um einen Sechstausender zu besteigen. Sein Training für den Everest hatte schon begonnen. Ken hatte uns überredet, ebenfalls eine Wanderung in die umliegenden Hügel zu unternehmen. Überall sonst auf der Welt würde man sie als die höchsten Berge ansehen, aber neben dem Everest handelte es sich wirklich nur um kleine Hügel. Mit unseren Kameras bewaffnet, folgten wir dem Bach, der durch unser Camp floss. Er hatte eine dünne Eisdecke und wand sich wie eine dicke weiße Schlange durch einen gewaltigen Felsschlund. Die steilen Wände zu beiden Seiten sahen aus, als wenn sie vor tausenden von Jahren mit goldenen Streifen bemalt worden wären. Der Weg war steil und führte über loses Geröll, wo jeder Schritt nur ein halber war und die Luft so dünn, dass man pro Schritt zweimal atmen musste. Zweieinhalb Stunden kämpften wir uns tapfer nach oben. Ken war schon weit voraus und winkte uns von einem roten Felsen aus zu, der über dem Tal thronte.
Von dort hatten wir die beste Aussicht auf den Everest und konnten unsere Route genau studieren. Geoff hatte sein Fernglas dabei und ließ sie sich von Ken zeigen. Zuerst die Plätze von Camp 2, 3 und 4 und dann glitt sein Fernrohr den Nordostgrat entlang.
»Erste Stufe, zweite Stufe, dritte Stufe«, erklärte Ken.
Die zweite ist die schwierigste, eine etwa dreißig Meter hohe Felswand, an der vor zwanzig Jahren eine chinesische Expedition eine Leiter verankert hatte. Schon in den vielen Diskussionen beim Abendessen war von diesen Stufen die Rede, und auch in diesem Moment tat ich so, als wüsste ich genau, wovon die anderen sprachen, und nickte Ken mutig zu. Ehrlich gesagt, hatte ich mir bis dahin noch nie richtig Gedanken über die Route gemacht. Ich dachte immer, das hätte Zeit; ich würde sie ohnehin studieren können, wenn wir erst einmal dort waren. Entschlossen hielt ich das Fernrohr vor die Augen und tastete mich vorsichtig am Grat entlang. Da sollten

wir hinaufsteigen? Es sah nahezu umöglich aus von dort, so steil schien der Grat zu sein. Und er fiel tausende von Metern in die Tiefe, bis hinunter auf die blau schimmernden Gletscher.
Don kam keuchend den Felsen herauf, und ich reichte ihm das Fernglas. Ken, Geoff und Kozuka waren schon weitergeklettert. Sie schienen sich partout gegenseitig beweisen zu müssen, wie gut ihre Kondition war. Ich machte es mir mit Don gemütlich und fragte ihn, was er über die Stufen wisse.
»Da musst du Russell fragen, ich kenn mich hier nicht so gut aus«, sagte er.
»Wie herrlich die Aussicht ist. Siehst du die blauen Gletscher dort unten?«
Ich war mir nicht sicher, ob es einen guten Eindruck bei Russell machen würde, wenn ich zugab, dass ich von den Stufen nichts wusste. Wie die Welt wuchs, wenn man von oben hinunterblickte. Wir bildeten uns ein, Herrn Kobayashi und Sumiyo auf der gegenüberliegenden Seite über ein Schneefeld steigen zu sehen. Vielleicht waren es aber auch nur zwei schwarze Ameisen.
Stille. Absolute Stille. Kein Rauschen von Bäumen im Wind, denn die gab es dort schon lange nicht mehr, kein Vogelgezwitscher, kein leise murmelnder Fluss. Nur unendliche Weite und glitzernde Schneefelder, die in den tiefblauen Himmel ragten. Weit unter uns auf der braunen Moräne bewegte sich ein Zug von schwarzen Punkten an den Gletscherseen entlang. Russell und die Sherpas waren mit unseren Yaks auf dem Weg ins Zwischenlager und würden am folgenden Tag zum ABC weiterziehen, um dort die Zelte für uns einzurichten. Wir schauten ihnen lange nach und begannen dann den Abstieg zum Camp. Elegant sah das bestimmt nicht aus, wie ich da auf den losen Felsbrocken hin und her balancierte, aber Don stellte sich auch nicht geschickter an. Gut, dass uns keiner sah. Das Eis hatte in der Mittagshitze angefangen zu schmelzen, und ohne Steigeisen rutschten wir ziemlich unsicher dahin. Allein der Hunger trieb uns voran und der Gedanke an eine heiße Dusche im Camp.
In meinem Zelt war es noch gemütlich, aber draußen fegte ein eisi-

ger Wind über die Moräne. Unsere Scrabble-Runde war abends wieder vereint, und der Gasofen wärmte meine durchgefrorenen Füße. Sue war am Morgen abgereist, und Geoff erzählte von seinen Töchtern, die er sehr vermisste. Er bot mir an, an seiner Stelle schon am übernächsten Tag mit Don zum Zwischenlager aufzubrechen. Ich hatte ihm nicht erzählt, wie sehr mir Sumiyo auf die Nerven ging und ich mich danach sehnte, von dort wegzukommen. Aber irgendwie schien er meine Gedanken erraten zu haben. Don musste bereits kurz darauf wieder zurück nach Neuseeland, wollte sich jedoch vorher noch unser ABC anschauen. Der Geruch von Schnee lag in der Luft, und der Wind blies eisig kalt, als ich zu meinem Zelt wanderte.

## *Rasttag* 14. April

Unter Lacchus strenger Kontrolle packten wir unsere blauen Trommeln für die Yaks, die am nächsten Tag vom ABC zurückkehren und unser Privatgepäck nach oben schaffen sollten. In der Sonne war es nun wieder warm. Und es war ruhig im Camp, weil unsere halbe Mannschaft fort war. Meine Schwester Lu hatte geschrieben, dass unsere Eltern mir auf die Schliche gekommen waren. Natürlich hatte sie zuerst alles abgestritten und behauptet, von nichts zu wissen. Worauf mein Vater zu ihr gesagt hatte, sie solle ihm keine Geschichten erzählen, er hätte es sich gleich gedacht. »Die Helga, die geht doch nicht zum Trekking in das verstaubte Tibet, nur um sich die Steinwüste dort anzuschauen, das glaubst du doch wohl selber nicht.« Lu schrieb, dass sie glaube, er wäre im Grunde seines Herzens ganz begeistert, könne es aber vor meiner Mutter nicht zugeben. Mit ihr habe sie dann lange gesprochen und sie damit beruhigt, dass ich doch bei Russell in den besten Händen sei und mir schon nichts passieren würde. Ich war froh, dass ich bei diesem Gespräch nicht dabei war. Bis zu meiner Rückkehr, so hoffte ich, hätten sich die Wogen sicher schon wieder geglättet.

Ken konnte stundenlang von anderen Expeditionen erzählen und hatte eine herrlich spitze Zunge, wenn es um andere Bergsteiger ging. Ursprünglich wollte er sich in dieser Saison einer britischen Expedition anschließen und den Everest von der Südseite her besteigen. Die Engländer hatten ihm ein sehr verlockendes Angebot gemacht, denn Ärzte sind bei bei Everest-Expeditionen sehr begehrt; er sollte nur 10 000 Dollar statt der üblichen 45 000 Dollar bezahlen. Als er aber hörte, wie viele Bergsteiger an dieser Expedition teilnehmen sollten, hatte er sich dann doch für Russell und die schwierigere Nordroute entschieden. Nicht noch einmal wollte er sich die Chance zur Gipfelbesteigung entgehen lassen, weil er sich um einen Kranken kümmern musste. Dafür hatte er es schon zu oft versucht. »All die Irren, die sich da immer tummeln und sich so dumm anstellen! Manche wissen nicht einmal, wie man Steigeisen anzieht, und das Essen bei den Engländern – pfui Teufel!«

Auf Russell hielt er große Stücke. Er hatte ihn selbst schon bei Rettungsaktionen auf über 8000 Meter erlebt. Nicht umsonst wurde er auch »Mr. Rescue« genannt. Er suchte sich seine Kunden gezielt aus und stellte von Anfang an klare Regeln auf, deren wichtigste da lautete: »Alles hört auf mein Kommando.« Auch hatte er genug Flaschen mit Sauerstoff für seine Teilnehmer, die auch dann funktionierten, wenn es drauf ankam. Er hatte schon acht Expeditionen auf den Everest geführt, wobei er allerdings nur zweimal selbst bis zum Gipfel aufgestiegen war, und er kannte den Berg von allen am besten. Noch nie hatte er ein Expeditionsmitglied verloren. Das machte mir Mut, aber nach den Stufen konnte ich ihn nun allerdings nicht mehr fragen.

# 4

*Der Yak und der Wasserbüffel waren einst Brüder und lebten im Flachland. Eines Tages waren ihnen die Salzvorräte ausgegangen. Sie standen vor den großen Schneebergen des Himalaja und schauten hinauf. Da sagte der Yak zum Wasserbüffel: »Wenn du mir dein Fell leihst, dann gehe ich über die Schneeberge ins Hochland und hole Salz.« Der Büffel streifte sein Fell ab und überreichte es dem Yak. Mit diesem dicken Winterpelz stieg der Yak über den Nangpa La hinauf nach Tibet.*
*Noch heute recken die fast haarlosen Wasserbüffel ihren Kopf nach oben und warten sehnsüchtig auf die Rückkehr ihrer Brüder. Die Yaks kehrten nie zurück; hoch oben von den Bergen schauen sie hinunter in ihre alte Heimat.*

MÄRCHEN AUS NEPAL

## *Aufbruch* 15. April

Seit dem vergangenen Abend rüttelte ein unbändiger Sturm an meinem Zelt und zehrte an meinen Nerven. Trotz der Kälte nahm ich noch eine letzte heiße Dusche, weil wir an diesem Tag zum Zwischenlager aufbrechen wollten. Im Frühstückszelt waren meine Haare dann weiß gefroren. Sumiyo kam herein.

»Ich habe gerade über Funk mit Russell gesprochen. Er möchte nicht, dass du heute schon mitgehst, weil sie das Lager noch nicht fertig eingerichtet haben«, teilte sie mir mit gebieterischer Miene mit. Sie hatte sich mittlerweile zu einer wahren Tyrannin entwickelt und sagte mir ständig, was ich zu tun und zu lassen hatte. Ich war es gewohnt, dass mich männliche Teammitglieder auf Expeditionen anfangs meist nicht respektierten, aber dass ausgerechnet sie mich wie eine Trekkerin behandelte, ging mir entschieden zu weit. Ich platzte fast vor Wut.

»Liebe Sumiyo«, begann ich und versuchte meinen Ärger zu unterdrücken, »ich verstehe nicht, wie du dazu kommst, mit Russell Entscheidungen zu fällen, die mich betreffen. Ich will selbst mit ihm reden.«

Sie schüttelte den Kopf und verschwand wieder. Fünf Minuten später kam sie zurück und meinte, dass Russell nun doch einverstanden sei. Ich war erleichtert. Dieses Lager war zu klein für uns beide. Ich brauchte »frische Luft«, sonst würde ich durchdrehen. Wild entschlossen packte ich meinen Rucksack und zog langsam mit Don und Geoff davon. Immer kleiner wurden die Zelte hinter uns, und die Japaner schauten uns lange nach.

In unserem Gemeinschaftszelt hing eine Karte vom Everest. Ken hatte gesagt, dass der Weg zum Zwischenlager etwa fünfzehn Kilometer betrage. Er wollte ein Stück mit uns gehen. Auch er hatte sich bereits mit Sumiyo angelegt und verstand daher meinen verzweifelten Versuch, so schnell wie möglich aus dem Basislager wegzukommen. Der Aufstieg würde meinem Fuß sicher gut tun, meinte er verschmitzt; als Teamarzt hatte er mich bestimmt gut beraten, wenn auch in diesem Fall eher in psychologischer als in physischer Hinsicht. Wir wanderten auf der Moräne am Lager der Amerikaner vorbei, das völlig verlassen dalag, weil das ganze Team schon zum ABC aufgestiegen war. Viele neue Zelte standen auf dem Plateau. Einige Tage zuvor waren eine schweizerische Gruppe sowie einige internationale Teams angekommen, die wir noch nicht kennen gelernt hatten – Polen, Argentinier, Georgier und Belgier. Auf der Nordseite des Everest standen die Basislager relativ weit voneinander entfernt, so dass wir von den Neuankömmlingen nur in unserer Sherpaküche gehört hatten. Das ABC hingegen war enger; dort würden wir schnell mehr von den anderen mitbekommen.

Der Weg über die Moräne zog sich schier endlos dahin, und oft sah man schon weiße Eisspitzen im Steingeröll aufblitzen. Immer wieder kamen wir an kleinen blau schimmernden Gletscherseen vorbei, und ich gönnte mir zwischendurch den Spaß und warf große Steinbrocken ins Wasser. Der breite Felskorridor erstreckte sich bis zum Fuß der Gletscher, und wir wanderten direkt auf den Everest zu. Ein schmaler Pfad wand sich durch das lang gezogene Tal dicht an den aufragenden Felsen vorbei. Die Geröllwüste zog sich scheinbar endlos dahin, und ich merkte, wie meine Schritte langsamer wurden. Ich musste mich bewusst auf einen neuen Rhythmus einstellen, denn mit zunehmender Höhe diktierte der geringere Sauerstoffgehalt der Luft das Tempo. Nach etwa einer Stunde bogen wir scharf nach links in eine schmalere Felsenschlucht, die der östliche Rongbuk-Gletscher geformt hatte, und folgten dem reißenden Fluss. Der Gletscher selbst war allerdings noch nicht zu sehen.

Plötzlich war der Everest hinter dem Changtse verschwunden. Der Changtse ist über 7500 Meter hoch und wird oft auch Nordgipfel genannt. Ken hatte ihn schon bestiegen. Wir holten die Yaks ein, die sich ebenso tapfer wie wir durch das Geröll kämpften. Der Pfad wand sich steil aufwärts. Mitunter gelang es mir, in einem gleichmäßigen Rhythmus zu bleiben, oft hing ich aber schon nach wenigen Schritten über meinen Skistock gebeugt und keuchte. Die Ukrainer waren an diesem Tag ebenfalls auf dem Weg in ihr Zwischenlager. Ihre roten und gelben Goretex-Parkas leuchteten auf dem schmalen Pfad in der Sonne. Manche hatten sich hingesetzt, um wieder zu Atem zu kommen oder einen Schluck aus ihren Thermoskannen zu nehmen. Mein Rucksack wurde mit jedem Schritt schwerer und drückte mir wie Blei auf den Schultern. Ich hatte zu viele Luxusartikel dabei: meinen eigenen Schlafsack, Sonnencreme und Hustenbonbons, Schweizer Schokolade und Sheakespeares *Hamlet*, eine Stirnlampe und extra Batterien, einen CD-Player und mehrere CDs. Noch im Basislager hatte ich das alles als absolut unentbehrlich erachtet, und es war mir überhaupt nicht schwer vorgekommen, aber nun beim Aufstieg wogen die wenigen Pfunde in meinem Rucksack unendlich schwer.

Lange schon hatte ich Geoff und Don hinter mir gelassen und wanderte alleine vor mich hin. Unterhalten konnte man sich beim Luftschnappen ohnehin nicht. Die Gedanken kamen und gingen. Everest – dass ich wirklich dort war, konnte ich selbst noch gar nicht fassen. Manchmal musste ich mich in den Arm zwicken, um wirklich sicher zu sein, dass ich nicht alles nur träumte. Wie meine Eltern wohl die Neuigkeiten aufnehmen würden? Ob sie verstehen würden, dass mich nichts in der Welt von diesem Unterfangen hätte abhalten können? Wenn sie nur wüssten, wie glücklich ich war, als ich mich für die Teilnahme an dieser Expedition entschieden hatte. Es war, als hätte sich plötzlich eine magische Tür geöffnet, durch die ich nun geschritten war. Ich wusste, dass ich einen großen Schritt gewagt hatte, aber das unendliche Glücksgefühl, das ich nach meiner Entscheidung verspürt hatte, ließ mich das unbekannte Abenteuer unbeirrt angehen. Tief in mir fühlte ich, dass ich bereit war – bereit, neue Grenzen in mir zu erforschen. Russell hatte mir damals nach New York geschrieben, dass er es durchaus für möglich hielt, dass ich den Gipfel erreichen würde. Er hatte mich ein Jahr zuvor am Cho Oyu beobachtet und als stark empfunden. Sicher, es würde »harte Arbeit« werden, hatte er gesagt, aber das machte mir keine Angst, solange der Teamgeist gut war. Sumiyo lag mir persönlich überhaupt nicht, aber sie würde ohnehin schon bald abreisen, und mit den anderen verstand ich mich gut. Die Bergwelt hatte mich in ihren Bann gezogen, seitdem ich zum ersten Mal mit den wagemutigen Abenteurern in einem Zelt saß und ihren Geschichten lauschte. Mir war klar, dass ich körperlich bei weitem nicht so stark war wie sie, aber ich spürte eine andere Kraft in mir, die tief in mir schlummernde Kraft der Phantasie – die den magischen Geschichten innewohnende Kraft, die auf den bemalten Wänden der alten Klöster von den Göttern und Dämonen erzählten und in den Herzen der Tibeter lebten.

### *Zwischenlager, 6000 Meter*

Choldrim kam mir winkend entgegen und nahm mir den schweren Rucksack ab, bevor ich mich keuchend ins Zelt warf. Er hatte schon die blauen Schaumstoffmatten für uns ausgelegt und die Schlafsäcke ausgerollt. Ich strahlte ihn an, und er hielt mir eine heiße Tasse Tee entgegen.

»Ek chamcha chini?«

Ich nickte, und er schüttete einen Löffel Zucker hinein und rührte für mich um. Es war heiß im Zelt, und so setzte ich mich nach draußen in die Sonne. Vielleicht hätte ich auf Don und Geoff warten sollen, aber ich war so in Gedanken versunken, dass ich sie ganz vergessen hatte. Wo die beiden nur blieben? Immer wieder tauchte ein Farbfleck im Geröll auf, und ich sprang jedes Mal auf. Aber es waren nur Bergsteiger aus anderen Gruppen, die vorbeizogen. Eine Stunde später sah ich Norbu und Chimi, mit Don und Geoff im Schlepptau. Don war total erschöpft. Chimi kochte uns ein leckeres Dinner. Geoff sprach über Funk mit Russell. Meine Stirnlampe zog Kreise in

der Nudelsuppe. Choldrim saß auf einem Campingstuhl und murmelte Gebete, die er von einem weißen Zettel las. Die matte Gaslampe wurde immer dunkler, bis alles schwarz war.
Ich fiel weiter und weiter zurück, manchmal war mir so schwindlig, dass ich nicht mehr aufstehen konnte. Die weißen Gletschertürme stachen aus der Moräne wie Haifischflossen, manche so hoch wie ein vierstöckiges Haus. Norbu wartete geduldig hinter mir und tat so, als wäre er gar nicht da. Mir tat noch alles weh vom Tag zuvor. Ein paar Ukrainer zogen zielstrebig an mir vorbei. Einer setzte sich keuchend zu mir; wir redeten das Übliche. Wie heißt du? Woher kommst du? Mit welcher Expedition? Als ich Russell Brice erwähnte, wurde Wladimir, so hatte er sich vorgestellt, auf einmal hellhörig.
»Sehr gut. Gehst du zum Gipfel oder machst du nur Trekking?«, fragte er mich.
»Zum Gipfel – vielleicht, wenn ich kann«, antwortete ich.
Verwundert zog er seine Augenbrauen hoch. Er selbst wollte nur bis zum ABC. Er war der Teamarzt der Ukrainer, der ersten ukrainischen Expedition am Everest, wie er stolz bemerkte, während er mir ein rotes Bonbon anbot.
»Gut für deinen Husten. Der klingt ziemlich scheußlich. Ich hab ihn Gott sei Dank noch nicht. Das ist die trockene Luft hier.«
Er erhob sich und wanderte weiter.
Norbu hielt meinen Rucksack hoch und bedeutete mir, dass er ihn für mich tragen würde, aber ich winkte ab und packte ihn auf meine Schultern. Norbu trug schon den von Don, und ich wollte es noch ein Stück selbst versuchen. Entschlossen schritt ich voran. Nur keine unnötige Schwäche zeigen. Die Gletscherlandschaft veränderte sich von Minute zu Minute. Der östliche Rongbuk-Gletscher zwängte sich durch das schmale Tal und brach auf in glasige, scharf geschliffene Türme, die in der Sonne glitzerten – bedrohlich und zugleich faszinierend. Mittendurch schlängelte sich die Moräne. Die Szenerie wirkte wie eine Skulptur des biblischen Schilfmeeres, das sich vor den Israeliten unter Moses' Führung teilte und das sie verfolgende Heer des Pharao verschlang. Die sich teilenden Fluten

waren zu Eis erstarrt und stachen in die Luft wie tausende von Haifischen, die gierig nach Beute schnappten. In ihrer Mitte saßen Geoff, Don und Chimi auf einer imaginären Picknickdecke und machten Brotzeit – wie in einem surrealistischen Gemälde. Ich holte meine Kamera hervor, und gerade als ich auf den Auslöser drücken wollte, brach ein gewaltiger Eisturm mit ohrenbetäubendem Getöse zusammen und versank in einem der blauen Gletscherseen. Don bot mir ein Stück Salami und Kekse an, doch ich lehnte dankend ab und marschierte weiter, schnurstracks an ihnen vorbei – wie das Heer des Pharao, weil ich endlich einen guten Rhythmus gefunden hatte.

Yakglocken erklangen hinter mir, und ich trat zur Seite, um die Karawane vorbeizulassen. Ein Yaktreiber blieb vor mir stehen und deutete mit seiner Hand an den Mund. Ob ich etwas zu essen hätte für ihn.

»Klar«, sagte ich und hielt ihm eine Packung Kekse hin. »Brauch ich sie schon nicht zu tragen. Ritz, äußerst nahrhaft. Da, hast noch a Stückerl Salami dazu, is a wunderbare Brotzeit, wie daheim. Ein g'scheides Weißbier bräuchtst noch. Hab meins leider unten in der Eisbox vergessen. An guadn.«

Er sprach, wie ich sicher annehmen konnte, kein Bayrisch, aber er hatte ein breites Grinsen auf dem Gesicht und nickte zum Dank wild mit dem Kopf. Wenn er so glücklich war, vielleicht konnte er ja meinen Rucksack tragen.

»Nein? Na gut, dann eben nicht.«

Er lief hastig seinen Yaks hinterher, die längst den kleinen Pfad verlassen hatten und verwirrt im Geröllfeld standen.

Unendlich, un-end-lich zog sich die Moräne dahin, ein Stein wie der andere und immer wieder kleine Monsterhügel, auf und nieder, »Waterloo, couldn't escape if I wanted to … Waterloo, knowing my fate is to be with you … Waterloo, finally facing my Waterloo …«, klang es mir in den Ohren. Wo ist denn dieses verdammte Camp, das gibt's doch gar nicht. Längst schon hatte ich angefangen, die Schritte zu zählen. Fünfzig, und dann machte ich eine kleine Pause, bei drei

mal fünfzig durfte ich mich kurz hinsetzen – manchmal auch schon bei fünfundvierzig im dritten Satz, wenn da gerade ein guter Stein zum Sitzen war. Plötzlich kam Russell auf mich zu.
»Gute Leistung, wie geht's dir? Das ist der schlimmste Teil hier, aber es ist nicht mehr weit zum Camp. Hinter der nächsten Biegung kannst du schon die Zelte sehen. Eine Viertelstunde vielleicht noch. Sind die anderen weit hinter dir?« fragte er.
»Ich weiß nicht, vielleicht 'ne halbe Stunde«, antwortete ich.
»Wie geht es Don? Gestern Abend klang er nicht so gut. Ich mache mir Sorgen.«
»Ich habe sie beim Lunch gesehen, und er sah gut aus. Ein Horror, diese verdammte Moräne. Ist es wirklich nur noch eine Viertelstunde?«, fragte ich ihn, aber er war schon weitergegangen.

## *ABC, 6400 Meter*

Plötzlich tauchten bunte Zelte auf. Das vorgeschobene Basislager glich einem Nomadendorf. Rechts erhoben sich steile Felsen in den blauen Himmel, links neben der Moräne tauchte der Gletscher die Mondlandschaft in weißes Licht. Man konnte weit über das flache Eisfeld hinweg in ein breites Tal schauen. Rechts daneben ragte die Nordostflanke des Everest steil und felsig aus dem gischtigen Eis, wie ein Walfisch, der im Eismeer auftaucht, um nach Luft zu schnappen. Vor mir auf der etwa dreißig Meter breiten Moräne lag unser Lager. Dahinter konnte man schon den Nordgrat sehen, der weiter oben mit dem Nordostgrat zusammentrifft. Steil türmte sich der Gletscher hinter der Moräne in den Himmel und bildete das Ende des langen Tals. Hoch über dem Nordostgrat wehte eine Schneefahne durch die Lüfte. Der Gipfel des Everest war jedoch nicht zu sehen.
Immer mehr Zelte sprossen wie bunte Blumen aus der Geröllwüste; in ihrer Mitte standen zwei große Zelte wie in unserem Basislager. Kassang winkte mich heran. Mit letzter Kraft schleppte ich mich zu

ihm und sank unter meiner schweren Last in die Knie. Er nahm meinen Rucksack und begleitete mich ins Zelt. Drinnen saßen die Sherpas in lustiger Runde am Boden und spielten Karten.
»Didi, du hast es geschafft. Willst du Tee?«, fragte Phurba.
Ich nickte und setzte mich zu ihnen.
»Wo sind die anderen, Geoff, Don?«
»Die sind noch weiter unten. Russell holt sie, ich hab ihn auf der Moräne getroffen.«
Lobsang brachte mir einen Schlafsack und wickelte ihn um mich herum.
Eine Stunde später stürmte Russell mit dem Rest der Gruppe herein und übergab sie der Fürsorge von Lacchu, der Don mit heißem Tee wieder aufpäppelte. Don war ganz grün im Gesicht. Er atmete schwer, und ich hörte das Rasseln seiner Lungen. Ich setzte mich zu ihm und hielt seine Tasse. Russell war in einer Teufelslaune.
»Du kannst dir gleich eine Plattform für dein Zelt schaufeln, statt hier rumzusitzen«, fuhr er mich an. »Ich hab ausdrücklich gesagt, dass nur Don und Geoff raufkommen können. Wir haben den ganzen Tag schwer geschuftet. Was denkst du dir eigentlich? Glaubst du, dass sich all diese Zelte von selbst aufstellen?«
Ich schaute ihn ungläubig an und verließ schnell das Zelt, bevor mir die Tränen kamen.
Mein Kopf dröhnte, meine Hände zitterten. Wie kalt es dort draußen war. Die Sonne war längst hinter den Felsen verschwunden. Eine Zeltplattform schaufeln, aber wo? Ich hustete keuchend in die kalte Luft. Mein Magen schien wild entschlossen, sich durch meinen Hals nach außen zu stülpen. Ganz ruhig durch die Nase atmen, gleich geht es vorbei. Mir war so schlecht. Eine Zeltplattform, Zeltplattform, eine platte Form für ein Zelt. Entschlossen erhob ich mich von den kalten Steinen. Alles drehte sich, und mir wurde schwarz vor den Augen. Phurba hatte den Arm um mich gelegt.
»Bist du okay?«
Ich schaute ihn an wie ein Wesen von einem anderen Stern.
»Mir ist so kalt«, flüsterte ich leise.

»Komm, ich helf dir ins Zelt. Kassang bringt deinen Rucksack.«
Er öffnete ein gelbes Zelt, das hinter mir stand, und half mir die Schuhe auszuziehen.
»Du musst etwas essen, dann geht es dir gleich besser.«
Essen – ich muss etwas essen, ich hab ja den ganzen Tag noch nichts gegessen. Wenn mir nur nicht so schlecht wäre. Wieder liefen mir die Tränen runter. Mein ganzer Körper zitterte. Ich saß da wie ein Haufen Elend, versunken in Selbstmitleid. Wie gemein Russell war. Draußen sprach Phurba mit den anderen Sherpas. Wladimir, der Arzt von den Ukrainern, mit dem ich mich an diesem Morgen unterhalten hatte, kam und steckte den Kopf ins Zelt.
»Wie geht's?«, fragte er und ergriff mein Handgelenk, um mir den Puls zu fühlen.
»Ich bin okay, nicht krank«, flüsterte ich leise. »Mir ist nur so kalt.«
Kassang hatte meinen Rucksack gebracht, und Wladimir packte meinen Schlafsack aus.
»Du bist zu schnell gegangen«, sagte er. »Du musst mehr Pausen machen, viel trinken und etwas essen.« Ich nickte. »Hier, leg dich in den Schlafsack. Es ist wichtig, dass du wieder warm wirst.«
»Bring ihr eine heiße Wasserflasche und Tee«, sagte er zu Phurba. »Sie soll etwas schlafen.«
Ich fühlte mich so allein und verlassen, so unverstanden, dass ich hätte heulen können. Heulen für all die Male, die ich in den letzten Jahren meine Tränen zurückgehalten hatte, weil es nicht angebracht gewesen wäre, Gefühle zu zeigen. Phurba reichte mir eine Tasse Tee.
»Mach dir keine Sorgen, es wird alles gut.«
Seine Stimme klang sanft und beruhigend. Was sollte ich nur tun? Vielleicht sollte ich umkehren. Ich hatte nicht die Kraft, mit Russells kaltschnäuziger Art umzugehen. Ich war für diese Bergwelt nicht geschaffen. Kein Wunder, dass nur hartgesottene Männer wie er in dieser Welt zu überleben schienen.
Geoff quetschte sich zu mir ins Zelt und weckte mich aus tiefem Schlaf.
»Es macht dir hoffentlich nichts aus, dass wir uns das Zelt teilen.

Russell wird mit Don im anderen schlafen, weil es ihm nicht gut geht, und sie haben erst zwei Zelte aufgestellt.«

»Natürlich nicht«, murmelte ich zurück.

Ich war ganz froh, in dieser Nacht nicht allein zu sein.

»Wie spät ist es?«

»Halb sieben, es gibt gleich etwas zu essen, komm.«

Wenn ich nicht zur Toilette gemusst hätte, wäre ich nicht aufgestanden.

»Aber was ist mit Russell?«, fragte ich ängstlich.

»Ach, der hat es nicht so gemeint. Der ist ganz besorgt um dich. Ich glaube, es tut ihm leid, dass er dich so angefahren hat. Du weißt ja, wie er ist. Komm, du musst etwas essen.«

In unserem Kochzelt war es bedeutend wärmer, und wir saßen eng zusammen auf einer langen Steinbank. Russell legte einen Schlafsack über unsere Beine und setzte sich zu mir. Der Wind schlug wütend ans Zelt und pfiff um alle Ecken. Der Everest war kein Kinderspiel. Kein Wunder, dass Russell so unerbittlich war. Die meisten der Männer, mit denen ich in den letzten Jahren in den Bergen war, hatten mich oft durch ihre Kälte und Direktheit erschreckt. Die brauchte man wohl, um im hochalpinen Geschäft zu überleben. Ob ich auch etwas davon hatte? Wäre ich sonst nicht zu Hause geblieben und hätte mir den Everest im Kino angeschaut?

»Etwas Brandy in deinen Tee?«, fragte Lacchu verschmitzt. »Dann geht es dir gleich besser.«

Mir wurde warm ums Herz – Nudelsuppe; dicke, weiche Daunen. Russell hatte den Arm um mich gelegt, weil meine Zähne vor Kälte klapperten.

»Ist das mit Geoff und dir im Zelt okay?« Ich nickte. »Morgen werden wir für dich ein eigenes aufstellen. Du kannst dir einen Platz aussuchen.«

Ich schmolz dahin wie ein Gletscher in der Mittagssonne. Nicht alles war verloren. Ich würde es schon schaffen.

Zu behaupten, dass die erste Nacht auf 6400 Meter erholsam gewesen sei, wäre eine glatte Lüge. Ich war so froh, als die Sonne aufging und Lacchu mit Tee ans Zelt kam. Mein Kopf dröhnte vor Schmerzen, und ich musste meine Gletscherbrille aufsetzen, um nach draußen zu gehen. Der gleißende Gletscher, über dem die Sonne aufging, erstreckte sich bis zum Horizont. Aus dem grauen Steingeröll der Moräne blitzten die bunten Zelte wie in einem Frühlingsgarten. Die bunten Gebetsfahnen, die andere Gruppen kreuz und quer um ihre Camps gespannt hatten, schlugen laut im Wind. Und vor uns lag der Nordsattel (North Col), eine bläulich schimmernde, etwa 400 Meter hohe Gletscherwand, über die wir zum Grat hinaufsteigen würden. Hoch oben der Gipfel mit seinem weißen Wolkenschweif. Schwarze Raben segelten im Sturmwind über dem Camp. Don ging es besser. Er hatte zwar die ganze Nacht im Zelt neben uns gehustet, aber an diesem Morgen sah er erholter aus und aß sogar ein zweites Omelett.

Nach dem Frühstück half Phurba mir mein Zelt aufzustellen. Wir hatten im Windschatten der großen Zelte eine alte Plattform gefunden und ausgebessert.

»Wir bauen jetzt ein Haus für Didi«, sagte Phurba, »mit Blick über den Gletscher und auf den Everest.«

Die Sonne stieg, und im Schutz des Zelts war es himmlisch warm. Ich hatte mein neues, zwei auf anderthalb Meter großes Reich mit allem ausgestattet, was man so brauchte, wenn man für sechs Wochen in ein Schloss am Fuße des höchsten Berges der Welt zog. Daunenschlafsack, Bücher, CDs, eine Flut von Cremes und Shampoos, Kamera und Schokolade, weiche Fleecepullover und Daunenhosen. Ich konnte sogar aufrecht sitzen, ohne mit dem Kopf an die Decke zu stoßen, wenn ich genau in der Mitte saß. Obwohl mein neues Haus schon fertig war, fühlte sich mein Körper an, als wenn erst die erste Hälfte angekommen wäre – so ungelenk, so wacklig auf den Beinen und schwindlig im Kopf, ohne Kraft. Ein brausender Kopfschmerz surrte um mich, und ich versuchte in der warmen Sonne im Zelt zu schlafen.

Nachmittags kamen Sumiyo und Herr Kobayashi an. Auch die zweite Yakherde mit dem Rest unserer Ausrüstung war inzwischen eingetroffen. Ken war mit Kozuka im Zwischenlager zurückgeblieben, weil Kozuka starke Kopfschmerzen hatte und nicht weiter aufsteigen konnte. Zum Abendessen saßen wir in voller Daunenausrüstung in unserem Speisezelt. Später wollte mir zu Hause niemand glauben, wie schwer es einem fiel, in dieser Höhe Appetit zu entwickeln. Aber es war ungefähr so, als würde man sich daheim zum Mittagessen in die Gefriertruhe setzen.

Als die Sonne um vier Uhr nachmittags hinter den steilen Felsen verschwand und trotz meines Rufens nicht zurückkehrte, war meine Stimmung wieder auf den Nullpunkt gesunken und sank noch tiefer. Wieder lag eine schwarze Nacht vor mir. Die Sterne schienen kalt am dunklen Himmel. Tief gefroren lagen die Schneefelder hoch über uns, unberührt von der übrigen Welt. Ich fühlte mich so winzig und allein angesichts dieser kalten Pracht. Ob meine Phantasie und meine Lebenskraft ausreichen würden? Konnte ich mich selbst aus diesem tiefen schwarzen Loch befreien? Geduld, Ausdauer und Widerstandskraft waren dort gefragt, aber besaß ich wirklich so viel von diesen Tugenden? Und wozu das alles? Um auf einen eiskalten Berg zu steigen, dem es vollkommen gleichgültig war, ob ich seinen Gipfel erklomm oder nicht? Wäre es nicht besser gewesen, zwei wundervolle Wochen an einem Karibikstrand zu verbringen und den Rest der 35 000 Dollar für einen wohltätigen Zweck zu spenden? Was hatte ich mir nur angetan!

Nachmittags hatte ich lange mit Russell gesprochen und ihm gestanden, dass ich plötzlich meine Zweifel hatte, dass mir plötzlich mit Schrecken bewusst geworden war, auf was ich mich eingelassen hatte. Zu schnell hatte ich mich für die Reise entschieden und mich dann einfach von dem Glücksrausch, der mich die ersten Wochen in rosarote Wolken gehüllt hatte, treiben lassen.

»Ich weiß nicht einmal, was es mit den Stufen auf sich hat, von denen hier alle ständig reden«, sagte ich, während ich mühsam versuchte, meine Tränen zu unterdrücken.

»Ich weiß«, erwiderte Russell. »Mir wäre es auch lieber gewesen, wenn du erst nächstes Jahr mitgekommen wärst. Aber davon wolltest du ja nichts hören. Der Everest ist kein Spaziergang, für den man sich aus einer Laune heraus entscheidet.«

Das war mein impulsives Wesen. Mein Vater hätte es mir schon gesagt, wenn ich ihn hätte zu Wort kommen lassen. Aber genau das wollte ich ja nicht hören. Ich dachte, dass dieses Glücksgefühl mich nie verlassen würde, so groß schien es damals in New York. Vielleicht war es das erste Mal in meinem Leben, dass ich nicht davonlaufen konnte. Nun musste ich mir selbst ganz tief in die Seele blicken und hoffen, dass ich es in mir hatte. Ich musste zu meiner impulsiven Entscheidung stehen. Auf dem Everest gab es keinen Platz, wo man sich hätte verstecken können, kein Designer-Outfit, mit dem man seine Unsicherheit hätte kaschieren können – da stand man wie König Lear plötzlich im Sturm der nackten Elemente. Dass sich hinter diesem impulsiven Wesen jemand verbarg, der durchhalten konnte, der sich nicht unterkriegen lassen würde – das musste ich jetzt beweisen. Wo waren nur meine Flügel, mit denen ich so hoch im siebten Himmel geschwebt war?

Ich musste raus aus dem Gemeinschaftszelt, ich konnte den anderen nicht mehr in die Augen schauen. Ich verabschiedete mich und schlich leise in die Küche, um meine Plastikflasche mit heißem Wasser aufzufüllen und dann in mein dunkles Zelt zurückzukriechen. Aus dem Radio ertönte indische Musik, und eine Gaslampe schwang im Takt des Windes, der an das Zelt schlug. Die Sherpas waren mitten im Gespräch.

»Didi, komm, setz dich zu uns«, sagte Lobsang und rutschte mit seiner roten dicken Daunenjacke dichter neben die anderen, um mir Platz zu machen. »Wir haben etwas Feines für dich.«

»Nicht heute Abend. Mir geht's nicht so gut«, antwortete ich, aber sie ließen mich nicht gehen.

Wie weich die Daunenjacke sich um meinen Körper schmiegte, als ich so eng zwischen ihnen saß.

»Weißt du, warum die Wasserbüffel ihren Kopf immer so in die Höhe recken?«, fragte Lacchu.

Er reckte den seinen wie eine Schildkröte nach oben und schaute mich mit großen Augen an. Ich musste lachen und nahm einen Schluck heißen Tee, den Lobsang mir hinhielt. Aber anstelle eines Witzes erzählte Lacchu das alte Märchen vom Yak und vom Wasserbüffel, die einst Brüder gewesen waren.

»Und weißt du auch, warum die Yaks ihre Köpfe immer gesenkt halten?«, fragte er am Ende des Märchens. »Weil sie sehnsüchtig zu ihren Brüdern ins Tal hinunterschauen.«

Dann hob Lacchu den Deckel von einem großen Suppentopf, den Lobsang vor uns auf den Boden gestellt hatte.

»Und jetzt gibt es Yaksuppe.« Er hielt mir eine Schüssel hin. »Hier, du musst lernen, Sherpasuppe zu essen, dann wirst du stark genug, um auf den Berg zu steigen, wie die Sherpas.«

Indische Discomusik klang aus der Ferne, und ich schlürfte wie die anderen meine Suppe, die herrlich auf der Zunge brannte. Russell steckte den Kopf ins Zelt und grinste.

»Hier bist du also. Schmeckt's?«

»Tierisch gut«, erwiderte ich und grinste zurück.

Die Sherpas waren früh aufgebrochen, um die ersten Zelte und Seile zum Nordsattel zu bringen. Sie hatten um sechs Uhr morgens eine kleine Puja abgehalten, und ihr Gesang hatte mich geweckt. Der Wind hatte sich gelegt, und die Sonne strahlte am tiefblauen Himmel. Don hatte seinen Rucksack schon gepackt. Er nahm mich zum Abschied in die Arme und flüsterte mir ins Ohr:

»Das schaffst du schon. Ich werde an dich denken, wenn du im Mai auf dem Gipfel stehst.«

Lacchu war alleine in der Küche, und ich zeigte ihm, wie man einen bayerischen Kaiserschmarrn mit Rosinen und Apfelmus macht. Danach wusch ich mir die Haare und spielte eine Runde Scrabble mit Geoff.

Ken kam ins Gemeinschaftszelt und warf sich keuchend in einen Klappstuhl.

»Ihr habt wohl gedacht, dass wir noch im Bananenboot sitzen und weiter gemütlich Urlaub im Basislager machen, während ihr hier Abenteuer spielt, was? Kozuka kommt auch gleich, der wird euch

beibringen, wie man richtig Scrabble spielt«, sagte er mit einem schauderhaften Lachen.
Er wandte sich zur Bar und mixte sich einen heißen Tee mit Milch. War ich froh, dass er wieder bei uns war. Seinen schwarzen Humor hatte ich schon richtig vermisst. Geoff war immer so höflich und angepasst.
»Dass du bloß nicht wieder Miss Socialite spielst und all die anderen Clowns hier zum Tee einlädst,« fuhr Ken mich an.
Ich lachte.
»Ken, ich hab dich so vermisst.«
»Ich mein's ernst, Prinzessin, ich will deren Bazillen nicht hier im Zelt haben. Die kommen sowieso alle nur, um unsere Sauerstoffflaschen zu klauen. Dieser Fabrizio, Mr. Gigolo, hat schon nach dir gefragt und sich bei uns zum Tee eingeladen, weil er selbst kein Zwischenlager hat. Er behauptet, dich von der Ama Dablam zu kennen. Er hält sich für den nächsten Reinhold Messner, will ohne Sauerstoff zum Gipfel und kriegt schon auf der Moräne keinen Fuß vor den anderen. Was für Clowns.«
Er riss eine Packung Haferflocken auf und schüttete den Inhalt in seinen Milchtee.
»Buffalo schreibt man mit zwei ›f‹. Geoff, du musst besser aufpassen, die kann doch nicht richtig Englisch.«
Unser ABC-Dorf hatte sich gefüllt. Die Ukrainer hatten sich neben uns niedergelassen und ihre Landesfahne an der Funkantenne aufgezogen. Fabrizio, den ich im vergangenen Herbst bei der Besteigung der Ama Dablam kennen gelernt hatte, wohnte etwas oberhalb von mir. Er hatte all seine sieben Sachen vor seinem Zelt ausgebreitet und fragte mich, ob ich an einem alten, zerkratzten Eispickel interessiert wäre.
»Ich hab gehört, dass du dich mit Russells alter Freundin Sumiyo schon richtig gut angefreundet hast. Ihr seid ein Herz und eine Seele, hat Ken gesagt. Da muss dir mein Angebot – hundert Dollar für den Eispickel – doch wie gerufen kommen. Ich zeige dir auch, wie man damit zuschlägt«, und er schwang den Pickel hoch durch die Luft.

Ich schüttelte den Kopf und umarmte ihn stürmisch.
Die Bergsteigerwelt war klein, vor allem der Kreis der Extrembergsteiger, unter denen ich mich jetzt schon fast zu Hause fühlte, weil ich mit vielen von ihnen schon frierend in einem Gemeinschaftszelt bei heißem Tee gesessen hatte. Da saß man dann, während der Sturm draußen heulte, und erzählte sich Geheimnisse, die man sonst dem besten Freund nicht anvertrauen würde. Die Expeditionsleiter und Bergführer kannten sich alle untereinander. Die vier großen am Everest waren Henry Todd mit seiner Agentur *Himalayan Guides*, Jon Tinker mit OTT auf der Südseite und Eric Simonsen und Russell auf der Nordseite vom Everest. Fabrizio arbeitete für OTT, war aber diesmal privat auf dem Everest. Er war keiner dieser hartgesottenen Männer, denen der Gipfelsturm schon quer über das Gesicht geschrieben stand, sondern ein junger und lustiger Typ. Er gehörte zusammen mit zwei Österreichern und dem Rumänen George zu einem internationalen Team. Apa Sherpa, der schon neunmal auf dem Gipfel des Everest gestanden hatte, begleitete sie, und sie hatten einen Koch, der noch unten im Basislager bei den Österreichern war. Wie viele andere wollten sie im Gegensatz zu uns möglichst wenig Geld ausgeben und ohne Sauerstoff und großen Firlefanz auf den Everest steigen. Insgesamt hatten sich in dieser Saison über hundert Bergsteiger für die Nordseite angemeldet, die sich nun in vierzehn Gruppen im vorgeschobenen Basislager niedergelassen hatten. Liz Hauley, eine englische Lady in ihren Achtzigern, die in Kathmandu lebt, führt seit 1953 strengstens Buch über den Everest und andere Himalajagipfel. Russell hatte mit ihr zu Mittag gegessen, und sie hatte ihm eine Liste aller Expeditionen mitgegeben. Aber am allerbesten informiert war Lacchu. Seine Küche ersetzte gewissermaßen den Kleinstadtfriseur. Bei ihm trafen sich die Sherpas aller Expeditionen immer wieder zum Tee und tauschten den neuesten Expeditionsklatsch aus. Es gab die Nationalteams wie die Ukrainer, die Georgier, die Schweizer, die Polen und die Italiener sowie eine Gruppe Lateinamerikaner, aber sonst waren die meisten Gruppen international und bunt gemischt. Viele kannten sich vorher gar nicht

und teilten sich nur die Expeditionserlaubnis und gemäß der Vorschrift ein gemeinsames Basislager. Oben am Berg gingen sie dann aber getrennte Wege. Der Grund war ökonomischer Natur, denn alleine schon die Genehmigung kostete 5500 Dollar; sie war jedoch nicht auf eine bestimmte Anzahl von Personen begrenzt. Insgesamt wohnten über 150 Menschen im ABC-Dorf auf der schmalen Moräne neben dem Gletscher, darunter mehr als fünfzig Sherpas und Köche. Dennoch traf man sich selten, weil es im ABC keine Restaurants und Bars gab. Fast jede Expedition hatte zwar Zelte mit entsprechenden Einrichtungen, die aber ausschließlich für die jeweiligen Expeditionsmitglieder zugänglich waren. Man konnte sich natürlich unter freiem Himmel treffen, aber alle, denen ich dort begegnete, waren meistens sehr zielgerichtet auf ihrem Weg und wollten nicht gestört werden. Ich kannte dieses Phänomen gut von New York. Die eine oder andere Telefonzelle gab es aber. Direkt vor uns hatte eine internationale Gruppe von Belgiern, Portugiesen und Brasilianern ihre Zelte aufgeschlagen und schon angefragt, ob sie unser Satellitentelefon und unser E-Mail-System mitbenutzen könnten. Russell hatte eingewilligt, verlangte aber fünfundzwanzig Dollar pro Minute, da ihn allein schon die Genehmigung für das Telefon 2000 Dollar gekostet hatte.

Etwas weiter oben wohnten, ebenso luxuriös ausgestattet wie wir, die Amerikaner. Sie filmten an diesem Tag ihre Bergsteiger beim Packen. Da saß dann ein Bergsteiger namens Dave mit wildem Bart vor seinem Zelt und packte seinen Rucksack ganz langsam, um den Fernsehzuschauern im Wohnzimmer zu zeigen, was man so alles brauchte, wenn es zum Gipfelsturm ging. Liesl dirigierte ihren Kameramann, und ich bewunderte die Energie, die sie hatte. Aber sie war auch schon zum zweiten Mal eine Woche lang im ABC. Eine polnische Gruppe unter der Leitung von Ryszard Pawlowsky wohnte weiter unten neben den Italienern. Viele der Bergsteiger und Expeditionsleiter waren schon zum zweiten, dritten, manche schon zum vierten Mal am Everest, die meisten, weil es ihnen bisher nicht gelungen war, bis zum Gipfel vorzustoßen.

Unsere Sherpas stiegen fast jeden Morgen zum Nordsattel hinauf, um unser Camp 1 einzurichten. Bei uns im ABC gab es nicht viel zu tun, und so folgte ich ihnen bis zum Ende der Moräne, das sie als Crampon-point bezeichneten, weil man von da an Steigeisen brauchte. An den Amerikanern und den Schweizern vorbei führte ein kleiner Pfad durchs Steingeröll hinauf zum Gletscher. Daneben das ewige Eis, das sich wie ein tosender Strom auszubreiten und an der steilen Nordflanke des Everest hochzuschwappen schien. Wie in einem brausenden Sturm schlugen die brechenden Wellen nach oben und bildeten hier und da kleine Seen, die in der Sonne leuchteten. Ich schaute den Sherpas nach, die vor der mächtig in den Himmel ragenden Eiswand immer kleiner wurden. In ein paar Tagen würden wir auch dort hinaufsteigen. Ich begegnete Paolo und Francesca. Die beiden kamen aus Brasilien. Ein Jahr zuvor hatten sie es bis zum letzten Camp geschafft, und auch diesmal wollten sie wieder ohne Sauerstoff hinauf. Ich versuchte, in sie hineinzuschauen. In welcher Form musste man sein, wenn man es ohne Sauerstoff bis in diese Höhe schaffte? Doch die beiden trugen ihre volle Klettermontur samt Gletscherbrillen, und so konnte ich nicht viel erkennen. Sie kannten Russell vom vorigen Jahr und gratulierten mir zu meiner guten Wahl. Er sei zweifellos der Beste am Everest, sofern man sich ihn leisten könne.
Beim Frühstück am nächsten Morgen streckte ein Bergsteiger den Kopf zum Gemeinschaftszelt herein. Ich saß gerade dicht am Eingang und ließ mir die Sonne auf den Bauch brennen. Er stand direkt vor mir und stellte sich vor:
»Conrad, wie geht's euch?«
Ken drehte sich abweisend um und tat so, als würde er etwas suchen.
»Hi, Conrad, wie geht's?«, fragte ich zurück.
Er sah lustig aus, etwas Abwechslung würde uns gut tun. Ich wusste, dass Ken mich ermorden würde, aber mir fiel nichts Besseres ein.
»Magst du einen Tee?«, fragte ich höflich. »Hier ist ein Stuhl.«
Ich stand auf und rückte ihm einen Stuhl zurecht.
»Woher kommst du?«, fragte ich ihn.

Hinter mir verzog Ken das Gesicht.
»Ich gehöre zu den Amerikanern. Ist Russell da?«, fragte er und sah sich nach Ken um.
»Russell ist im Basislager, aber er kommt heute Nachmittag zurück«, antwortete ich, während ich Kens Reaktion beobachtete.
Er atmete erleichtert auf. Ein Amerikaner, das bedeutete, dass er nicht unbedingt einer dieser Clowns war – wie Ken sie immer nannte –, die dachten, sie müssten am Berg die Desperados mimen. Ich konnte förmlich sehen, wie ihm dieser Gedanke durch den Kopf ging.
»Ihr werdet es nicht glauben, aber der Krieg hat schon begonnen«, fuhr Conrad fort.
Ken riss es fast aus dem Stuhl.
»Krieg? Wer macht Krieg?«, fragte er atemlos.
»Diese verrückten Ukrainer«, fuhr Conrad fort.
»Gestern waren wir im Camp 3 oben, und sie haben uns wüst beschimpft, dass wir ihren Sauerstoff gestohlen hätten.«
Das war das Schlagwort. Ken hatte seinen Stuhl herangerückt und rührte mit voller Kraft in seinem Milchtee.
»Die Ukrainer haben doch gar keinen Sauerstoff«, sagte er.
»Natürlich nicht, aber sie haben wohl im Camp zwei Flaschen gefunden, die vom letzten Jahr noch dort herumlagen, und die sind ihnen jetzt abhanden gekommen«, berichtete Conrad.
Bald waren die beiden in ein herrliches Gespräch vertieft, und Ken hatte endlich jemanden gefunden, der seine paranoiden Theorien teilte. All diese Desperados, die Reinhold Messner spielten, ohne Sauerstoff und Sherpas frivol zum Gipfel stiegen und hinterher von Russell und Eric gerettet werden mussten – mit unseren Ressourcen, versteht sich, was unsere Chancen, den Gipfel zu erreichen, nicht gerade erhöhte.
Es stellte sich heraus, dass Kens Gesprächspartner Conrad Anker war, ein berühmter Bergsteiger aus den USA, der schon einige Erstbesteigungen mit *National Geographic* gemacht hatte. Er gehörte zu jenem Team, das auf der Suche nach Mallory und Irvine war. Er

selbst wollte versuchen, die zweite Stufe frei zu klettern, um herauszufinden, ob Mallory und Irvine es vor fünfundsiebzig Jahren vielleicht doch bis zum Gipfel geschafft haben könnten. Ken und Conrad, die beiden hatten sich gefunden. Da platzte Russell herein; in fünfeinhalb Stunden hatte er es vom Basislager herauf geschafft – fast ein Rekord. Jetzt waren sie zu dritt im Bunde.

»Ihr werdet viele Leichen finden, da oben im Couloir. Ich weiß allein von mindestens acht anderen, die dort liegen«, sagte Russell.

Je länger ich ihrer Diskussion zuhörte, die sich um George Mallorys Kamera und um die Suche nach den Leichen drehte, desto mulmiger wurde mir. Nein, das musste ich mir nicht unbedingt länger anhören.

Ich brach mit meinen Steigeisen zu einem kleinen Spaziergang über den Gletscher auf. Vielleicht würde ich ja einem Eisbären begegnen, vielleicht sogar die heiß begehrte Kamera von Mallory finden – das wäre ein Spaß. Unter der Eisdecke flossen kleine Bäche und rauschten dann steil in die Tiefe, wenn der Gletscher aufbrach. Eine bizarre Landschaft, geformt von Hitze und Frost. Die Sonne brannte gnadenlos herunter und versuchte das Eis zu schmelzen, das vor tausenden von Jahren hoch oben als Schnee auf den Nordsattel gefallen war und sich langsam einen Weg nach unten bahnte. Ken hatte versprochen, mit uns an einem der folgenden Tage eine Wanderung zum Rapü La zu machen. Von dort konnte man die Kangchung-Wand sehen, die steile Ostwand des Everest, und den Makalu, den vierthöchsten Berg der Welt, der nur knapp fünfzig Kilometer von uns entfernt lag.

## *Sauerstoff und Funkgeräte* 21. April

Die vorherige Nacht hatte ich zum ersten Mal richtig gut geschlafen, ohne Kopfschmerzen, ohne Übelkeit – endlich fühlte ich mich wohl in dieser Höhe. Russell hatte schon frühmorgens Funkgeräte, Regulatoren, Sauerstoffflaschen und Masken auf unserer Terrasse ausgebreitet. Um neun Uhr begann sein Workshop. Ein jeder von uns musste seine Ausrüstung überprüfen lassen und sich im Sauerstoffgebrauch und Wechseln der Flaschen üben. Die Steigeisen wurden an die Plastikstiefel angepasst, die Klettergurte über Daunenanzügen anprobiert, unsere Jumars auf ihre Tauglichkeit geprüft. Dann kam der Test. Russell knotete ein Seil am Zeltpfahl fest, und Narwang hielt das andere Ende. Dann demonstrierte er, wie man Karabiner und Jumar von einem Seil zum anderen wechselt, ohne jemals die Sicherheitslinie zu verlieren.

»Ihr müsst das beherrschen wie im Schlaf, mit dicken Daunenhandschuhen, wenn der Wind euch um die Ohren pfeift, im Dunkeln, wenn ihr halb ohnmächtig vor Erschöpfung seid. Niemals darf es passieren, dass ihr nicht gesichert seid«, betonte er.

Danach waren die Funkgeräte dran. Phurba zeigte uns, wie man die Frequenz wechselt und auf welchen Knopf man drückt, um zu sprechen; ich machte es ihm nach.

»Camp 1 an Camp 2. Könnt ihr mich hören?« Knopf loslassen. »Roger, roger.«

Und dann ging es weiter zum Sauerstoff. Jeder musste sich eine Maske aussuchen, die passte. Es waren alte Fliegermasken, die man über Nase und Mund stülpte. Vorne hatten sie eine kleine runde Schnauze; darunter hing ein Beutel, in dem sich der Sauerstoff mit der Luft mischte und der sich bei jedem Ein- und Ausatmen aufblies. Seitlich ging ein schwarzer Plastikschlauch vom Mundstück weg und führte zu einem Regulator, mit dem der Fluss des Sauerstoffs eingestellt werden konnte. Dieser wurde direkt auf die Flasche geschraubt. Unsere Flaschen waren orangefarben und wogen etwa vier Kilo. Ich probierte eine blaue Maske auf, weil sie mir gut zu meinem roten Daunenanzug zu passen schien, aber sie war zu groß und benebelte beim Atmen die Gläser meiner Gletscherbrille. Es gab auch noch die kleineren olivgrünen Masken im alten Explorerlook – auch nicht schlecht. So richtig wohl fühlte ich mich allerdings mit keiner. Ken meinte, dass sie nie ganz genau passten. Die Regulatoren mussten wir mit Handschuhen auf die orangefarbenen Sauerstoffflaschen drehen, weil sie so kalt wurden, dass die Finger am Metall festfrieren konnten. Ken zeigte uns, wie man das macht: Die Flasche vom Körper weghalten, weil sie manchmal explodieren konnte, und schnell draufschrauben. Die Flasche gab ein lautes Zischen von sich, wenn die Luft kurz entwich. Erschrocken legte ich sie weg. Wie brutal das Sauerstoffritual war.

Russell und die Sherpas machten sich auf den Weg zum Nordsattel. Sie wollten dort übernachten, um am nächsten Tag Camp 2 und 3 einzurichten und nötigenfalls Fixseile anzubringen. Wir sollten fleißig weiterüben, bis wir alle Handgriffe wie im Schlaf beherrschten.

»Wenn ich zurück bin, gehen wir alle zum Nordsattel, und da will ich sehen, was ihr gelernt habt«, sagte Russell und stürmte davon.

Unser Lerneifer hielt nicht lange an. Es würde noch mindestens einen Monat dauern, bis wir wirklich Sauerstoff brauchten, und draußen lud die Sonne zu einem gemütlichen Sonnenbad ein. Der Tag verging schnell; wieder war ich zum Crampon-point hinaufgestiegen. Die Sherpas und Russell glichen schon kleinen schwarzen Ameisen, die langsam zwischen Eistürmen himmelwärts zogen.

## *Rapü La* 22. April

Gewaltig stieg die Kangchung-Wand vor uns in den Himmel; endlos türmten sich hängende Gletscher und Felssprünge übereinander. Die chaotischen Formationen stürzten in die Tiefe, als wäre ein Meteorit aus einem fernen Sonnensystem in die Bergflanke eingeschlagen. Die berüchtigte Kangchung-Wand des Everest, die Mallory 1924 für unbezwingbar erklärt hatte. »Wer verrückt genug ist, das zu wagen, wird nicht zurückkommen«, soll er bei ihrem Anblick gesagt haben. Inzwischen hat die Wand drei Besteigungen erlebt. Der Jetstream über dem Gipfel sonderte immer wieder kleine Wolken ab, die in der steilen Wand hängen blieben. Geoff war schon lange umgekehrt, aber ich konnte mich von dem Anblick nicht losreißen.

Geoff und ich waren frühmorgens zusammen aufgebrochen. Vergeblich hatte ich versucht, auch Ken zu überreden, aber er wollte an diesem Tag unseren Medizinschrank sortieren und sich dabei auch nicht helfen lassen – was für eine faule Ausrede. Ich befestigte meine Steigeisen und wollte gerade los, als Lacchu mir aus der Küche nachrief:

»Hast du ein Funkgerät dabei?«

Also Steigeisen wieder aus und her mit dem Funkgerät. Lacchu gab mir noch einmal einen Crashkurs und überprüfte die Batterien.

»Russell will, dass du immer eins dabeihast. Hast du genug zu trinken?«

»Ja, ja«, erwiderte ich ungeduldig und stürmte davon.

Geoff war schon weit über die Gletschertürme geklettert, und ich eilte ihm nach. »Eilen« ist in diesem Zusammenhang vermutlich nicht das richtige Wort, denn bei jedem Schritt musste ich einmal schwer atmen und stieß dann mit dem nächsten entschlossen meine Steigeisen ins Eis, um mich nach dem zehnten Schritt keuchend über meine Eisaxt zu lehnen. Auf 6400 Metern konnte von einer gemütlichen Wanderung keine Rede mehr sein.

Die Sonne stand schon ziemlich hoch, und die Anstrengung machte mich schwindlig. Ich setzte mich hin und legte meinen Kopf ins kühle Eis – gleich würde es vorbeigehen. Wenn Geoff nur auf mich warten würde, aber er wanderte unbekümmert weiter. Ich raffte mich auf und begann wie im Zeitlupentempo meine Schritte zu zählen, eintausendundeins, zweitausendundzwei, dreitausendunddrei, viertausendundvier, fünftausendundfünf – kurze Pause und dann wieder fünf. Schmale Spalten zogen sich durch den Gletscher. Manche waren so tief, dass ich das Gefühl hatte, bis zum Mittelpunkt der Erde hinuntersehen zu können. Die meisten Spalten waren weniger als einen Meter breit, so dass ich leicht mit einem großen Schritt darüber hinwegsteigen konnte. Eigentlich sollte man nur in Seilschaften über den Gletscher gehen, aber es hatte wochenlang nicht mehr geschneit, und die Gletscherspalten waren gut sichtbar. In der Ferne stieg der Makalu mit seinem kargen Gipfel immer weiter in die

Höhe. Mit jedem Schritt, der mich dem Pass näher brachte, wurde er größer, und als ich zwei Stunden später direkt vor ihm stand, ragte er über 2000 Meter höher in den Himmel – der vierthöchste Berg der Welt.

Ich ließ mir Zeit, stieg am Pass entlang, der vor mir im rechten Winkel in die Tiefe rauschte und weit unten in einer langen Gletscherwelle um den Makalu schlug. Auf der anderen Seite des Grats wuchs ein dicker Eispilz aus dem Schnee. Am Horizont schimmerte wie eine Fata Morgana eine lange Bergkette rosa über den tiefhängenden Wolken. Der Kangchenjunga, der dritthöchste Berg der Welt, thronte in ihrer Mitte. Vor ein paar Wochen waren wir an ihm vorbeigeflogen. Auf dem Rückweg legte ich mich eine ganze Weile aufs Eis, sah den Wolken nach und dachte an jene Nacht im Mai 1997, in der wir ganz still aus dem Leben gestiegen waren – auf dem Weg zum Gipfel des Huascarán. Auf der gleichen Höhe wie am Rapü La war ich mit meinen damaligen Teamgefährten im Dunkeln durch ein weites Schneetal gewandert. Schweigend umringten uns die bleichen Eisriesen. Wir kamen uns vor wie in den Kulissen eines gigantischen Amphitheaters. Ich hatte schon längst jedes Gefühl für Raum und Zeit verloren. Meine Stirnlampe war kurz zuvor erloschen, und nun folgte ich nur noch im Mondlicht den Schritten der anderen. Ich fühlte mich damals wie ein winziger Stern, der weit, weit fort am endlosen Firmament leuchtete.

Keuchend stieg ich die Moräne hinauf, zurück zu den Zelten. Tekbadur, der Sherpakoch der Schweizer, winkte mir zu.

»Magst du Tee?«, fragte er.

Ich kannte ihn, weil er oft abends bei uns in der Sherpaküche saß.

»Was hast du denn dabei?«, fragte er mich neugierig.

Ich lachte, lehnte mein Fundstück ans Zelt und schlüpfte hinein. Lauter fremde Gesichter starrten mich an. Ich nahm die Gletscherbrille und meine Mütze ab und schüttelte meinen Kopf.

»Hi, ich bin Helga.«

»Ah, die Deutsche aus Russells Gruppe. Tekbadur hat uns schon von dir erzählt«, sagte einer aus der Runde. »Setz dich zu uns.«

Er stellte mir die anderen vor. Er selbst hieß Philippe und war der Teamarzt der Gruppe.
»Eigentlich ist er Tierarzt, aber das macht nichts«, warf Norbert ein und rückte näher zu den anderen, um mir Platz neben sich zu machen. »Und was machst du hier?«, fragte er mich.
Ich merkte sofort, dass er mir nicht zutraute, dass ich zum Bergsteigen da war.
»Ich war am Rapü La und habe im Gletscher ein Boot gefunden, wahrscheinlich ein Stück von der Arche Noah.«
Die Männer hatten alle schon wilde Bärte und sahen mitgenommen aus. Sie waren vor ein paar Tagen erst vom Basislager aufgestiegen, und einige kämpften noch mit Kopfschmerzen. Zwei Frauen waren auch dabei, die mir missbilligende Blicke zuwarfen. Nach und nach stellte sich heraus, dass es sich um eine Gruppe von Schweizern und Franzosen handelte, die offenbar alle hartgesottene Himalaja-Veteranen waren. Einige hatten schon zwei- oder dreimal versucht, den Gipfel des Everest zu erreichen, und Norbert hatte schon zehn der vierzehn Achttausender bestiegen. Ich ließ sie in dem Glauben, dass ich nur zum Trekking da war.
»Und wer ist euer Boss?«, fragte ich in die Runde.
»Eigentlich keiner, aber Stephane hat alles organisiert«, antwortete Philippe.
»Stephane? Doch nicht Stephane Schaffter?«, fragte ich ungläubig.
»Du kennst ihn?«
Norbert sah mich von der Seite an.
»Nicht besonders gut, ich hab ihn mal in einer Bar getroffen«, sagte ich so beiläufig wie möglich und merkte, wie sich mein Gesicht verfärbte.
Das Monster Stephane! Mit ihm war ich zwei Jahre zuvor in Peru gewesen. Er hatte mich auf meiner ersten Gletschertour in den Anden schwer rangenommen. Ich war damals sicherlich noch nicht auf der Höhe meiner Eiskletterkünste gewesen, war aber schließlich doch mit unserem Koch zum Gipfel gestiegen, weil Stephane krank im letzten Camp zurückgeblieben war.

Meiner Erinnerung nach wollte Stephane doch eigentlich auf die Südseite des Everest; das hatte er mir zumindest im vorherigen Herbst gesagt, als ich ihm an der Ama Dablam wieder begegnete. Ja, jetzt erinnerte ich mich wieder: Er wollte sich mit einer Gruppe von ernsthaften Bergsteigern zusammentun – ganz im Gegensatz zu mir, was er allerdings der Höflichkeit halber nicht sagte, und eine Everest-Expedition organisieren. Mich hatte er nicht gefragt, denn es war ganz klar, dass ich nicht in dieser Liga mitspielte.
»In einer Bar hast du ihn kennen gelernt? Das hat er mir gar nicht erzählt«, erwiderte Norbert geheimnisvoll.
Da plötzlich vernahm ich Russells Stimme unter meiner Daunenjacke.
»Helga, wo steckst du? Over.«
Ich grub nach dem Funkgerät, das ich schon längst vergessen hatte. Norbert nahm es mir aus der Hand und drückte auf den Knopf.
»Sie ist hier bei uns zum Kaffeekränzchen. Wer spricht?«
Ich riss ihm das Funkgerät aus der Hand und lief hochrot an. Ich hatte ganz vergessen, mich zurückzumelden, und merkte jetzt erst, dass die Sonne schon untergegangen war.
»Tut mir leid, Russell, ich bin hier bei den Schweizern, aber ich komme gleich.«
Er war wütend, weil er sich schon Sorgen gemacht hatte. Geoff war ohne mich ins Camp zurückgekehrt.
»Ah, der Boss ruft. Muss seine Schäfchen einsammeln, was?«, sagte Norbert. »Bleib doch noch ein bisschen und erzähl uns von Stephane und dir.«
»Nein, ich kann nicht«, rief ich in die Runde und war fort.
Draußen war es schon dunkel, und ich klemmte meinen Fund unter den Arm und kehrte zu unserem Lager zurück. Russell und Geoff saßen beim Kartenspiel, und Ken grinste mich an.
»Was hast du denn bei den Schweizern gemacht?«, fragte er. »Und was hast du da mitgebracht?«
»Ein Boot, ich hab es im Gletscher gefunden.«
»Das ist kein Boot«, warf Russell kopfschüttelnd ein und blickte von

seinen Karten auf. »Das ist ein Rettungsschlitten, zumindest eine Hälfte davon.«
Ich nahm mein Fundstück und ging in mein Zelt, um mich zum Dinner umzuziehen. Stephane wird ziemlich überrascht sein, mich hier anzutreffen, dachte ich. Die anderen saßen schon beim ersten Gang, den ich so gerne ausließ, weil ich Suppe nicht mochte. Am nächsten Morgen wollten wir zum Nordsattel gehen, um unser ABC einmal von oben zu betrachten.

## *Aufbruch zum Nordsattel, 7000 Meter* 23. April

Ich hatte eine furchtbare Nacht, verfolgt von den Geistern, die noch am Berg herumzuirren schienen; eigentlich kein Wunder nach unserer gestrigen Unterhaltung beim Abendessen. Es war wieder einmal um die Toten gegangen – wie, wo, wann und warum sie auf dem Everest ihr Leben gelassen hatten. Russell, Ken und Geoff liebten dieses Thema. Im Vorjahr seien vier Bergsteiger umgekommen, berichtete Russel und holte weiter aus. Eine Frau sitze immer noch oben an der ersten Stufe, wo sie beim Abstieg gestürzt sei. Ein anderes Team, das am selben Tag vom Gipfel zurückgekehrt sei, hätte nichts darüber verlauten lassen. Erst Tage später, als sie im ABC danach gefragt wurden, hätten sie berichtet, dort oben eine Frau gesehen zu haben. Ihr Mann sei am selben Tag noch vom letzten Camp zu ihr aufgestiegen, aber ebenfalls nie zurückgekommen. Man habe später seine Thermoskanne neben der Frau gefunden, aber von ihm selbst keine Spur. Als einen Tag später eine Bergsteigergruppe sie gefunden habe, hätte sie angeblich noch gesprochen, aber nicht mehr gerettet werden können. Russell sagte, dass sie sehr hübsch gewesen sei. Auf der Südseite gab es angeblich ebenfalls eine Frauenleiche – mit langen weißen Haaren. Mir war schlecht, und ich versuchte mir die Ohren zuzuhalten. Russell sah mich besorgt an und meinte nur, das sei nun mal die brutale Realität am Everest. Ich wollte nichts mehr davon hören, doch Russell fuhr fort:

»Jeden Morgen, wenn du hier draußen in der Sonne sitzt und anderen Bergsteigern zuschaust, wie sie mit ihren Rucksäcken und Eisäxten durchs Camp klettern, muss dir klar sein: Einige von ihnen werden diesmal nicht zurückkommen. Ich kann dir jetzt schon ein paar Kandidaten nennen.«

Ken nickte beifällig.

»Wenn Russell sie nicht vorher rettet«, fügte er hinzu. »Es ist traurig, aber leider wahr.«

Das war mir nun wirklich zuviel, und ich verließ das Zelt.

Um neun Uhr morgens schulterte ich meinen Rucksack, und gemeinsam verließen wir das Camp. Ich tat mich schwer und war froh, als wir am Crampon-point eine lange Pause machten. Der Wind pfiff in voller Stärke über das bleiche Gletscherfeld; obwohl es kaum anstieg, verlangte jeder Schritt eine enorme Willenskraft. Ich stemmte mich keuchend gegen den Sturm. Kozuka ging es auch nicht besser. Langsam kämpften wir uns voran.

Nach etwa einer Stunde – oder auch einer Ewigkeit – standen wir endlich am Fuß der Gletscherwand. Mächtig türmte sich der Gletscher steil in den blauen Himmel. Im Jahre 1922, bei George Mallorys erstem Vorstoß zum Nordsattel, waren an dieser Stelle sechs Sherpas in einer Lawine ums Leben gekommen. Obwohl seitdem niemand mehr an dieser Wand zu Tode gekommen war, wurde sie von den meisten Bergsteigern mit großer Ehrfurcht betrachtet. Jederzeit konnte einer der Eistürme herunterstürzen. Ein rotes Seil war im Eis festgemacht, und ich klinkte meine Karabiner ein. Dann schob ich meinen Jumar mit der rechten Hand so weit wie möglich nach oben und stach mit den Steigeisen in den gefrorenen Schnee. Vor mir waren zahlreiche Fußstapfen, die abwechselnd links und rechts vom Seil kleine Stufen ins Eis geformt hatten. Ich folgte ihnen. Die ersten Schritte waren beschwerlich. Alle zwölf Schritte machte ich eine Pause. Eine Leiter in den Himmel, dachte ich und spürte, wie mir allmählich Flügel wuchsen. Schon bald spürte ich die Anstrengung nicht mehr und verfiel in einen gleichmäßigen Rhythmus – zwölf Schritte, kurze Pause, zwölf Schritte, kurze Pause, zwölf

Schritte, kurze Pause. Meine Beine, die sich in der Frühe noch störrisch jeder Bewegung widersetzt hatten, glitten jetzt wie auf Kufen dahin. Die erste Gletscherwand zog sich in einer Vierzig-Grad-Neigung langsam hinauf, und das Rasten war herrlich, weil sich die Stahlzähne meines Jumars mit aller Kraft ins Seil schlugen und ich mich einfach mit dem vollen Körpergewicht nach hinten fallen lassen konnte und dann im rechten Winkel zum Eis zum Stehen kam. Die Sonne brannte erbarmungslos herunter und drohte die Eistürme über uns zu schmelzen. Glasig ragten sie in den blauen Himmel und schwitzten kleine Wasserperlen aus, die der eisige Wind jedoch im selben Moment wieder gefror. Die amerikanische Expedition hatte in dieser Saison den Weg durch das Eischaos bestimmt und Fixseile angebracht. Jetzt brauchten wir nur noch ihren Fußstapfen zu folgen.

Auf halbem Weg gab es eine kleine Raststelle. Vor mir ragte eine gewaltige Eiswand kerzengerade in die Höhe und formte eine große Gletscherspalte, die man überwinden musste, um an der Wand hinaufzuklettern. Ken hatte sie gerade in Angriff genommen, und Russell bot einem Bergsteiger aus der georgischen Gruppe an, vor mir hinaufzusteigen. Aber das konnte ich nicht zulassen. Noch bevor sie begriffen, was geschah, hatte ich meinen Jumar schon ins Seil geklippt und stand mit dem ersten Fuß in der Wand. Ich spürte ihre erstaunten Blicke im Rücken und stieg, ein breites Grinsen im Gesicht, elegant davon.

Im vorherigen Herbst hatte ich an der Ama Dablam gelernt, wie man sich im steilen Eis bewegt. Die Eisaxt in der Linken, den Jumar in der Rechten – mit voller Kraft stachen meine Steigeisen ins harte Eis. Die Funken flogen, und kleine Eiskörner fielen hinter mir in die Tiefe. Vier Schritte, kurze Rast und dann wieder eins, zwei, eins, zwei hinauf. Die kalte Luft brannte mir in der Kehle, und mein Brustkorb spannte, aber ich stieg tapfer weiter. Noch zwanzig Meter, noch zehn. Ich lehnte mich keuchend ins Seil zurück. Aus dem Augenwinkel sah ich, wie Russell hinter mir hochkletterte. Ich atmete noch dreimal und machte vier Schritte. Von oben ließ sich jemand an

einem zweiten Seil, das wie eine Schlange neben mir in die Tiefe züngelte, herunter und hielt neben mir an.
»Hi«, rief der Unbekannte mir zu.
»Hi«, gab ich gelangweilt zurück.
Er ließ nicht locker.
»Wo kommst du denn her?«, fragte er mich neugierig.
»Aus dem Himmel.«
Er schaute mich an und überlegte kurz. Ich dachte schon, ich wäre ihn los, aber ich hatte kein Glück.
»Und wie heißt du?«, fragte er weiter.
»Engel«, antwortete ich und sah ihn feixend an.
»Ah«, rief er freudestrahlend aus. »Ein Engel aus dem Himmel, natürlich. Ich verstehe. Ich bin Ivan aus Ecuador. Schön, dich zu treffen, mein Engel.«
Dann erst fiel mir ein, dass Russell bestimmt schon hinter mir stand. Ich drehte mich um und stellte die beiden einander vor.
»Russell, Ivan. Ivan, Russell. Ich muss leider weiter. Es ist gleich Mittagspause.«
Noch vier Meter. Ken saß schon oben und hatte seinen Sandwich ausgepackt. Er reichte mir eine Tasse Tee, und ich setzte mich zu ihm.
»Denen hab ich es aber gezeigt«, strahlte ich ihn voller Stolz an.
Russell kam als Nächster, mit Kozuka im Schlepptau.
»Gute Arbeit«, sagte er zu mir und klippte seinen Karabiner in das Abstiegsseil. »Ich seh mal besser nach, wo Herr Kobayashi und Geoff bleiben. Ihr könnt schon weitersteigen, folgt einfach den Seilen«, rief er, bevor er wieder in der Tiefe verschwand.
Die schmale Spur wand sich um zahlreiche Eistürme; manchmal endete sie abrupt vor einer tiefen Gletscherspalte, über die wir steigen mussten, und führte dann wieder steil hinauf. Je höher wir stiegen, desto mehr schrumpften die steilen Felswände und die leuchtenden Schneehügel, die unser vorgeschobenes Basislager umgaben. Türkis schimmerte die riesige Welle aus Eis, die einen idealen Schutzwall für das Camp 1 bot. Bunte Zelte wuchsen dort vor einer großen

Gletscherspalte wie Enzian aus dem bleichen Schneeplateau. Die hohe Eiswand war von breiten Streifen durchzogen; jedes Jahr kam ein weiterer hinzu – wie die Jahresringe eines alten Baumstamms. Weiße Wolken trieben über den Grat, und ich spürte die kühle Luft sanft auf meinen glühenden Wangen. Fünf Stunden hatten wir gebraucht, doppelt so lang wie unsere Sherpas mit ihren zentnerschweren Rucksäcken. Ich rollte meinen Schlafsack aus und machte es mir im Zelt gemütlich. Geoff und Kozuka kamen als Nächste, und eine Stunde später tauchte Russell auf, der Herrn Kobayashi ans Kurzseil genommen hatte. Herr Kobayashi war völlig erschöpft, aber überglücklich. Noch nie in seinem Leben war er so hoch gestiegen.

»Darauf trinken wir einen – hier«, sagte ich und reichte ihm als Geste der Freude eine Tasse Tee.

Russell wollte eine Weile mit ihm dort bleiben, damit er sich ein wenig erholen konnte. Uns aber schickte er wieder nach unten, damit wir vor Einbruch der Dunkelheit im Camp zurück sein würden.

Hinunterzuklettern machte entschieden mehr Spaß. Geoff machte aus dem Abseilen eine Wissenschaft, weil er Angst hatte; ich hingegen schwang mich leichten Mutes an ihm vorbei und überließ ihn seiner Doktorarbeit. Ich war das Abseilen vom Klettern in New York gewöhnt, und Höhenangst war mir gänzlich fremd. Ganz im Gegenteil, ich fand es eher berauschend, so hoch über dem Abgrund am Seil zu schwingen. Dennoch kann ich nachempfinden, wenn jemand beim Anblick von Eiswänden, die hunderte von Metern in die Tiefe stürzen, ein mulmiges Gefühl bekommt. Ich hatte diese Angst vor dem Wasser. Keine Macht der Welt könnte mich auf ein Surfbrett treiben.

Weiter unten setzte jedoch ein Alptraum ein. Meine Beine waren entsetzlich müde, und der Wind auf dem flachen Gletscherfeld blies mich fast um. Ich konnte nicht mehr. Jeder Schritt war eine Qual. Auf dem steinigen Geröllfeld wurde es auch nicht besser. Zu oft führte der kleine Pfad nach oben, um dann auf der anderen Seite wieder in kleine Täler abzufallen. Eine dünne Eisschicht überzog die

großen Felsbrocken, und ich rutschte in meinen groben Plastikstiefeln ungemütlich hin und her und fiel auch mitunter hin. Ich versuchte mich leise am Camp der Schweizer vorbeizuschleichen, aber just in dem Moment streckte Stephane seinen Kopf aus dem Zelt.
»Helga, meine Freundin aus der Bar«, rief er und drückte mir fast die Luft ab. »Was machst du denn für Sachen?«, fragte er, als er mich wieder auf den Boden gestellt hatte.
Er sei an diesem Tag in siebeneinhalb Stunden vom Basislager hochgestiegen, berichtete er stolz.
»So etwas wie euer Zwischenlager, das gibt es bei uns nicht. Aber du bist doch nicht zum Trekking hier, das kannst du mir nicht erzählen«, sagte er und klopfte mir auf die Schulter. »Komm doch rein zu uns ins Zelt. Ich hab den anderen gerade erzählt, wie du damals in Peru in die Gletscherspalte gefallen bist. Die haben sich totgelacht.«
»Vielen Dank, du Monster«, antwortete ich.
Ich hätte ihm am liebsten eine Ohrfeige verpasst, aber dazu war ich viel zu erschöpft. Ich vertröstete ihn auf morgen und schlich zu unserem Camp zurück. Inzwischen fiel leichter Schnee, und mein durchgeschwitztes Unterhemd fing an zu frieren. Ich klopfte den Schnee von meinem Zelt und ließ mich in die weichen Daunen fallen. Als Lacchu Stunden später zum Abendessen rief, zog ich mir mit letzter Kraft mein Dinner-Outfit an.

# 5

*Vor vielen, vielen Jahren lebte in einem kleinen Dorf namens Tarnga, im Land der Sherpas, ein Bergbauernclan am Fuße eines großen Berges. Die Bauern arbeiteten tagsüber auf ihren kleinen Feldern. Die Yetis beobachteten die Sherpas von ihren Höhlen im Berg aus und stahlen sich nachts in das Dorf, um das Treiben der Menschen auf den Feldern nachzuahmen. Aber sie waren ungeschickt und tollpatschig und verwüsteten oft die Felder. Wenn die Sherpas tagsüber Kartoffeln pflanzten, dann gruben die Yetis sie nachts wieder aus. Bald wussten sich die Bauern nicht mehr zu helfen. Sie versammelten sich beim Dorfältesten und überlegten, wie sie die Yetis loswerden könnten. Es war eine schwierige Aufgabe, aber schließlich fassten sie einen kühnen Plan.*

*Am nächsten Tag trafen sich alle Sherpas auf einem großen Feld am Rande des Dorfes. Sie schleppten große Krüge mit Reisbier heran und brachten ihre Schwerter mit. Das Fest konnte beginnen. Nachdem sie alle Krüge leer getrunken hatten, taumelten sie wie trunken über das Feld und begannen sich zu streiten. Mit den Schwertern schlugen sie aufeinander ein, bis auch der Letze erschöpft auf dem Feld zusammenbrach. In der Abenddämmerung schlichen sie sich alle in ihre Häuser zurück. Sie füllten die Krüge, in denen vorher nur Wasser gewesen war, jetzt mit dem stärksten Reisbier, das sie hatten, und schärften die Klingen ihrer stumpfen Schwerter. Dann legten sie alles fein säuberlich wieder auf das Feld und warteten in ihren Häusern auf die Nacht.*

*Die Yetis, die das wilde Treiben tagsüber beobachtet hatten, kamen nachts wie üblich wieder, um es den Menschen gleichzutun. Nur eine Yetifrau konnte nicht mitkommen, weil sie hochschwanger war. Die anderen Yetis jedoch waren schnell betrunken und begannen unter lautem Geschrei, sich mit den Schwertern zu schlagen. Einer schnitt dem anderen die Kehle durch, bis schließlich auch der letzte Yeti starb. Von diesem Tag an hatten die Sherpas ihre Ruhe vor den Yetis. Die einzige Yetifrau, die nicht an dem Treiben teilgenommen hatte, gebar jedoch einen Sohn, und manchmal trifft man auch heute noch einen Yeti im Himalaja.*

SHERPA-LEGENDE VOM YETI

Wir waren schon fast einen Monat in Tibet, doch es würde noch ein weiterer Monat vergehen, bevor wir den Gipfel in Angriff nehmen würden. Es hatte die ganze Nacht geschneit, und unser Camp glich einem Wintermärchen, als ich in der Früh aus dem Zelt kroch. Die Sonne stand schon wieder am blauen Himmel und versuchte das Eis zum Schmelzen zu bringen. Ich setzte mich zu Lacchu in die Küche. Er jammerte, dass Sumiyo ihn quäle und den ganzen Tag in seinem Revier herumschnüffle, weil sie nichts zu tun hätte.

»Die Sherpas sind auch schon ganz genervt«, sagte er. »Sie bildet sich ein, jedem sagen zu müssen, was er zu tun und zu lassen habe, nur weil sie letztes Jahr schon auf dem Gipfel war.«

Auch mir ging Sumiyos arrogante Art auf die Nerven, aber ich versuchte sie zu ignorieren.

»Du hättest sehen sollen, wie sie sich damals angestellt hat. Russell hat sie am Kurzseil zum Gipfel geschleift und Karsang hat von hinten geschoben«, fügte er boshaft hinzu.

»Ich glaube, wir brauchen jetzt erst einmal einen richtigen Kaiserschmarrn. Haben wir noch Rosinen?«, fragte ich ihn.

Lacchu zündete ein Räucherkerze an und trug sie durch die ganze Küche.

»Der böse Geist – wir jagen ihn fort.«

»Sie wird ohnehin bald abreisen«, beruhigte ich ihn und rührte den Teig.

Draußen tobten inzwischen ganz andere Geister. Wir waren gerade bei unserer zweiten Portion Kaiserschmarrn, als Lobsang hereinstürmte und anfing, auf Lacchu einzureden. Dieser verdrehte die Augen und sagte zu mir:

»Die Schweizer machen wieder Ärger.«
Ich nahm meinen Teller und ging hinüber ins Gemeinschaftszelt. Geoff war gerade von den Amerikanern zurückgekommen und wie üblich durch das Camp der Schweizer gegangen, weil deren Zelte mitten im Weg standen, als Stephane wutschnaubend aus dem Zelt gestürmt war und ihn angeschrien hatte; wenn er noch einmal durch ihr Camp ginge, würde er ihn mit der Eisaxt erschlagen. Dabei schwang er das besagte Werkzeug drohend durch die Luft. Bereits am Tag zuvor habe er auf dieselbe Weise einem Georgier gedroht, wussten die Sherpas zu berichten. Ich musste lachen.
»Na, dann ist er ja wieder voll in seinem Element«, sagte ich zu den anderen. »Ihr hättet mal sehen sollen, wie er sich an der Ama Dablam aufgeführt hat.«
Russell kam herein und erkundigte sich noch einmal genau nach dem Vorfall.
»So geht es nicht. Ich werde gleich mal mit ihm reden«, sagte er und machte sich auf den Weg.
Die Sherpas begleiteten ihn.
Ich beobachtete mit Ken und Lacchu aus der Ferne das Geschehen, denn ich wollte mich auf keinen Fall in den Kampf der Giganten einmischen. Phurba kam zurück, schüttelte den Kopf und verschwand im Vorratszelt, um eine Minute später mit einem blauen Seil zu den Streithähnen zurückzukehren. Stephane ließ sich offensichtlich nicht beeindrucken und fuhr fort, alle wüst zu beschimpfen. Russell warf er vor, nur am dicken Geschäft mit dem Everest interessiert zu sein und völlig unzurechnungsfähige Klienten auf den Gipfel zu schleifen.
»Wenn noch einer dieser Idioten durch unser Camp latscht, dann kann er was erleben«, schrie er und fuchtelte wieder drohend mit seiner Eisaxt herum.
Russell war geschockt und entgegnete, dass es gefährlich sei, die Zelte mitten im Weg aufzubauen, weil man über die Zeltleinen stolpern und sich verletzen könne. Wie immer war er ruhig geblieben und hatte Stephane angeboten, zusammen mit den Sherpas ein Seil um ihr Camp zu spannen. Aber als er ins Gemeinschaftszelt zurück-

kam, schnaubte er vor Wut. So etwas hätte er noch nie erlebt. In unserem Zelt kam es zu hitzigen Debatten. Ich war entsetzt über Stephanes Verhalten und beschloss, mit ihm zu reden.

Lange saß ich mit ihm vor seinem Zelt.

»Stiftest du mal wieder Unruhe?«, fragte ich ihn. »Was ist eigentlich los mit dir?«

Er fummelte an seinen Steigeisen herum und sah mich an.

»Jetzt bin ich schon über zwanzig Jahre im Himalaja beim Bergsteigen, aber so einen Haufen von Amateuren hab ich noch nie erlebt. Der Everest ist doch kein Klettergarten«, schnaubte er wütend. »Schau sie dir nur alle an, diese Idioten. Jeder trampelt hier durch unser Camp. Ich hab die Schnauze voll. Die sollen gefälligst außen herumgehen.«

Ich machte noch einen letzten Vermittlungsversuch, aber mit ihm war an diesem Tag kein vernünftiges Wort mehr zu reden. Ich hatte den starken Verdacht, dass er mich auch zu den Idioten zählte. Ob ich mit ihnen Tee trinken würde, fragte er mich, aber ich lehnte dankend ab.

»Ein andermal, wenn du dich wieder beruhigt hast.«

Und ich ließ ihn mit seinen Steigeisen allein.

Zum Lunch hatten wir eine große Strategiediskussion. Ken wollte noch einmal eine Tagestour zum Camp 1 machen, bevor wir oben die Nacht verbringen sollten, Geoff aber wollte beim nächsten Mal schon dort schlafen. Mir war das eigentlich egal, ich würde mich nach der Mehrheit richten. Die Japaner waren noch zu erschöpft von unserem Aufstieg am Tag zuvor und wollten zunächst mehrere Tage ausruhen. Kozuka erklärte sich nach langen Diskussionen damit einverstanden, einmal ohne Sauerstoff auf dem Nordsattel zu übernachten, aber danach wollte er dies nur noch mit Sauerstoff tun.

»Ich habe zu Hause gelesen, dass man am besten auf den Gipfel kommt, wenn man ab 7000 Meter mit Sauerstoff geht.«

Russells Einwände ließ er nicht gelten, er hielt an seinem angelesenen Wissen fest. Jeder von uns hatte fünf Sauerstoffflaschen, die für einen Gipfelversuch reichen würden, wenn wir nach Russells Pro-

gramm ab Camp 3, also ab 7900 Meter, mit Sauerstoff schliefen und von da ab mit Sauerstoff kletterten.
Russell hatte dieses Programm in den vielen Jahren, die er schon Kunden auf den Everest führte, getestet, und seine Erfolge in den letzten Jahren hatten seine Methode bestätigt. Kozuka nickte geflissentlich, um dann erneut wieder auf seine Lektüre zu verweisen. Auch bestand er darauf, dass jemand seinen Daunenanzug hinauftragen sollte, weil er sich nicht überanstrengen wolle. Ich bot ihm an, dass ich ihn tragen würde, weil es mir am Tag zuvor keine besondere Mühe gemachte hatte, den extra Schlafsack im Rucksack mitzunehmen. Aber das war ihm dann doch zu peinlich, und er entgegnete, dass sein Essen ja schließlich auch jemand tragen müsse. Ken platzte fast der Kragen. Er rührte wütend in seinem Milchtee und schüttelte den Kopf. Russell blieb ganz ruhig. Die Sherpas seien natürlich dazu da, uns zu helfen, wenn es darum ging, die Hochlager einzurichten und Zelte und Kochausrüstung hinaufzuschaffen, aber unser privates Gepäck müssten wir schon selbst tragen.
»Du warst doch sehr gut gestern«, ermutigte ihn Russell. »Fünfeinhalb Stunden zum Nordsattel ist eine gute Zeit. Aber wenn du schon ab 7000 Meter Sauerstoff verwenden willst, solltest du dich besser jetzt schon an ein größeres Gewicht gewöhnen. Oder denkst du, dass ein Sherpa dir die Sauerstoffflasche hinterherträgt?«
Ich sah, wie Kozuka ins Grübeln geriet, was er meistens tat, wenn wir Scrabble spielten und er stumm danebensaß. Vielleicht war es keine schlechte Idee, mit Ken noch einmal eine Tagestour zum Nordsattel zu machen. Wir hatten noch so viel Zeit, und einer Nacht auf 7000 Metern sah ich nicht unbedingt mit großer Freude entgegen.

## *Zweite Tour zum Nordsattel* 24. April

Die Sherpas hatten ihre nächste Tour zu den höheren Camps verschoben, weil der Wind zu stark war und der buddhistische Kalender auch für die nächsten Tage schlechtes Wetter prophezeite. Draußen war es plötzlich kalt geworden, und so wusch ich meine Haare im Kochzelt. Die meisten Bergsteiger waren schon lange wieder zur Erholung ins Basislager abgestiegen. Wir waren seit zehn Tagen im ABC und sollten laut Russells Akklimatisierungsplan noch eine Weile bleiben. Am nächsten Morgen machten Ken, Geoff und ich uns noch einmal auf den Weg zum Nordsattel. Ich hatte schon eine Tüte mit Essen gepackt; damit wollte ich für die Nacht vorsorgen, die wir in ein paar Tagen dort verbringen würden. Lange hatten wir beim Frühstück besprochen, was die beste Nahrung für da oben sei, und ich hatte mich für eine Dose Mais, Knäckebrot und Schokolade entschieden. Auf Kens Anraten packte ich auch eine Tüte Tomatensuppe mit ein, obwohl ich Suppe nicht mochte. Aber je mehr Flüssigkeit man dort zu sich nahm, desto weniger Kopfschmerzen hatte man. Meine Daunenhosen waren auch im Rucksack, die wollte ich ebenfalls schon oben lassen. Übereifrig nahm ich auch noch einmal einen Schlafsack mit.

Um acht Uhr morgens verließen wir unser Camp, und ich stieg einfach über das blaue Seil und durch das Camp der Schweizer. Stephane würde es nicht wagen, mich mit der Eisaxt zu bedrohen. Es war vollkommen ruhig dort, wahrscheinlich schliefen sie noch alle. Der Weg über die Moräne war anstrengend, und erst am Fuß der Gletscherwand ließ der Wind etwas nach. Ich hatte erwartet, dass der zweite Aufstieg leichter sein würde, aber das war nicht der Fall. Mein Rucksack zog schwer an meinen Schultern, und Schweißperlen rannen mir von der Stirn. Verführerisch glänzten die Eistürme in der Morgensonne, und der Aufstieg begann. In der steilen Eiswand begegnete ich zwei Italienern, die gerade am Seil neben mir abstiegen. Ich beantwortete artig ihre neugierigen Fragen – woher, wohin – und duckte mich seitlich unter einen kleinen Überhang, weil Ken seine Eisaxt mit so viel Schwung in die Wand schlug, dass ständig große Eisstücke auf mich niederregneten. Ich war von seiner grobschlächtigen Technik nicht ganz überzeugt und überlegte mir schon, dass ich auf dem Weg zum Gipfel nicht unbedingt hinter ihm die berüchtigten Stufen erklimmen wollte.

Am letzten Stück vor dem Nordsattel ging mir die Puste aus. Ich kämpfte mit jedem Schritt und hustete keuchend in die Wolkenfetzen, die mir von oben entgegentrieben. Da tauchte ein freundliches Gesicht vor mir auf: Ivan.

»Mein Engel aus dem Himmel«, rief er freudig strahlend und nahm mich in die Arme. »Du hast es schon fast geschafft«, sagte er, als er meinen erschöpften Zustand bemerkte. »Hier hast du ein Hustenbonbon, dann kratzt die trockene Luft nicht so im Hals.«

Er wickelte es sogar für mich aus dem Papier. Ivan stellte mir Heber vor, ein Argentinier, der seiner Gruppe angehörte. Die beiden waren gerade das zweite Mal im Camp 1 gewesen, um Gepäck dorthin zu schaffen, und befanden sich jetzt auf dem Rückweg. Mit ein paar aufmunternden Worten überließen sie mich meinem Kampf. Und diesmal war es ein Kampf.

Oben angekommen kroch ich auf allen vieren ins Zelt. Meine Füße ließ ich draußen in der Sonne, weil ich nicht mehr die Kraft hatte, die Steigeisen auszuziehen.

»Wie geht es dir? Brauchst du etwas zu trinken?«, rief mir Ken von seinem Zelt aus zu.

»Nein, nein, mir ist schlecht, alles dreht sich«, erwiderte ich mit schwacher Stimme.

»Ob ich wohl heute Nacht hier bleiben kann?«, fragte ich ihn. »Ich kann nicht mehr.«

Mein Rucksack war zu schwer und hatte mich aller Kraft beraubt. Geoff kam keuchend an, und Ken fragte ihn, ob er diese Nacht mit mir oben bleiben würde. Aber Geoff war für eine Übernachtung am Nordsattel nicht ausgerüstet. Ich hörte aus der Ferne, wie Ken mit Russell sprach.

»Nein, das geht auf gar keinen Fall, dass sie alleine oben am Nordsattel bleibt. Wenn du nicht bei ihr bleiben willst, dann muss sie mit euch runterkommen«, klang Russells Stimme aus dem Funkgerät.

Ken wollte nicht bleiben und verabreichte mir zwei blaue Pillen, nachdem er meinen Puls gemessen hatte.

»Bleib noch ein wenig liegen, bis sie wirken. Ich warte auf dich, dann gehen wir gemeinsam zurück«, sagte er und setzte sich zu mir.
Mir war schwarz vor den Augen, und der Gedanke an den langen Weg nach unten erschreckte mich.
»Kannst du nicht mit mir hier bleiben?«, fragte ich ihn noch einmal.
Er schüttelte den Kopf.
»Die Pillen werden gleich wirken, es ist nur dein Kreislauf. Du bist zu schnell gegangen.«
Langsam legte sich das mulmige Gefühl in meinem Magen, und auch der Schwindel in meinem Kopf hörte auf. Dann begann der Abstieg. Mit voller Konzentration fädelte ich mich durch die Seile wie ein Profi, weil ich schon ahnte, dass Russell uns mit dem Fernglas beobachten würde. Erst unten auf dem Gletscherfeld ließ ich mich erschöpft in den Schnee fallen. Am Crampon-point erwartete mich Russell mit heißem Tee und aufmunternden Worten.
»Gute Arbeit, geht es dir besser?«
»Ja, aber kann ich trotzdem hier übernachten?«, fragte ich verzweifelt, weil ich den langen Weg über die Moräne hasste.
Er schüttelte den Kopf und nahm mir meinen Rucksack ab.
»Lacchu hat was Feines gekocht für euch, das wirst du dir doch nicht entgehen lassen«, sagte er und lachte mich an.
»Also gut, wenn du einen Tisch bei Lacchu reserviert hast, dann muss ich wohl mitkommen. Vielleicht gibt's ja einen Schweinebraten und Semmelknödel«, erwiderte ich, »wahrscheinlich sogar mit Kruste.«
Die Sonne war schon lange untergegangen, und mir war kalt.

## *Rast im ABC* — 25. April

Russell und die Sherpas waren um sechs Uhr in der Früh aufgebrochen, um Seile und mehr Zelte ins Camp 1 zu bringen. Als ich mir um neun Uhr gerade einen Pfannkuchen mit Nutella und gefrorenen Bananen machte, stürmten sie ins Kochzelt. Ich war immer wieder überrascht, in welchem Tempo sie das schafften, und vor allem, wie fröhlich sie dabei noch blieben. Nicht umsonst nannte man sie auch die »Tiger des Himalaja«. Mallory hatte sie so getauft. Schon bei seiner ersten Expedition zum Everest war er überwältigt von der Stärke und Belastbarkeit seiner Sherpas gewesen.

»Frühstück fertig?«, fragte Phurba und schaute in meine Pfanne. »Kann ich auch so einen haben?«

»Aber klar«, antwortete ich und servierte ihm mein Kunstwerk.

Mit Haarewaschen und einem kurzen Scrabblespiel ging der Morgen schnell vorüber, und ich zog mich in mein Zelt zurück, um zu schlafen. Mir tat von der Tour am Tag zuvor noch alles weh, und eine schwarze Wolke schwebte wieder über mir. Russell klopfte ans Zelt, um sich nach meinem Befinden zu erkundigen. Ich hatte das Mittagessen ausgelassen, und Lacchu war besorgt.

»Nein, es liegt nicht an seinem Essen, wirklich nicht«, betonte ich mit Nachdruck. »Mir geht's nur heute nicht so gut.«

»Wir gehen morgen wieder hinauf zum Camp 1, und ich will, dass wir alle dort die Nacht verbringen«, sagte Russell. »Du musst lernen, deine Kräfte besser einzuteilen. Ich krieg auch manchmal Schwindelanfälle, das ist nicht so wild. Du musst bewusster atmen und öfter kleine Pausen machen. Mit dem Schwindel signalisiert dir dein Körper, dass du ihm zu wenig Zeit lässt, sich zwischendurch zu erholen.«

Ergeben nickte ich seine Ausführungen ab. Er hatte ja Recht.

»Ich will, dass du morgen mit Kozuka gehst und dich an seinem gemäßigten Tempo orientierst. Ihr könnt euch morgen auch wirklich Zeit lassen, weil wir uns ja den Rückweg sparen können. Komm jetzt was essen, wir machen die Bar heute einfach schon früher auf. Geoff ist gerade dabei, Australien zu verlieren, und braucht dringend deine Hilfe.«

Sie waren also schon wieder beim Kartenspiel. Wie er es nur immer wieder schaffte, mir Mut zu machen.

Bei Wein und Keksen mit Salami und Käse besprachen wir den nächsten Tag. Die Schweizer waren zum Basislager zurückgekehrt,

und es herrschte wieder Ruhe im Camp. Russell erklärte uns seine Akklimatisierungsstrategie für die nächsten Wochen.
»Wir werden morgen im Camp 1 schlafen und dann ein Stück Richtung Camp 2 aufsteigen. Danach ruhen wir uns ein paar Tage hier aus. Bevor wir wieder ganz hinunter zum Basislager gehen, möchte ich, dass jeder von euch einmal im Camp 2 schläft und dann zum Camp 3 aufsteigt, auf 7900 Meter. Die Sherpas werden dort oben in den nächsten Tagen ein Camp einrichten. Ich finde es ganz wichtig, dass wir alle einmal dort hinaufgehen, damit wir für den Gipfelsturm vorbereitet sind. Es ist für jeden von euch ein Test, damit ich sehen kann, wie ihr mit der Höhe zurechtkommt.«
Es brachen hitzige Debatten aus. Geoff war nicht überzeugt, dass dieser Test wirklich notwendig war.
»Es ist doch wahnsinnig, auf 7900 Meter hochzusteigen und dann wieder zum Basislager zurückzugehen. Können wir nicht gleich weiter zum Gipfel aufsteigen?«, fragte er unmutig.
Russell wandte sich an Ken, der seinem Plan sofort zugestimmt hatte.
»Ken war vor Jahren schon mal auf 8300 Metern, und er kann euch bestätigen, dass die Auswirkungen der extremen Höhe ganz beträchtlich sind. Ich will nicht, dass ihr erst auf dem Weg zum Gipfel mit ihnen Bekanntschaft macht. Du darfst nicht vergessen, dass unser letztes Camp auf 8300 Meter liegt, weit höher als das letzte Camp auf der Südseite des Everest. Ich glaube, es ist für euch alle gut, wenn ihr wenigstens den Weg bis ins Camp 3 schon mal kennen lernt. Dann könnt ihr euch auch körperlich langsam an die Höhe gewöhnen.«
Ich nickte begeistert. In einigen Tagen schon würden wir höher steigen, als ich jemals zuvor gewesen war, und ich freute mich darauf, auf die Welt hinunterzuschauen. Die Japaner wollten den Test nur mit Sauerstoff machen. Die Diskussion war noch lange nicht zu Ende.

Der Aufstieg an diesem Tag gestaltete sich für mich zu einer wahren Strapaze. Doch ich machte viele Pausen und trank den ganzen süßen Tee, den ich mir in der Früh gebraut hatte. Die Sonne stand noch hoch über dem Nordsattel, als ich meinen Rucksack ins Zelt warf. Ich holte die Schaufel und einen Plastiksack aus dem Vorratszelt und stieg seitlich an der Gletscherspalte vorbei zum Sattel hinauf, wo noch gänzlich unberührter Schnee lag. Von dort aus konnte man die ganze Nordwand und den Westgrat des Everest sehen. Der Pumo Ri, 7165 Meter hoch, erhob sich elegant aus einem Bett von wilden Gletscherflüssen; sein Gipfel wirkte wie mit Eiscreme übergossen. Wir befanden uns nun annähernd auf derselben Höhe. Hinter der Westflanke kämpften sich ebenfalls Bergsteiger von der Südseite aus zum Gipfel des Everest vor. Darunter befanden sich auch einige Freunde von mir, und schon so manches Mal hatte Russell mit ihnen über Funk gesprochen und Grüße ausgerichtet.

Ich packte Schneestücke in den Plastiksack und blieb erschöpft sitzen. Ich hätte mich erst ein wenig ausruhen sollen. In meinem Kopf drehte sich alles, aber der frische Wind tat mir gut. Ich schleppte mich mit dem Sack zum Zelt zurück, warf den Kocher an und begann Schnee zu schmelzen.

Es war gemütlich im Zelt, ganz warm, weil die Sonne noch so hoch stand. Ken trudelte als Nächster ein und zog ins Zelt nebenan. Als Kozuka kam, kochte mein Wasser schon, und ich bot ihm eine Tasse Tee an. Er fragte mich, ob er zu mir ins Zelt ziehen könne. Ken schnitt eine Grimasse.

»Ich glaube, du hast einen neuen Freund gefunden«, meinte er.

Die Sherpas hatten ein Paket mit der Aufschrift »Kozuka, Camp 1/ Essen« für ihn heraufgetragen, und er packte allerlei japanische Reissuppen, Rinderfilet aus der Dose, Tees und grüne Algenkekse aus, an denen er immer wieder knabberte. Ich machte meinen Mais warm, konnte aber nicht viel davon essen. Kozuka zeigte mir die Powergels der Firma, die ihn sponserte, und bat mich, ein Foto von ihm zu machen. Er grinste in die Kamera und hielt das Powergel in die Linse. Russell brachte Herrn Kobayashi am Seil nach oben und quartierte ihn bei Geoff ein. Er selbst zog zu Ken ins Zelt. Kozuka und ich füllten unsere Wasserflaschen mit heißem Tee für die Nacht, und meine Füße wurden im Schlafsack herrlich warm. Am nächsten Morgen wollten wir ein Stück hinauf Richtung Camp 2 gehen und dann zurück ins ABC. In der Ferne vernahm ich noch Kens Stimme, aber ich war schon zu müde, um zu hören, was er erzählte. Der Wind zerrte leise am Zelt, und noch bevor es dunkel war, mußte ich eingeschlafen sein.

## *Erster Vorstoß über den Nordsattel* 27. April

Die Sonne erreichte schon früh unser Zelt und taute den Frost der Nacht. Die feinen weißen Kristalle, die sich über Nacht von unserem Atem an der Zeltdecke geformt hatten, tropften jetzt klatschend auf die Schlafsäcke. Ich warf den Kocher an und schmolz neuen Schnee. Kozuka zog umständlich seinen gelben Daunenanzug an. Es war warm, aber Russell bestand auf voller Daunenmontur. Er sagte, dass es wahnsinnig kalt werden könne, sobald man über den Nordsattel hinaussteige, weil der Wind eisig über die Gletscherwand fegte und es dort keinen Schutz gab.

Um acht Uhr verließen wir gemeinsam unser Camp. Ken ging voraus. Russell blieb mit Herrn Kobayashi zurück, weil dieser keine gute Nacht gehabt hatte.

»Geht so weit, wie ihr wollt, einfach den Seilen nach«, sagte er.

Um zwölf Uhr mittags sollten wir umkehren. Mein Rucksack war leicht. Sonnencreme, Schokokekse, extra Socken und ein Liter Tee waren alles, was ich dabeihatte. Ken trug das Funkgerät. Vor uns lag ein lang gestrecktes, zirka dreißig Meter breites Schneefeld, das sich bis hinauf zu den Felsen erstreckte: der Schneegrat des Nordsattels. Anderthalb Kilometer weiter und etwa 600 Meter höher standen unsere Zelte von Camp 2, aber man konnte sie vom Sattel aus nicht sehen. Es sah nicht so schwierig aus. Wenn ich es mittlerweile nicht besser gewusst hätte, wäre ich versucht zu behaupten, dass wir innerhalb von zwei Stunden leicht oben sein könnten, aber in der Höhe sahen Distanzen immer kleiner aus. Ich klippte meinen Karabiner ins Seil, obwohl die ersten hundert Meter in eine leichte Senke führten, aber ich wollte mich daran gewöhnen, am Seil zu gehen.

Es war herrlich, so leicht über der Welt durch den Schnee zu wandern. Ich war in Hochform an diesem Tag. Schwieriger wurde es erst, als der Grat in leichte Hügel überging. Doch das Panorama entschädigte mich reichlich für meine Mühsal: Noch nie hatte ich so weit über die Erde geblickt. Das ABC lag tief unter uns. Auf dem schmalen Geröllfeld konnte man die bunten Zelte kaum noch erkennen. Weit streckte sich der östliche Ausläufer des Rongbuk-Gletschers durchs Tal. Wie eine Insel im rauschenden Gletschermeer erhob sich der Pumo Ri direkt vor uns. Weiter im Westen ragte das flache Haupt des Cho Oyu auf. In der Ferne zogen dicke graue Wolken durch das rosafarbene Licht, das die Morgensonne über die Welt geworfen hatte. Über mir strahlte der Himmel in tiefem Blau und wies uns den Weg in die Ewigkeit. Der Everest in seinem grauweiß gefleckten Mantel regierte ohne Frage im Reich des Himalaja. Hervorstehende Felsen warfen dunkle Schatten in die steilen Schneeschluchten, die drohend in die Tiefe stürzten. Von der Stelle aus konnte ich erneut die so genannten Stufen erkennen. Die erste und die zweite stachen aus dem langen Grat deutlich hervor. Die Wolkenfetzen, die immer wieder vom Gipfel über den Grat hinwegwehten, schienen der einzige Beweis zu sein, dass ich mich nicht vor einem Gemälde befand. Wahrscheinlich war es aber nur Schneestaub, den der Jetstream dem Everest um das Haupt wehte.

Der ununterbrochen wütende Sturm, der von Westen über den Nordgrat heulte, erfasste uns gnadenlos, als wir die schützenden Eistürme beim Camp 1 hinter uns ließen. Heftig zerrte er an meiner Daunenjacke. Da schoss mir die Geschichte vom Wettstreit zwischen dem Wind und der Sonne durch den Kopf. Einmal hatten der Wind und die Sonne beschlossen, ihre Kräfte zu messen. Wer würde es schaffen, dem kleinen Mensch dort unten, der gerade über eine Wiese spazierte, die Jacke auszuziehen? Der Wind sagte: »Kein Problem, das ist eine leichte Übung«, und er blies wie ein Wirbelsturm über die Wiese, aber je stärker er blies, desto mehr hielt der Mensch seine Jacke fest und versuchte davonzulaufen. Der Wind blies noch stärker, und der Mensch fiel um, aber seine Jacke hielt er immer noch fest. Endlich ließ der Wind von ihm ab. Nun war die Sonne an der Reihe. Sie strahlte mit aller Kraft hinunter. Da blickte der Mensch erstaunt hinauf. Er traute dem plötzlichen Wetterumschwung nicht so recht. Doch schon bald lief ihm der Schweiß herunter. Er schüttelte erstaunt den Kopf und zog seine Jacke aus. Die Sonne hatte gewonnen. Ich zurrte die Kapuze fester und hielt mich am Seil fest. Der Wind brannte eisig auf meinen Wangen, aber die Daunen waren so warm, dass mir der Sturm nichts anhaben konnte. Ich spuckte vor mir in den Wind. Die Spucke flog über fünf Meter weit. Die kleinen Hügel wurden steiler, und bald konnte ich nur noch zwölf Schritte am Stück machen. Ich stellte meinen linken Fuß nach oben und stemmte meinen Rücken gegen den Sturm. Innerlich dankte ich Russell tausendmal dafür, dass er mich zu meiner vollen Daunenmontur überredet hatte. Meine Zehen waren kalt, aber ich konnte sie immerhin noch bewegen.

Es war der glücklichste Tag meines Lebens. Ich streckte meine Arme wie zwei Flügel in den Wind und glaubte fliegen zu können, so leicht trug es mich hinauf. Genau dieses Gefühl war es, das mich immer wieder in die Berge zog – und ich stand mitten drin. Schmetterlinge tummelten sich in meinem Bauch, als wäre ich frisch verliebt. Der Grat wurde schmaler, und ich legte im Schutz eines vorstehenden Felsens eine kurze Rast ein. Geoff und Kozuka hatten sich weiter unten in den Schnee gesetzt. Hoch oben bewegten sich sechs Sherpas im Gleichschritt auf dem Weg zum nächsten Camp.

Ich ging weiter, dichter an den abstürzenden Felsen neben mir entlang. Weit unter mir sah ich plötzlich einen gelben Fleck. Es war bestimmt das Zelt, das die Ukrainer im Sturm vor ein paar Tagen verloren hatten, dachte ich und stieg weiter. Ken war ein paar Meter vor

mir. Sein lilafarbener Daunenanzug hatte einen Riss, und mit jedem Windstoß flogen ein paar Federn über den Grat davon.
»Ken, du verlierst deine Federn!«, rief ich ihm zu.
Aber er konnte mich nicht hören. Bald schon würde er es selbst bemerken. Über dem nächsten Hügel setzte er sich in den Schnee und packte seine Thermoskanne aus.
»Es ist schon halb zwölf«, rief er mir zu. »Zeit, umzukehren.«
Ich schüttelte den Kopf und breitete wieder meine Flügel aus.
»Ich kann nicht, ein kleines Stückchen noch. Die Aussicht ist zu schön. Du verlierst deine Federn«, rief ich über die Schulter zurück und flog weiter.
Ich hatte zum ersten Mal das Gefühl, dass ich es tatsächlich schaffen könnte, auf den höchsten Gipfel der Welt zu steigen. Es waren von der Stelle aus schließlich nur noch 1400 Höhenmeter, und der Gipfel schien zum Greifen nah. So nah schien es auch zu unserem Camp 2, vielleicht noch fünfzig Meter, aber der Weg war steil, und trotz meiner Ungeduld kam ich nur langsam voran. Ich sah wieder auf die Uhr. Schon kurz nach zwölf. Wie schnell der Morgen dahingeflogen war. Traurig kehrte ich um und winkte Russell zu, der uns bestimmt mit dem Fernglas beobachtete. Ich konnte schon seine Stimme hören:
»Der Weg nach unten ist noch weit. Der Gipfel ist nur der halbe Weg.«
Äußerst ungern fügte ich mich und trat den Rückweg an. Das Fest hatte seinen Höhepunkt erreicht. Alle Engel tanzten jetzt auf den Schneefeldern. Aber wie hieß es doch? Wenn es am schönsten ist, soll man gehen.
Als ich wieder dicht an den Felsen vorbeiging, schaute ich noch einmal nach dem gelben Zelt, das ich in der Früh so einsam dort unten zu sehen geglaubt hatte. Ein Zelt war es wohl nicht, denn das würde doch im Wind flattern. Es war auch nicht so groß wie ein Zelt. Es sah nun eher wie eine ausgebleichte Daunenjacke aus. Meine Knie gaben nach, und ich setzte mich in den Schnee. Russell hatte erzählt, dass im Jahr zuvor ein Australier auf dem Weg zum Camp 2 umgekommen war. Keiner wusste, warum er an dieser Stelle gestorben war.

Vielleicht war er vor Erschöpfung eingeschlafen und dann erfroren. Wie grausam kalt es sein musste, den ganzen Winter dort zu liegen, wie dunkel in den langen Nächten. Ich fror plötzlich, Tränen liefen mir übers Gesicht und tropften in den Schnee. Ich musste immer wieder hinunterschauen. So verdammt einsam und allein lag er nun für immer dort in den kalten Felsen. Nie mehr würde er nach Hause zurückkehren. Der Everest war sein Grab.

Erschrocken wandte ich mich ab. Meine Flügel waren müde, ich stieg langsam hinunter zum Camp. Der Weg schien endlos zu sein. Russell wartete mit heißem Tee auf uns.

»Wie war es?«, fragte er mich. »Du bist ja fast hinaufgeflogen. Hast du unser Camp 2 gesehen?«

Ich schüttelte traurig den Kopf, weil mir ein Frosch im Hals saß. Im Zelt zog ich meine Daunensachen aus und verstaute sie im Rucksack. Ich war noch immer betäubt von der plötzlichen Erkenntnis, wie nah der höchste Glücksrausch und die tiefste Trübsal am Everest beisammenlagen. Wie schnell meine Stimmung binnen weniger Minuten umgeschlagen war. Über die albernsten Witze konnten wir stundenlang lachen, aber genauso schnell kamen einem die Tränen. Russell fragte mich, was los sei.

»Ich bin müde. Kann ich nicht heute Nacht bei euch bleiben?«, fragte ich ihn.

Russell schüttelte den Kopf. Ich musste mich nun zusammennehmen, die gelbe Daunenjacke vergessen und versuchen, das Glück wieder einzufangen, das mich am Morgen so berauscht hatte.

»Okay, dann also zurück nach Spa. Ich hab noch einen Termin beim Friseur«, rief ich den anderen zu und schwang mich am Seil in die Tiefe.

Conrad hing mit Mike, einem Bergsteiger aus Tansania, keuchend in der Wand. Mike war Bergführer am Kilimandscharo und wollte im folgenden Jahr zusammen mit Eric versuchen, bis zum Gipfel aufzusteigen. Wenn ihm das gelänge, wäre er der erste Afrikaner auf dem Everest. In diesem Jahr wollte er zunächst einmal den Nordsattel erkunden.

»Kommt ihr heute Abend zurück?«, fragte ich sie.
Conrad nickte und sagte:
»Du musst etwas gegen deinen Husten tun – der wird ja immer schlimmer.«
»Ich gewöhne mich langsam dran«, sagte ich und nahm dankend ein Hustenbonbon von ihm entgegen. »Ich muss los, wir haben heute ein Galadinner bei Lacchu.«
Und im selben Augenblick lag ich auch schon im Schnee. Wenn ich mich weiter so anstellte, würde ich wahrscheinlich schneller unten ankommen, als mir lieb war.
An der Eiswand musste ich warten, weil jemand vor mir am Seil war und eine Reihe von schwarzen Ameisen sich am anderen Seil hinaufkämpfte. Ich hielt meinen Abseilachter fest in der Hand. Er war blau wie der Himmel um mich herum. Plötzlich ergriff mich eine Sturmböe von hinten, und ich machte eine elegante Verbeugung über den Abgrund. Tiefer und tiefer, bis mich mein Karabiner, den ich noch am letzten Seil festgemacht hatte, auffing und am Klettergurt zog. Ich sah noch, wie der blaue Achter in der Tiefe verschwand, dicht an den Köpfen der Ameisen vorbei. »Stein«, rief ich in die Tiefe, wie das beim Klettern üblich war, wenn etwas hinunterfiel, und setzte mich zurück in den Schnee. Jetzt hatte ich mein einziges Fortbewegungsmittel verloren. Die Eiswand war zu steil, um sich nur am Seil hinunterzulassen. Ich erinnerte mich dunkel an einen Knoten, den man in so einem Notfall mit dem Seil machen konnte, um sich an einem extra Karabiner abzuseilen. Den Karabiner hatte ich, aber der Knoten war mir ein Rätsel. Russell hatte ihn uns gezeigt, aber wie ich das Seil auch um den Karabiner wickelte, der Knoten wollte mir nicht gelingen. Und ich wollte auf gar keinen Fall noch an der Stelle sitzen, wenn die anderen kamen. Und schon gar nicht wollte ich ihnen meine Not gestehen.
Ich sah den ersten Kopf aus dem Abgrund auftauchen.
»Es tut mir so leid. Ich hab hoffentlich niemanden erschlagen?«, sagte ich.
Der Vorfall war mir unendlich peinlich.

»Nein, nein, alle sind okay. Was ist passiert, mein Engel aus dem Himmel?«, fragte mich die vermummte Gestalt.
Die Götter mussten mir Ivan geschickt haben. Ich hob meine Hände dankend in den Himmel.
»Ich hab meinen Abseilachter verloren. Und dieser Knoten ... ich weiß nicht mehr, wie er geht«, sagte ich traurig.
Er schüttelte den Kopf wie ein Professor, der einen Studenten bei einer Dummheit ertappt hatte. Dann zeigte er mir den heiligen Knoten und gab mir das Seil zurück. Er wollte, dass ich ihn selber machte, und das so oft, bis ich ihn nie mehr vergessen würde. Nach einer Weile gelang es mir. Ich umarmte Ivan stürmisch und voller Glück.
»Sag bitte Russell nichts davon«, flüsterte ich ihm ins Ohr.
»Meine Lippen sind versiegelt, jetzt haben wir ein Geheimnis«, flüsterte er zurück und drückte mich noch einmal an sich.
Ich grinste ihn an und ließ mich dann am Seil hinab in die Tiefe.
Die Kameras blitzten, als ich an den Ameisen vorbeiglitt. Die Amerikaner waren mit dem ganzen Filmteam unterwegs.
»Könntest du das noch einmal machen?«, fragte mich einer von ihnen.
»Was meinst du?«, fragte ich zögernd.
Ich dachte schon, dass er noch einmal sehen wollte, wie ich meinen Abseilachter in den Abgrund versenkte, und sah vor meinem geistigen Auge bereits ein Foto von meinem Missgeschick am Schwarzen Brett im Camp prangen.
»Dich vom Eis abstoßen und am Seil schwingen. Das sieht einfach grandios aus«, sagte er.
Ich atmete erleichtert auf.
»Kein Problem«, rief ich zurück und warf mich geschickt noch weiter über den Abgrund.
Sie hatten meine Dummheit dort oben offensichtlich nicht bemerkt. Ich war noch einmal davongekommen.
Lacchu wartete schon mit heißem Tee in der Küche. Ich war auf dem Weg über das Geröllfeld abgerutscht und mit einem Fuß durch eine

Eisschicht in einen kleinen See eingebrochen; Wasser war in meinen Stiefel gelaufen. Ich wollte gerade etwas Brandy in meinen Tee tun und die Geschichte von Kens Federn erzählen, als ich einen heftigen Hustenanfall bekam. Ich schaffte es gerade noch nach draußen, bevor sich mein gesamter Magen umstülpte. Auf allen vieren hustete ich weiter. Nun schienen sich auch meine Lungen nach außen stülpen zu wollen. Lacchu kam und geleitete mich zurück ins Zelt. Er half mir, die nassen Stiefel auszuziehen, und packte mich in einen Schlafsack. Ich zitterte am ganzen Körper. Mir war so kalt. Plötzlich spürte ich, wie die ganze Anstrengung des Tages über mich hereinbrach. Und immer wieder tauchte die gelbe Daunenjacke vor meinen Augen auf, wenn ich versuchte zu schlafen. Wie einsam er da oben lag.

Kulpadur flößte mir geduldig etwas Tee ein, und ich erzählte ihm leise von dem Toten, den ich gesehen hatte.

»Du musst dir keine Gedanken mehr machen, denn seine Seele ist jetzt im Himmel«, sagte er beruhigend und strich mir über den Kopf.

Lacchu sprach über Funk mit Russell. Ken wurde gerufen und redete ebenfalls mit Russell. Ich konnte nicht verstehen, was er sagte. Aber nach ein paar Minuten kam er wieder und gab mir vier Tabletten, zwei weiße und zwei blaue. Die blauen kannte ich schon, sie würden meinen Kreislauf stabilisieren.

»Nimm sie alle auf einmal mit etwas Suppe, dann wird es dir gleich besser gehen«, sagte er zu mir.

Ich hörte noch, dass Lacchu mich dann zu meinem Zelt bringen sollte. Aber ich wollte nicht allein sein in meinem dunklen Zelt.

»Kann ich ein bisschen hier bleiben?«, fragte ich Lacchu. »Bitte, ich hab Angst allein.«

Lacchu nickte.

»Aber nur, wenn du versuchst, noch etwas zu essen.«

Sumiyo kam in die Küche, und wie aus weiter Ferne drang ihre Stimme zu mir.

»Was ist mit ihr?«, fragte sie Lacchu.

»Sie ist krank, sie hat oben auf dem Nordgrat den Toten gesehen«, antwortete Lacchu besorgt.

Das Klappern der Töpfe, die Lacchu auf dem Gaskocher hin und her schob, klang zu mir herüber.

»Ich verstehe nicht, warum sie immer so ein Drama macht. Sie soll doch in ihr Zelt gehen, hier in der Küche ist es ohnehin schon viel zu eng«, fuhr Sumiyo fort.

»Sie stört uns doch nicht«, erwiderte Lacchu vorsichtig. »Sie kann hier ein bisschen schlafen. Sie hat gesagt, dass sie Angst hat allein im Zelt. Wir kümmern uns schon um sie. Das ist wirklich kein Problem.«

Ich war erleichtert und versuchte zu schlafen, aber Sumiyo konnte es nicht lassen, sich wieder einmal von ihrer schlechtesten Seite zu zeigen.

»Es ist doch so einfach, auf den Everest zu steigen. Jedes Kind kann das. Ich verstehe nicht, warum die Leute immer so ein Drama machen müssen. Sie soll doch nach Hause fahren, wenn sie sich so anstellt.«

Da oben war ein Mann umgekommen, an einem Nachmittag im vorigen Jahr, und nun lag er ganz allein für immer in den dunklen Felsen. Wie konnte diese Frau nur behaupten, dass es ein Kinderspiel sei? Ich tat so, als ob ich schlafen würde, aber ein böser Geist war in die kleine Küche eingedrungen und tauchte alles in tiefes Schwarz.

## *Schrecken in der Nacht*

Die anderen saßen drüben im Gemeinschaftszelt. Ich hörte ihre Stimmen, als ich zu meinem Zelt ging. Ich fühlte mich besser, und Lacchus Geklapper mit den Töpfen hatte meine dunklen Träume fast vertrieben. Der Mond schien hell und warf schwarze Schatten hinter mir. Die Schneefelder strahlten bleich in die Nacht. Ich steckte meine heiße Wasserflasche tief in den Schlafsack, um meine kalten Füße aufzuwärmen, die langsam wieder zu meinem Körper zu gehören schienen. Die Daunen waren weich und schmiegten sich wohlig um meinen Körper. Meine Finger fingen an zu kribbeln, als liefen tausend Ameisen unter meiner Haut. Ich war hellwach. Nun waren sie auch schon auf meinem Kissen, auf meinem ganzen Kopf. Ich presste die Lippen zusammen, denn dort waren sie auch schon. Irgendetwas stimmte nicht. Ich versuchte ganz ruhig zu liegen. Vielleicht war es nur eine Überreaktion auf die kleinen blauen Tabletten. Ich hatte dieses Kribbeln schon früher einmal gespürt, wenn auch nicht so stark. Plötzlich ließ es nach. Es war dunkel im Zelt, und ich versuchte zu schlafen, aber meine Gedanken waren durcheinander. Schäfchen zählen – ein Schaf, zwei Schafe, drei Schafe, vier Schafe … Mir war übel, mein Körper lastete wie Blei auf den Daunen und auf der dünnen Schaumstoffmatte. Meine Arme waren ganz schwer, als hätte jemand Eisen hineingegossen. Ich versuchte mit aller Kraft, meinen rechten Arm hochzuheben; er war federleicht, aber sobald ich ihn wieder fallen ließ, wurde er wieder schwer. Die Zeltdecke über mir schien sich immer mehr zu entfernen. Auch mein Bauch und meine Brust wurden immer schwerer, und ich hatte das Gefühl, langsam im Boden zu versinken, immer tiefer in ein schwarzes, finsteres Grab.

Ich war schon unendlich weit gedriftet, als mich plötzlich die Angst packte. Verzweifelt begann ich zu rufen.

»Geoff, bist du da? Geoff, hörst du mich?«

Er war im Zelt neben mir.

»Ja, ich höre dich, was ist denn los?«, klang es aus dem Dunklen zurück.

Ich öffnete mein Zelt. Draußen war es hell, und kühles Mondlicht glänzte auf den Steinen. Ich kroch auf allen vieren hinaus und legte mich in mein Boot. Das Eingeschlossensein im Zelt hatte mich in Panik versetzt, draußen war es besser. Was war nur los mit mir, welche Pillen hatte Ken mir da gegeben? Oder war ich wirklich höhenkrank? Die kalte Nachtluft tat gut, aber ich konnte das schreckliche Gefühl nicht loswerden, immer weiter abzudriften. Jedes Mal, wenn ich die Augen schloss, verlor ich die Kontrolle und begann wieder in das schwarze Grab zu sinken. Mir war, als wolle es mich verschlingen. Bald würde ich meinen Körper gar nicht mehr bewegen kön-

nen. In Panik hielt ich mich am Bootsrand fest und rief nach Ken. Geoff streckte den Kopf aus seinem Zelt und schrie mich an: »Spinnst du? Mach, dass du in dein Zelt zurückkommst. Du holst dir ja den Tod.«
Er zog den Reißverschluss seines Zelts wieder zu.
»Ich kann nicht, mir ist so schlecht«, flüsterte ich zurück und fing an, auf allen vieren zu Kens Zelt zu kriechen.
Ich rief nach ihm, immer wieder. »Ken! Ken!« Warum kam er denn nicht raus? Konnte er mich nicht hören? Lacchu kam mir entgegen und nahm mich in die Arme.
»Was ist nur los mit dir?«, fragte er.
Ich fing an zu schluchzen.
»Ich weiß nicht, ich hab so große Angst. Irgendetwas stimmt nicht mit mir. Alles ist so schwer.«
Er rief nach Kulpadur, und die beiden brachten mich ins Küchenzelt. Kulpadur warf den Kocher an und entzündete die Gaslampe. Lacchu wickelte einen Schlafsack um mich und hielt mich fest. Lange saß er bei mir, seine warmen Hände strichen mir über die Wangen.
»Es wird alles gut. Komm, versuch etwas Tee zu trinken«, sagte er beruhigend. »Ich glaube, Ken hat dir Diamox gegeben. Vielleicht zu viel davon. Du musst viel trinken, dann wird es besser«, fuhr er fort, »als es mir vor ein paar Wochen im Zwischenlager so schlecht ging, hat er mir auch Diamox gegeben, und mir ging es hinterher noch viel schlechter. Ich vertrag das Zeug nicht.«
Mir war so kalt.

## *Urlaub im Bananenboot* 28. April

Fröstelnd erwachte ich. Es war schon hell draußen, und die Gaslampe leuchtete nur noch schwach. Lacchu und Kulpadur schliefen noch, und ich ging leise zurück in mein Zelt. Die Schrecken der schwarzen Nacht waren fort, und ich hatte wieder mehr Kontrolle über meine Gedanken. Mein Körper kribbelte wieder stärker, aber mir war jetzt klar, dass ich einfach nur eine Überdosis Diamox eingenommen hatte. Diamox ist ein bekanntes Mittel gegen Höhenkrankheit. Es regt den Kreislauf an. Ich hatte letztes Jahr auf dem Cho Oyu einmal eine halbe Tablette genommen, und mein Körper hatte damals ganz extrem darauf reagiert. Geschlagene vierundzwanzig Stunden lang waren tausende von Ameisen unter meiner Haut gekrabbelt. Ken konnte das natürlich nicht wissen. Aber dass er mir gleich zwei Tabletten gegeben hatte, machte mir Sorgen.

Ich sprach in der Früh über Funk mit Russell. Er war mit den Sherpas auf dem Weg zu Camp 2. Er sagte, dass es am besten sei, wenn ich fürs Erste in unser Basislager zurückkehren würde.

»Mach ein bisschen Urlaub in unserem Bananenboot. Wir sprechen uns heute Abend wieder.«

Ken war schockiert von der Wirkung der Tabletten auf mich und betonte immer wieder, dass zwei Tabletten Diamox die normale, vorgeschriebene Dosis seien. Dazu zitierte er aus endlos vielen Medizinzeitschriften. Ich fragte ihn, warum er mir überhaupt Diamox gegeben habe. Ich war am Tag zuvor erschöpft gewesen und hatte schwer mit der gelben Daunenjacke gekämpft, die ich über dem Nordsattel gesehen hatte, aber ich war nicht höhenkrank. Wir waren ja bereits zurückgekehrt.

Natürlich war diese Diskussion völlig zwecklos, aber vielleicht war es gut, dass es zu diesem Zeitpunkt passiert war und nicht erst in Camp 4, auf einer Höhe von 8300 Metern. Am vorherigen Tag, als ich vom Nordsattel zurückgekommen war, hatte ich Philippe, den Arzt der Schweizer, getroffen. Er war erstaunt gewesen, mich immer noch im ABC zu sehen.

»Du siehst fertig aus. Wie lange bist du denn schon hier?«, hatte er mich gefragt.

»Genau zwei Wochen«, antwortete ich ihm.

Er schüttelte den Kopf und nahm meine Hand.

»Versprich mir, dass du morgen hinuntergehst. Es ist nicht gut, so lange in dieser Höhe zu bleiben. Hier erholt sich der Körper nicht mehr. Du baust jeden Tag mehr ab. Versprich mir, dass du morgen hinuntergehst.«

Ich nickte. Ja, ich wollte es mir wirklich überlegen, und nun war ich auf dem Weg.

Mein Rucksack war schwer, aber es war immer noch besser, mich zu bewegen, als den ganzen Tag in einem Ameisennest zu liegen. Vielleicht würde das Kribbeln dann schneller vergehen. Ich fühlte mich, als hätte ich Drogen genommen, und tat mir selbst unendlich leid. Ken war ein Monster, er wollte mich vergiften. Am Diamox würde es nicht liegen, hatte er gesagt, wahrscheinlich läge es an etwas anderem, und er würde mit Russell über mich reden müssen. Ich sei nicht fit genug, um noch höher zu gehen, und den Gipfel, den könne ich gleich vergessen. Um mich herum erzitterten die Eistürme. Die sonst so klar umrissenen Konturen der Berge begannen zu vibrieren, und die Steine auf dem Geröllfeld schienen ins Schwimmen zu geraten. Vor kurzem hatte Kate Moss Schlagzeilen gemacht, weil sie sich erschöpft von den vielen Parties und ihrem glamourösen Leben als Supermodel in eine Reha-Klinik zurückgezogen hatte. Auch ich war auf dem Weg ins Reha-Zentrum. Eine kleine Überdosis kommt in den besten Kreisen vor. Wie meine Freunde in New York lachen würden, wenn sie meine E-Mails aus Russells Everest-Reha-Zentrum erhielten. Herr Kobayashi war ebenfalls auf dem Weg ins Basislager, und gemeinsam wanderten wir still dahin.

Sechs Stunden später sah ich die bunten Zelte in der Abendsonne leuchten. Die kleinen Bäche, die durchs Camp flossen, waren seit meinem letzten Aufenthalt dort unten mächtig angeschwollen, und ich war froh, dass ich in der Schule früher gut im Weitsprung gewesen war. Chimi, unser Küchenboy, stand vor dem Zelt und hieß mich willkommen. Norbu nahm mir den schweren Rucksack ab. In der Küche stand schon ein frischer Salat für mich bereit, und gemeinsam mit Chimi machte ich mich daran, Spaghetti zu kochen. Draußen hatte er mir ein gelbes Zelt aufgestellt; ich holte alle Matratzen aus dem Vorratslager und machte mir ein weiches Bett. Der Everest strahlte im Abendrot, romantischer als ich ihn je zuvor gesehen hatte. Die Luft war wohlig weich und um so viel sauerstoffreicher als da oben. Klitzekleine Blumen wuchsen in den Grasmatten zwischen den Felsen. Ich hatte Herrn Kobayashi kurz nach dem Zwischenlager zurückgelassen, weil er Fotos machen wollte. Nun war es schon dunkel, und er war immer noch nicht angekommen. Norbu wurde mit Stirnlampe und Tee bewaffnet losgeschickt, um ihn zu suchen. Eine Stunde später kehrten beide zurück. Der Vollmond stieg langsam in den schwarzen Himmel auf und erleuchtete die Geröllllandschaft. Ich ließ mein Zelt offen und schlief in seinem silbernen Licht ein.

29. April

Es war herrlich im Camp, warm genug, um halbnackt im Zelt in der Sonne zu schlafen. Und niemand war da, der mich stören konnte. Den ganzen Tag nichts tun. Ich konnte jeden Morgen heiß duschen, meine Haare waschen, so oft ich wollte, stundenlang lesen und Musik hören. Ich nahm meine Handarbeit wieder auf, strickte weiter an meinem Kunstwerk von einem Pullover. Ich musste ihn etwas größer stricken, weil ich ihn Lacchu schenken wollte. Wenn ich nicht hätte essen müssen, wäre mein Glück perfekt gewesen. Das sollte mir einmal in New York passieren. Chimi bemühte sich sehr, aber er war eben nicht Lacchu, und so kochte ich meistens selbst, Kaiserschmarrn, Crêpes, Reis mit Gemüse, Pasta. Ich musste versuchen, die Pfunde, die ich im ABC verloren hatte, wieder zuzunehmen. Ein Bier am Nachmittag hatte auch noch nie jemandem geschadet; etwas Gerhard Polt dazu, und ich fühlte mich beinahe wie im Biergarten. Mein Husten wurde allerdings nicht besser, und nun bekam ich auch noch Halsschmerzen. Wenn es nicht besser werden würde, wollte ich das Antibiotikum nehmen, das mein Vater mir mitgegeben hatte. Vielleicht würde ich dann auch den Husten loswerden.
Tekbadur kam zu Besuch und lud mich für den nächsten Tag zum Mittagessen ein. Seine Schweizer Gruppe war gestern wieder ins ABC zurückgekehrt. Ich hatte Stephane und Norbert auf der Mo-

räne getroffen. Die Amerikaner waren nach einer Woche Rast wieder an mir vorbei hinaufgestiegen. Diesmal wollten sie von ihrem Camp 5 hinüber in den großen Couloir und die Suche nach Mallory, Irvine und der Kamera starten. Ich wünschte ihnen viel Glück und wollte mit Liesl vom Basislager aus ihre Suche am Funkgerät mitverfolgen. Eine große Gruppe Tibeter war in der letzten Woche im Basislager angekommen, und sie hatten ihre Zelte auf der anderen Seite des Hügels aufgeschlagen. Es war der tibetische 8000-Meter-Club – fünfzehn professionelle Bergsteiger, die für die Besteigung aller vierzehn Achttausender gesponsert wurden.
Ich zog mein tibetisches Kleid an, meinen neuen »alten« Gürtel, den ich in Lhasa erworben hatte, und ein tibetisches Amulett. In Turnschuhen wanderte ich über die Moräne zum Camp der Schweizer, wo unser Mittagessen mit den Tibetern stattfinden sollte. Sie waren alle schon da, und ich steckte meinen Kopf ins Zelt. Es waren nur fünf Männer darin versammelt. Der Rauch ihrer Zigaretten brachten mich erneut zum Husten, und ich hatte Mühe mich vorzustellen. Rinsi, der Chef der CTMA, war auch da. Er war der Gruppenleiter auf der Nordseite vom Everest, und ihm berichteten all die Verbindungsleute, die den verschiedenen Expeditionen zugeteilt waren. Er kümmerte sich darum, dass sich alle Expeditionen am Berg vorschriftsmäßig verhielten; er organisierte Jeeps zum Abtransport der Kranken und extra Yaktreiber, die den Expeditionen beim Transport ihrer Ausrüstung halfen. Vor allem lag ihm am Herzen, dass jeder seinen Abfall wieder mit herunterbrachte. Er selbst hatte den Everest 1975 bestiegen und fast alle Finger dabei verloren. Tekbadur stellte mir den Rest der Gruppe vor: den Teamarzt, den Expeditionsleiter und einen der Bergsteiger. Die anderen vierzehn Teilnehmer seien am Morgen zum ABC aufgebrochen, sagte er. Ihrem Team gehörten auch zwei Frauen an.
Wir tranken Lhasa-Bier und stießen auf eine erfolgreiche Expedition an.
»Du bist mit dem besten Bergführer unterwegs«, sagte Rinsi lachend, »Russell ist ein alter Freund von mir.«

Er sprach gut Englisch und übersetzte für die anderen. Mich nannten sie Helikopter, weil es so ähnlich wie Helga klang und sie es leichter aussprechen konnten als meinen Namen.
»Ja, Helikopter ist im ABC kaputtgegangen und lässt sich jetzt erst mal hier reparieren«, erzählte ich.
Der Teamarzt der Tibeter fühlte meinen Puls und wollte mir später etwas gegen meinen Husten geben. Tekbadur brachte ein Gericht nach dem anderen herbei; durch das Fenster strahlte der Everest in der Sonne. Rinsi hatte einen Jeep, mit dem wir über die Moräne zu unseren Zelten zurückbrausten. Dort bat mich der Arzt in sein rosa Zelt. Ich zog die Schuhe aus und setzte mich zu ihm auf die Matratzen. Er maß gewissenhaft meinen Blutdruck und holte dann seine Schatztruhe hervor. Er faltete eine Hand voll grüner Pillen in ein Blatt Papier, dann drückte er mir ein paar gelbe in die Hand, die ich gleich nehmen sollte. Bevor ich mich bei ihm bedanken konnte, gab er mir noch eine Schachtel mit kleinen braunen Flaschen mit, die ich trinken sollte.
»Helikopter ist sehr stark – der Gipfel kein Problem«, sagte er und zeigte zum Everest hinauf.
Ich verneigte mich und strahlte ihn an.
Chimi war begeistert, dass ich beim tibetischen Arzt gewesen war. Alle Sherpas würden immer zu ihm gehen, wenn sie krank seien. Er sei sehr gut. In den braunen Flaschen sei ein »Tibetan Himalayan Energy Drink«; davon würde ich wieder stark werden und dann ganz leicht auf den Gipfel steigen können. Chimi machte mir Mut, weil er wusste, dass ich meine Zweifel hatte seit der Episode im ABC. Doch beinahe mehr als die Überdosis Diamox hatte mich eigentlich das Verhalten meiner Bergsteigerkameraden schockiert. Wenn es darauf ankam, würden sie mich offenbar für unzurechnungsfähig erklären und im Camp zurücklassen. Die einzigen, denen ich vertrauen konnte, waren Lacchu, Kulpadur und die Sherpas. Ohne sie wäre ich zu dem Zeitpunkt wahrscheinlich schon heimgefahren.
Sonnenbaden an meinem »Strand«. Wir hatten neue Nachbarn im Basislager. Eine Gruppe von Südafrikanern mit drei Sherpas war am

Tag zuvor angekommen. Am Morgen hatten sie neue Gebetsfahnen über ihr Camp gespannt, und die Mönche vom Rongbuk-Kloster waren wieder da, um eine Puja abzuhalten. Sie hatten bei uns in der Küche mit Norbu und Kassang gefrühstückt. Einen der Sherpas kannte ich, Jangbu; er war letztes Jahr mit uns am Cho Oyu gewesen. Cathy stellte sich vor und lud Chimi und mich zur Zeremonie ein. Sie war 1996 von der Südseite aus auf den Everest gestiegen und wollte nun den Gipfel zum zweiten Mal, diesmal von der Nordseite, erklimmen. Wenn ihr das gelänge, wäre sie die erste Frau, die den Everest von beiden Seiten bestiegen hätte. Ich bewunderte sie aufrichtig. Mit ihrem großen Schlapphut und ihrem orangefarbenen Fleecepulli sah sie überhaupt nicht wie eine Bergsteigerin aus. Ian und sie waren dieses Mal nur zu zweit dort und hatten ihre eigene, privat organisierte Expedition. Eine große Trekkergruppe würde am nächsten Morgen zu ihnen stoßen. Sie waren alle im Rongbuk-Kloster geblieben und wollten dort übernachten, während Ian und sie zusammen mit den Sherpas das Basislager einrichteten.

Im Jahr zuvor war Cathy an der Nordseite bis zur ersten Stufe aufgestiegen und dann umgekehrt. Sie hatte zusammen mit Ian jene Amerikanerin getroffen, die damals schon zwei Tage lang oben an der ersten Stufe gesessen hatte. Ihre Daunenjacke lag neben ihr im Schnee. Ihre Handschuhe hatte sie ebenfalls ausgezogen, und ihre Hände waren erfroren. Über eine Stunde lang hatten sie versucht, sie wieder anzuziehen und ihr Sauerstoff einzuflößen.

»Ich glaube, sie wusste gar nicht, dass wir da waren«, erzählte Cathy, »ihre Augen haben immer nur ins Leere gestarrt, und sie konnte sich nicht mehr bewegen. Es war furchtbar, sie da oben allein zu lassen.«

Mir standen Tränen in den Augen. Cathy hatte das ganze Jahr mit diesen Bildern gekämpft und dann doch beschlossen, wieder eine Expedition zum Everest zu unternehmen. Sie war der Meinung, dass der Mann der Amerikanerin den Freitod gewählt und sich über die Klippen gestürzt habe, weil er seiner Frau nicht mehr habe helfen können.

»Unsere Sponsoren konnten nicht verstehen, warum wir nicht zum Gipfel gegangen waren. Aber ich konnte einfach nicht über sie drübersteigen und weitergehen«, sagte Cathy und schüttelte den Kopf.
Dieses Mal waren sie ohne Sponsoring am Everest; sie finanzierten die Expedition mittels der von ihnen organisierten Trekkingtour.
Die Puja begann, und im Stillen bat ich die Götter des Everest um Rat. Sollte ich es wirklich wagen, dort hinaufzusteigen? Der Everest stand strahlend im Sonnenschein, keine Wolke trübte sein Antlitz.
Der Mönch hatte sich erhoben und warf eine Handvoll Reis in die Luft.
Nachmittags kam Lacchu vom ABC zurück. Er müsse zum Einkaufen nach Zangmu, sagte er augenzwinkernd zu mir.
»Ich kann diese Japanerin nicht mehr ertragen, die macht mich wahnsinnig. Sie will einfach nicht abreisen, obwohl Russell sie nicht mehr hier haben will. Herr Kobayashi ist sowieso hier im Basislager, und Kozuka spricht kein Wort mit ihr.«
Oben auf dem Nordsattel war eines unserer Zelte davongeflogen – ob durch Windeinwirkung, auf Betreiben der Götter oder mutwillig von einem anderen Team in den Abgrund befördert, war unklar.
Russell und die Sherpas waren am Morgen aufgebrochen, um nachzusehen, was wir alles verloren hatten.
Am Abend zuvor hatte ein großes Meeting aller Expeditionschefs stattgefunden. Russell und Eric wollten, dass sich alle Gruppen an der Routenerstellung und dem Anbringen der Fixseile beteiligten und ihre Kräfte vereinten – entweder indem sie Sherpas für die Arbeit oder zumindest Seile zur Verfügung stellten, oder dass sie sich mit hundert Dollar an Erics und Russells Teamarbeit beteiligten, damit diese ihren Sherpas einen Bonus für die harte Arbeit bezahlen konnten. Viele erklärten sich mit einer Beteiligung in Höhe von hundert Dollar einverstanden, weil sie selbst weder Sherpas noch Seile dabeihatten; sie waren froh, dass jemand sich um die Route kümmern wollte. Andere hingegen meinten, sie bräuchten keine Seile und Eric und Russell würden ohnehin ein so dickes Geschäft

Links: *Im Basislager nach einer Puja. Majestätisch erhebt sich der Everest über der Moräne.*
Rechts: *Unser Expeditionsleiter Russell Brice beim Beladen eines Yaks.*

*Auf dem Weg ins Rongbuk-Kloster mit unseren Sherpas; von links nach rechts: Ken (unser Teamarzt), Karsang, ich, Narwang, Phurba und Sonam.*

*Nur die flatternden Gebetsfahnen bieten ein Indiz für den eisigen Wind, der von den Gletschern durch das Basislager fegt. Im Vordergrund das zurückgelassene Zelt unserer Yakmänner, die bereits auf dem Weg ins ABC sind.*

*Der Nordostgrat des Mount Everest, über den unsere Route verläuft; im Vordergrund der Changtse. Auf dem felsigen Grat des Everest sind die erste und zweite Stufe klar zu erkennen.*

*Unser ABC auf der Moräne nach dem großen Schneesturm, in dessen Gefolge zwei ukrainische Bergsteiger im Gipfelbereich vermisst werden.*

*Blick vom Crampon-point über das weite Gletscherfeld; dahinter türmt sich die Gletscherwand, durch deren gewaltige Eistürme die Route zum Camp 1 verläuft.*

*Auf dem Weg ins Camp 2: An einem der wenigen windstillen Tage steigt in der Morgensonne ein einsamer Bergsteiger über den Schneegrat des Nordsattels.*

*Im »Gänsemarsch« auf unserer Himmelsleiter hinauf zum Nordsattel. Die glasigen Eistürme liegen schon hinter uns – jetzt beginnt der Kampf.*

*Blick vom Camp 2 hinunter über den Nordsattel mit dem Changtse im Hintergrund. Phurba steigt in der Abendsonne zu uns herauf. Ein starker Wind treibt die Wolken über den Sattel.*

*Camp 2: Wie ein Adlerhorst krallt sich dieses Zelt in die Felsplatten des Nordgrats. Rechts im Hintergrund ist das flache Haupt des Cho Oyu, des sechsthöchsten Bergs der Welt, zu erkennen.*

Links: *Blick vom Camp 1 über den überwechteten Grat des Nordsattels; direkt unterhalb der Felsen liegt das Camp 2.*
Rechts: *Mit Phurba im Camp 1; von dort aus haben wir Funkkontakt mit den Bergsteigern auf der Südseite des Everest.*

Links: *Sherpas beim Aufstellen eines Zeltes im Camp 3.*
Rechts: *Erste Nacht mit Sauerstoff im Camp 3.*

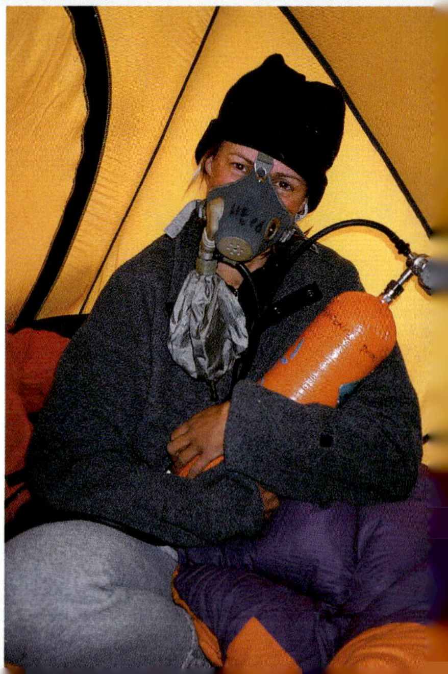

Links: *»Kommst du, Helga?« – Lobsang auf dem Gipfelgrat.*
Rechts: *Blick vom Gipfel auf den Makalu im Wolkenmeer.*

Unten: *Ein Moment des Glücks auf dem Gipfelgrat.*

Folgende Seite: *27. Mai 1999: Endlich – auf dem höchsten Punkt der Erde.*

mit ihren Kunden machen, dass sie sich daran nicht auch noch beteiligen wollten. Diese Kommerzialisierung des Everest würden sie nicht unterstützen. Natürlich gehörten die Schweizer zu den Letzteren, aber auch einige internationale Gruppen wollten Russells und Erics Seile nicht nutzen. Sie kämen alleine zurecht, meinten sie. Böse Worte wurden ausgetauscht, und es endete damit, dass die Gruppen im ABC gespalten waren. Die Sherpas und die Köche der Gruppen kannten sich natürlich alle und waren gar nicht glücklich über das Verhalten ihrer Expeditionsleiter.

»Klar können viele ohne Seile zu den höheren Camps hinaufgelangen, aber lass einmal einen Schneesturm kommen! Wenn sie dann keine Seile haben, um den Weg zurückzufinden, dann kommen sie da oben um«, sagte Lacchu.

»Und das wegen hundert Dollar«, fügte ich hinzu.

Es gab viele kleine Gruppen dort oben, die sich einfach so durchmogelten, die die Seile anderer benutzten, in deren Zelten schliefen und sich auch an deren Sauerstoffvorrat vergriffen. Vielleicht hatte Ken mit seinem Bestreben, sich von anderen Gruppen fernzuhalten, doch irgendwie recht. Ich aber konnte das einfach nicht glauben. Es gab doch schließlich so etwas wie einen Ehrenkodex am Berg, oder etwa nicht? Selbst die internationale Expedition der Belgier, Brasilianer und Portugiesen, die im ABC ihr Lager neben dem unsrigen aufgebaut hatte und unser E-Mail-System mitbenutzte, hatte sich geweigert, zu diesem gemeinschaftlichen Werk beizutragen.

»Schlechtes Karma«, meinte Lacchu nachdenklich.

Ich ging zum Tee zu den Amerikanern und traf Jochen Hemmleb, Liesl und den Arzt im großen Zelt an. Noch gab es keine Nachrichten von oben. Jochen kannte sich in der Expeditionsgeschichte an der Nordseite des Everest blendend aus. In den letzten zwölf Jahren hatte er Material aus Büchern, Zeitungsartikeln und Archiven aus aller Welt zusammengetragen, man nannte ihn gemeinhin den »Everest-Professor«. Ich fragte ihn nach der zweiten Stufe. Fachmännisch erklärte er mir jeden Schritt.

»Die wirkliche Crux an der Nordseite ist die zweite Stufe. Etwa dreißig Meter ragt sie in die Höhe, auf genau 8611 Metern. Es ist ein Felsband aus dunklem Kalkstein. Den unteren Teil der Stufe kann man seitlich umgehen, weil die Stufe sich aus drei Kletterstücken zusammensetzt. Zunächst kommt ein Kamin zwischen der Felswand und einem massigen Felsblock, durch den man klettern muss. Dann steigt man über ein paar klobige Felsen auf ein kleines Schneefeld, bis man vor einer etwa fünf Meter hohen Wand steht. Dort hängt die Leiter, die die Chinesen vor über zwanzig Jahren installiert haben. Von der Leiter sind es noch etwa eineinhalb Meter, aber im Fels sind Haltepunkte, und außerdem bist du ja an einem Fixseil. Da kann eigentlich gar nichts passieren«, sagte er.

Ich war erleichtert. Das Geheimnis der zweiten Stufe war endlich gelüftet.

»Die zweite Stufe spielt eine große Rolle bei der Frage, ob Mallory und Irvine es bis zum Gipfel geschafft haben könnten. Ich glaube fast, dass sie daran gescheitert sind«, fuhr er fort.

Er selbst war zum allerersten Mal im Himalaja und folglich noch nicht dort oben gewesen.

»Ich bin schon froh, wenn ich es bis zum Nordsattel schaffe«, gestand er lachend.

»Ist denn niemand vor den Chinesen ohne die Leiter über die zweite Stufe geklettert?«, fragte ich weiter.

»1960 war schon einmal eine chinesische Expedition dort. Sie haben sich fünf Stunden an der zweiten Stufe versucht, bis endlich einer der Chinesen seine Schuhe auszog und versuchte, barfuß an der Felswand hochzuklettern. Erst als sie eine Hühnerleiter gebildet hatten, konnte er den Rand der Stufe erreichen und sich hochziehen. Dann half er den anderen mit einem Seil nach oben. Sie waren die Ersten, die den Everest über die Nordroute bestiegen hatten. 1975 haben andere Chinesen dann eine Aluminiumleiter zur zweiten Stufe geschleppt und sie dort befestigt. Seitdem benutzt jeder die Leiter. Erst 1979 erteilten die Chinesen einem Bergsteigerteam aus einem nichtkommunistischen Land wieder die Erlaubnis, den Everest über die Nordwand zu besteigen. Damals erzählte ein Chinese einem japanischen Bergsteiger, dass er die Leiche eines Engländers nicht weit vom letzten Camp, auf über 8150 Meter, gesehen habe. Am nächsten Tag kam er in einer Lawine um, so dass man ihn nicht mehr näher befragen konnte. Aber es war klar, dass diese »Leiche eines Engländers« nur die Leiche von Mallory oder Irvine sein konnte, weil nach ihnen kein Engländer auf der Nordroute mehr so weit oben am Everest umgekommen war. Dort suchen jetzt unsere Bergsteiger nach dem Toten.«

Jochen Hemlebs Funkgerät fing plötzlich an zu krächzen, und er verschwand nach draußen. Auch Liesl entschuldigte sich und folgte ihm.

Ich blieb mit dem Arzt allein zurück. Was ich gegen meinen Husten tun würde, fragte er mich, und ich zeigte ihm die bunten Pillen, die mir der tibetische Arzt verordnet hatte.

»Noch merke ich keine Besserung, aber er hat gesagt, dass es eine Weile dauern wird. Ich nehme aber auch Antibiotika und ruhe mich viel aus.«

Er nickte zustimmend. Ich stopfte mir noch eine Hand voll Karamellbonbons in die Tasche und verabschiedete mich. Liesl und Jochen waren nirgends zu sehen. Ob sie wohl Nachrichten von oben hatten? Vielleicht hatten die Amerikaner etwas gefunden.

Unsere Küche war voller Köche und Sherpas aus den verschiedenen Camps, die alle gekommen waren, um von Lacchu die neuesten Nachrichten vom ABC zu hören. Abends kochte Lacchu ein Festmahl für uns, und zum Nachtisch gab es Apfelkücherl. Ich sprach lange über Funk mit Russell. Ich solle mir keine Gedanken wegen meines Hustens machen; er hätte ihn auch.

»Der geht erst wieder weg, wenn wir wieder in Kathmandu sind«, sagte er. »Der Wetterbericht sagt hohe Winde und Schnee für die nächsten Tage voraus. Sei froh, dass du dort unten bist.«

Er wollte, dass Ken, Kozuka und Geoff an einem der folgenden Tage im Camp 2 übernachteten und dann bis zum dritten Camp hinaufgingen und ihre Akklimatisierungsphase abschließen sollten, bevor sie zur Rast ins Basislager zurückkehrten.

»Ich geh dann mit dir, wenn du kommst. Mach dir keine Sorgen. Du verpasst hier gar nichts. Wir haben noch viel Zeit. Das Wetterfenster kommt nach meiner Erfahrung erst Ende Mai. Vorher ist es zu kalt.«
Er hatte mit Henry Todd auf der Südseite gesprochen. Dort befanden sich schon alle im Gipfelfieber.
»Grüße von allen deinen Fans«, sagte Russell lachend.
Das Wetter an der Südseite war anders als an der Nordseite. Die Bergsteiger waren in der Western Cwm vor den Höhenwinden geschützt; die erfolgversprechendsten Gipfeltage lagen dort um den 10. Mai. Später würde dann der Monsun das Wetter bestimmen. Ich ging zu Cathy und Ian, um ihnen Grüße von Russell auszurichten. Er mochte sie gerne und hatte mir vorgeschlagen, mit ihnen meine Zeit zu verbringen, wenn ich mich alleine fühlte. Von den Amerikanern hatte niemand etwas gehört, aber es war auffällig still an den Funkgeräten, und die Frequenzen wurden oft gewechselt. Irgendetwas hatten sie gefunden, aber es war noch ein großes Geheimnis. Conrad wollte am folgenden Tag wiederkommen, dann würden wir mehr erfahren.

3. Mai

Ich war nun schon vier Tage im Basislager, und meine Erkältung wurde besser. Die Halsschmerzen verflogen, nur den Husten wurde ich nicht los. Cathy und Ian sortierten ihre Ausrüstung, weil ihre Sherpas am nächsten Tag mit den Yaks zum Zwischenlager gehen sollten und tags darauf ins ABC.
»Wenn du willst, kannst du mit uns kommen«, sagte Ian.
Russell hatte gesagt, dass ich kommen könnte, wenn ich mich besser fühlte. Und ich hatte große Lust, die anderen aus meiner Gruppe wieder zu sehen, nachmittags in unserer Bar Scrabble zu spielen und abends mit den Sherpas im Küchenzelt zu sitzen. Chimi half mir, für die lange Tour Apfelkücherl zu backen.

## *Zweiter Aufstieg zum ABC* 4. Mai

Eine letzte heiße Dusche, zum Abschluss noch einmal Crêpes mit Käse und Tomaten. Das Camp war voller Yaks und schreiender Yaktreiber, die Ian und Cathy das Leben schwer machten mit ihrer neuen Regelung der Traglasten für die Yaks. Sie mussten ihr ganzes Gepäck neu arrangieren, und so ging ich schon voraus. Auf halbem Weg am sandigen Ufer des Flusses traf ich Stephane und Norbert, die auf dem Weg ins Basislager waren. Sie versuchten mich zu überreden, mit ihnen zu kommen. Ob ich keine Angst hätte, dass mich der Yeti überfallen könnte, fragte mich Norbert. Ich lachte.

»Deswegen muss ich ja unbedingt heute Nacht ins Zwischenlager, hab dort ein Rendezvous mit ihm.«

Ich schaffte es in vier Stunden, und Choldrim winkte mir von unserem Zelt entgegen. Er war froh, ein bisschen Gesellschaft zu haben. Wir kochten Nudelsuppe und aßen die Apfelkücherl. Dann murmelte er leise seine Gebete, und ich sah ihm vom Schlafsack aus zu.

»Hier oben schneit es«, berichtete Russell über Funk. »Du hast eine Menge E-Mails bekommen«.

Er war mit Ken im Camp 2. Geoff war am Morgen mit den Sherpas bis zum Camp 3 geklettert und dann mit Kozuka ins ABC zurückgekehrt. Sie hatten damit ihre Trainingsphase abgeschlossen. Ich wollte früh am nächsten Morgen aufbrechen und tags darauf dann nachkommen und meinen Akklimatisierungsaufstieg zum Camp 3 beginnen.

Choldrim hatte eine Treppe in die steile Geröllwand gebaut, die von unserem Zwischenlager hinaufführte. Eine Himmelsleiter, über die ich im ersten Sonnenlicht stieg. Jangbu und Pemba überquerten gerade mit ihren Yaks den Fluss, und ich folgte ihnen. Die Gletscherlandschaft hatte sich verändert; der Wasserspiegel der blauen Seen war um einiges angestiegen. Nun musste man in einem waghalsigen Manöver um die eisigen Türme klettern, weil die Moräne im Schmelzwasser versunken war. Zwei Gletscherausläufer trafen dort aufeinander. Zum Mittagessen erreichte ich unser ABC. Geoff und

Kozuka waren total erschöpft von ihrem Aufstieg zum Camp 3. Sie waren am vorherigen Tag in einen heftigen Schneesturm geraten und in knietiefem Neuschnee an den Seilen entlanggekrochen.
Nachmittags kam auch Russell wieder. Wie eine Furie stürmte er ins Gemeinschaftszelt, wo wir gemütlich zusammensaßen. Ich freute mich so, ihn zu sehen, und strahlte ihn an, aber er war in einer furchtbaren Laune. Er hatte am Morgen mit den Sherpas versucht, Fixseile oberhalb von Camp 3 anzubringen, aber der Wind war so stark gewesen, dass sie nicht einmal aufrecht stehen konnten.
»Wenn du glaubst, dass ich da morgen noch mal mit dir hinauf gehe, dann hast du dich getäuscht. Ich hab genug von deinen Dramen. Die Sherpas schuften so schwer. Wenn du jedes Mal ausflippst, nur weil du einen Toten gesehen hast, dann hast du hier am Everest nichts zu suchen. Wenn du dich nicht zusammenreißt, dann kannst du nach Hause gehen. Der Everest bedeutet harte Arbeit, Urlaub musst du schon woanders machen«, schnaubte er wütend und verließ das Zelt.
Ich saß wie gelähmt vor meinem Tee und rührte lange in der Tasse. Ich hätte heulen können vor Wut. Schließlich hatte Ken mir alles mit seinen verfluchten Pillen eingebrockt. Aber ich hatte mich bislang tapfer geschlagen und würde mich so schnell nicht mehr unterkriegen lassen.
Als Ken vom Nordsattel zurückkam, war auch er in einem Stimmungstief. Wir saßen mit Geoff und Kozuka im Speisezelt und hörten ihm einfach zu. Er hatte von Sumiyo endgültig die Nase voll.
»Sie kommandiert uns herum, als ob sie hier der Chef wäre. Sie terrorisiert die Sherpas und sogar Russell. Lacchu ist geflüchtet, weil er sie keine Minute länger ertragen konnte, und wir mussten mit dem grauenhaften Fraß vorlieb nehmen, den sie zusammen mit Kulpadur fabriziert hat.«
Jetzt wusste ich auch, woher der Wind wehte. Russells Unmut kam nicht von ungefähr. Und nachmittags saß die kleine Intrigantin dann bei uns am Tisch und klimperte mit ihren Wimpern, als könnte sie kein Wässerchen trüben. Ich hätte sie erwürgen können.

Nach dem Abendessen, bei dem es wieder einmal um Russells Lieblingsthema gegangen war – die Toten –, verabschiedete ich mich und ging zu den Sherpas in die Küche. Wie Russell hatten auch sie ein paar harte Tage hinter sich, aber man merkte es ihnen nicht an. Musik ertönte aus dem Radio, und in den Tassen dampfte ihr Zaubertrank.

»Komm her, Helikopter, flieg zu mir«, rief Phurba und machte mir Platz.

Alle lachten. Kassang hatte ihnen bereits von meinem neuen Spitznamen erzählt. Kulpadur war nun der König im Küchenreich, weil Lacchu sich weigerte, vom Basislager zurückzukommen, solange Sumiyo noch im ABC war.

»Wie war es oben im Sturm?«, fragte ich.

»Gut«, sagte Lobsang, »wir haben drei Zelte, Seile und über zwanzig Flaschen Sauerstoff ins Camp 3 gebracht. Von der Südseite sind heute die ersten Bergsteiger auf den Gipfel gestiegen, aber wir wissen noch nicht, wer. Wir gehen morgen wieder rauf zum Nordsattel. Kommst du mit?«

Ich nickte begeistert und erzählte ihnen das Neueste aus dem Basislager. Jangbu und Pemba von den Südafrikanern waren ebenfalls im ABC. Kulpadur hatte sie eingeladen, weil es draußen so stürmte und sie ihr Küchenzelt noch nicht eingerichtet hatten. Es gab Sherpa-Curry. Endlich fühlte ich mich wieder daheim.

»Das ist eine Nacht, in der die Yetis kommen«, flüsterte mir Phurba zu, »hast du keine Angst?«

Ich lachte und schüttelte den Kopf.

»Hast du denn schon mal einen Yeti gesehen?«, fragte ich ihn.

»Ich selbst noch nicht, aber bei uns im Khumbu gibt es Yetis«, erklärte Phurba.

»Und wie sehen die aus?«, fragte ich weiter.

»So groß wie ein normaler Mensch. Sie haben braunes Fell wie ein Affe, aber ihr Kopf ist dreieckig«, antwortete er.

»Und sie stinken ganz furchtbar«, warf Kulpadur ein und schüttelte sich, dann rührte er weiter in der Suppe.

»Wenn du einen Yeti erblickst, dann wirst du ohnmächtig, und manche sterben auch«, versicherte Sonam mit strenger Miene.
»Im Kloster von Pangboche war einmal ein Kopf vom Yeti, aber vor ein paar Jahren wurde er gestohlen«, sagte Lobsang.
»Du hast ihn gesehen?«, fragte ich ihn.
Er nickte. Dann erzählte uns Lobsang die Geschichte vom Kopf des Yeti.
»Vor vielen Jahren lebte ein Lama im Khumbu. Er hieß Sangdorje. Er war ein großer und berühmter Lama, und er konnte durch Meditation wundersame Dinge bewirken. Viele Jahre hat er in einer Höhle am Fuße des Berges Taboche meditiert. Jeden Tag kam ihn ein Yeti besuchen und bereitete ihm seine Mahlzeiten. Nach vielen Jahren starb der Yeti in der Höhle des Lama. Sangdorje wusste nicht, was er mit dem Yeti anfangen sollte, der ihm in den vielen Jahren so treu gedient hatte. Schließlich riss er dessen Körper in viele Stücke und brachte die Arme, die Beine und den Kopf in das Kloster von Pangboche. Das Kloster von Pangboche ist das älteste buddhistische Kloster bei uns im Khumbu. Sangdorje hat es errichten lassen. Auch heute noch gibt es Yetis, aber sie zeigen sich nur selten.«
»Genug von den Yetis, jetzt gibt es Suppe«, unterbrach ihn Kulpadur und teilte aus. Längst hatte ich Russells böse Worte vergessen. Ich würde am nächsten Tag einfach mit den Sherpas hinaufgehen.

# 6

*Vor vielen Jahren lebte einmal ein gütiger und großzügiger Mann. In seinem Dorf war er sehr beliebt und wurde für seine guten Taten bewundert. Eines Tages kam ein berühmter Lama in das Dorf. Der Mann warf sich demütig dem Lama zu Füßen und sprach:*
*»Ich möchte auch ein Erleuchteter werden, barmherzig und weise; ich möchte allen Menschen helfen und mein Leben den Lehren Buddhas widmen. Was soll ich tun?«*
*Der Lama sah, dass die Motive des Mannes ernsthaft waren, und sagte ihm, er solle sich in den Bergen eine Höhle suchen und sein Leben mit Beten und Meditieren verbringen. Er gab ihm ein besonderes Gebet mit auf den Weg, das er jeden Tag in großer Ehrfurcht rezitieren sollte.*
*Der Mann suchte sich eine Höhle in den Bergen, jeden Tag betete und meditierte er. Viele Jahre vergingen, aber die Erleuchtung wollte sich nicht einstellen.*
*Nach abermals vielen Jahren kehrt der Mann entmutigt in sein Dorf zurück. Er hatte gehört, dass der berühmte Lama wieder gekommen war, und warf sich erneut vor diesem nieder.*
*»Jetzt habe ich zwanzig Jahre lang meditiert und dein Gebet rezitiert, aber ich habe keine Wirkung verspürt. Irgendetwas mache ich falsch«, sagte er traurig und erzählte dem Lama von seinem Leben in der Höhle.*
*Der Lama sah ihn nachdenklich an.*
*»Es hat keinen Sinn, ich habe dir das Falsche geraten. Auf diese Weise wirst du nie die Erleuchtung erlangen.«*
*Der gute Mann war erschüttert und warf sich wieder dem Lama zu Füßen.*
*»Es tut mir leid, aber ich kann dir nicht helfen«, sagte der heilige Mann.*
*Der gute Mann war nun schon sehr alt, und er hatte zwanzig Jahre seines Lebens mit den falschen Gebeten vertan. Er ging zurück in seine Höhle und*

*setzte sich wieder auf den flachen Stein, der ihm all die Jahre als Kissen, als Bett und als Tisch gedient hatte. Er begab sich in den Lotussitz, schloss die Augen und dachte nach.*

*»Jetzt kann ich auch weiter beten und meditieren. Was soll ich denn sonst tun?«*

*So begann er, bar jeglicher Hoffnung, jemals die Erleuchtung zu erlangen, zu meditieren und das Gebet des Lamas zu rezitieren, das ihm in all den Jahren so vertraut geworden war. Und er wurde erleuchtet. Er sah die Welt in ihrer ganzen Wirklichkeit, alles war auf einmal so klar. Er hatte mit einem Mal verstanden, dass nur sein ehrgeiziges Bemühen um die Erleuchtung ihn von derselben abgehalten hatte. Nun konnte er allen anderen Menschen den Weg weisen. Er verließ die Höhle und kehrte zurück zu den Menschen, um die Lehren des Buddha zu verbreiten. Als er auf sein Dorf zuging, glaubte er für einen Moment, das sanfte Lachen des Lamas zu hören. Er drehte sich um und schaute hinauf in den Himmel. Ein riesiger Regenbogen erstreckte sich über die weißen Gipfel.*

LEGENDE AUS TIBET

## *Der Test* 6. Mai

Ich hatte in der vergangenen Nacht herrlich geschlafen, war früh und in bester Laune aufgestanden und sah dem weiteren Aufstieg voller Zuversicht entgegen. Gerade stand ich mit Kulpadur in der Küche, um für die lange Tour Apfelkücherl zu backen, als Russell hereinkam.

»Hast du schon gepackt? Einer der Sherpas wird dich begleiten. Mach dich fertig!«, fuhr er mich an.

Warum er mir gegenüber wieder diesen Ton anschlug, war mir unerfindlich. Tatsache war jedoch, dass er es jedes Mal schaffte, mich auf diese Weise zum Heulen zu bringen. Wie ich es hasste! Ich musste unbedingt mit ihm reden.

»Russell!«, rief ich ihm nach und folgte ihm ins Gemeinschaftszelt. »Ich versteh einfach nicht, warum du immer diesen harschen Befehlston anschlagen musst. Ich halte das nicht aus.«

Und wieder kamen mir die Tränen. Ich setzte mich hin und stützte den Kopf in die Hände. Er fing wieder an wie am Tag zuvor: dass er seine Zweifel an mir hätte, dass ich ihm erst beweisen müsse, dass ich das Zeug dazu hätte, um auf den Everest zu steigen, dass ich mich ernsthafter bemühen müsse. Er würde sich nach der Tour bei den Sherpas aufs Genauste erkundigen, wie ich mich angestellt hätte, und dann eine Entscheidung treffen.

»Du weißt ganz genau, dass ich physisch genauso fit bin wie die anderen«, erwiderte ich, als ich mich wieder gefasst hatte. »Ich trage dasselbe Gewicht in meinem Rucksack wie sie und bin ihnen meistens sogar voraus. Und die ›harte Arbeit‹, wie du das immer nennst, macht mir nichts aus. Was ich jedoch nicht ertragen kann, ist die schlechte Stimmung hier im Camp. Und euer ständiges Gerede von den Toten bedrückt mich. Und ich muß dir ehrlich sagen, von Sumiyo, die übrigens nicht nur mich wie den letzten Deppen behandelt, habe ich die Nase voll. Aber keiner traut sich was zu sagen, weil sie eine gute Freundin von dir ist und weil dich alle so sehr schätzen. Nicht mal die Japaner reden mehr mit ihr. Du hast ganz Recht, so werde ich es nie zum Gipfel schaffen. Vielleicht ist es wirklich besser, wenn ich gleich nach Hause fahre.«

Ich hatte dem nichts mehr hinzuzufügen, und weil auch Russell nichts sagte, ging ich weg. Ich packte die Apfelkücherl und meine Thermoskanne in den Rucksack und machte mich auf den Weg über die Moräne.

Es war ruhig im Camp, fast alle waren längst unten im Basislager, um sich vor dem Anstieg zum Gipfel noch einmal gründlich zu erholen. Die tibetischen Bergsteiger hatten ihre Zelte weiter oben auf der Moräne aufgebaut und saßen mit dampfenden Teetassen draußen in der Sonne.

»Helikopter!«, rief mir einer von ihnen freundlich zu.

»Helikopter fliegt jetzt zum Nordsattel!«, rief ich zurück und winkte.

Die Sonne hatte längst den Schnee getaut, der am Tag zuvor unser Camp weiß überzuckert hatte. Ein kleiner Bach wand sich am Rande des Gletschers plätschernd durch die Steine. Es war zum ersten Mal windstill, als ich über das lange Gletscherfeld wanderte. »Wenn Engel reisen«, dachte ich und schaute in den tiefblauen Himmel. Die »harte Arbeit«, wie Russell sie nannte, machte mir wirklich nichts aus. Meine harte Arbeit hatte ich in New York zurückgelassen, und ich dachte halb schaudernd, halb sehnsüchtig daran zurück.

Vor ein paar Monaten hatte ich an einem Werbespot fürs Fernsehen mitgearbeitet. Es war eine Werbung für den größten Kartoffelchipshersteller in Amerika. Die Kosten für den Spot betrugen über eine Million Dollar, und jede Minute am Set war kostbar. Die Filmausstatter hatten im Studio eine Dachterrasse und ein riesiges Luxusappartement errichtet, und auf einer großen Leinwand im Hintergrund war die nächtliche Skyline von New York zu sehen. Ich hatte ein Kleid für Miss Piggy von der Muppets Show entworfen, die drei

Supermodels auf eine glamouröse New Yorker Party begleiten sollte. Darüber hinaus musste ich über hundert Gäste einkleiden, und das im neuesten Look von den Laufstegen in Mailand und Paris. Der Boxer Evander Holyfield und ein berühmter Komödiant waren auch als Gäste geladen und sollten sich die Kartoffelchips schmecken lassen, die von einem Butler in einer goldenen Schüssel gereicht wurden. Die Supermodels und die Berühmtheiten mussten in den dreißig Sekunden, die der Werbespot dauerte, unter den Gästen sofort zu erkennen sein, aber auch die Statisten mussten Designerkleidung tragen, um dem Ganzen wirklich ein glamouröses Ambiente zu verleihen. Die Supermodels waren mit einer Entourage von Pressesprechern, Managern, Maskenbildnern, Hairstylisten und Assistenten angereist, und alle gaben, was die Kleidung anbetraf, ihren Senf dazu. Vendela, eines der vorgesehenen Models, passte jedoch nicht mehr in die Designerkleider hinein und weigerte sich, irgendeine andere Farbe als Schwarz zu tragen, um ihre überflüssigen Pfunde zu kaschieren. Steve, der Regisseur, aber hatte ausdrücklich verlangt: kein Schwarz für die Supermodels.

Evander stand am Set und hatte blaue Socken zu seinem schwarzen Tuxedo an.

»Ich brauche sofort schwarze Socken, merkt das denn niemand«, rief ich meiner Assistentin zu und schüttelte den Kopf.

Evander lachte. Miss Piggy trug ein pinkfarbenes Samtkleid mit Federbesatz. Ein Supermodel trug leuchtend Grün, das andere Orange und für das dritte blieb nur Rot oder Gelb, wenn es mit den anderen leuchten sollte. Ich hatte in zehn Vorbereitungstagen über 200 Abendkleider aus den Showrooms der führenden Designer angeschleppt – und es hatte mir schlaflose Nächte bereitet. Es war nicht einfach gewesen, die Designer zu überreden, ihre Kleider für einen Werbespot zur Verfügung zu stellen, in dem es um Kartoffelchips ging. Schwierig wurde es vor allem dann, wenn die Modezeitschrift *Vogue* eines der Kleider bereits für ein Cover mit Kate Moss haben wollte.

Am Set ging der Alptraum weiter. Steve brüllte nur; er wollte seine

Stars perfekt gestylt sehen, und Vendela weigerte sich, meine Kleider anzuprobieren. Sie hatte ihren eigenen Stylisten aus Los Angeles mitgebracht, aber der Regisseur hatte ihn zum Teufel gejagt und mir die gesamte Verantwortung übertragen. Nun musste ich sie irgendwie dazu bringen, ihren etwas fülligen Körper in eines meiner Kleider zu zwängen. Ich hatte fünf Assistenten, die sich um die hundert Gäste kümmern mussten und alle paar Minuten angelaufen kamen, um von mir die Outfits absegnen zu lassen, bevor die Gäste hinaus aufs Set geschickt wurden. Ich war genervt; alle redeten auf mich ein, und draußen musste ich mich nicht nur mit Steve herumschlagen, sondern auch noch mit den Kartoffelchipsherstellern, mit der Werbeagentur und dem gesamten Filmteam. Der Regieassistent kam in die Garderobe und sagte:

»Die Leute von der Werbeagentur wollen den Dalai Lama als Partygast. Steve fragt, ob du einen der Statisten als Dalai Lama verkleiden kannst. Er will aber mit den Supermodels anfangen. Du hast also eine Stunde Zeit.«

»Eine Stunde für einen Dalai Lama?«, fragte ich entsetzt. »Wo soll ich denn in einer Stunde eine Lama-Robe herbekommen?«

Es herrschte Chaos. Ich telefonierte mit sämtlichen tibetischen Läden, die ich kannte, während ich Vendela gut zuredete und ein rotes Kleid von Versace hinten aufschnitt. Mit Sicherheitsnadeln befestigte ich die Seitenteile an ihrem Büstenhalter und drapierte dann einen Schal über den klaffenden Schlitz auf ihrem Rücken. Vermutlich lag es an meiner Verzweiflung über die neue Idee mit dem Dalai Lama, dass sie sich plötzlich auf meine Seite schlug. Meine Assistentin hatte inzwischen einen der Statisten dazu überredet, sich den Kopf rasieren zu lassen, eine andere war wegen der Robe unterwegs. Eine Stunde später schritt der Dalai Lama durch die Appartementtür am Set, und den Werbeleuten fielen fast die Augen aus dem Kopf. Ich verbeugte mich und ließ mich erschöpft auf einen Stuhl fallen. Das war harte Arbeit für mich.

Durch die glasigen Eistürme hinauf zum Nordsattel zu klettern war dagegen himmlisch. Sonam holte mich ein, und wir setzten uns gemütlich über der Eiswand in den Schnee. Er bot mir eine Zigarette an, und ich nahm dankend an, weil ich in Gedanken immer noch mit Vendela und der Lama-Robe beschäftigt war. Ich zog meine Jacke aus, so warm war es. Die Welt unter uns strahlte im Sonnenlicht, und die unendliche Stille wirkte beruhigend auf mich ein. Von oben kamen Ivan und Heber angeschnauft.

»Mein Engel!«, rief Ivan, als er mich sah.

Und als ich ihm ein Apfelkücherl anbot, rief er:

»Du bist wirklich ein Engel, den die Götter aus dem Himmel zu mir geschickt haben.«

Die beiden hatten im Camp 2 geschlafen und schon ein Zelt hinauf zum Camp 3 getragen. Sie waren erschöpft und auf dem Weg ins Basislager.

»Wir haben alles getan, um unseren Gipfelanstieg vorzubereiten. Jetzt müssen wir nur noch die Götter um gutes Wetter bitten.«

»Ich muss es erst noch zum Camp 3 schaffen, sonst schickt Russell mich nach Hause«, sagte ich und erzählte ihm von meinem »Test«.

»Das schaffst du leicht, du hast doch Flügel«, sagte Ivan augenzwinkernd und nahm mich in den Arm. »Mein Engel kann doch fliegen.«

Sonam und ich bezogen unser Zelt auf dem Nordsattel und fingen an, Schnee zu schmelzen. Es war vollkommen still da oben, bis der Rest der Sherpas kam. Ich hatte es mir in meinem Schlafsack schon bequem gemacht, als Phurba ins Zelt hereinschaute.

»Komm, Helikopter, ich hab eine Überraschung für dich. Komm mit.«

Ich zog wieder meine Stiefel und die dicke Daunenhose an.

»Du ziehst dir besser auch die Steigeisen an«, sagte Phurba, der auf mich wartete.

»Wohin geht die Reise?«, fragte ich ihn.

»Geheimnis, komm mit«, antwortete er und nahm mich bei der Hand.

Wir stiegen zu den anderen Sherpas auf den Gletschervorsprung hinauf, von dem aus man den Westgrat des Everest sehen konnte.

Dann nahm Phurba ein Funkgerät aus seiner Tasche. »Calling from North Col, könnt ihr mich hören? Over.«
Krächzend kam die Antwort.
»Camp 2, wir hören euch, go ahead North Col, over.«
Phurba drückte mir das Funkgerät in die Hand.
»Es ist die Südseite, sag was«, sagte er zu mir.
»Hallo Camp 2, hier ist Helga. Wer ist da? Over.«
»Hier ist David vom Camp 2, OTT-Expedition. Wie geht's euch da drüben? Over.«
Ich hielt das Funkgerät in der Hand und strahlte Phurba an.
»Ist Nick bei euch? Over«, fuhr ich fort.
Nick war ein Freund von mir, der Bergführer bei OTT war.
»Nick ist unten im Basislager«, klang es zurück, »aber hier ist jemand, der mit dir sprechen will ... Aloha, Helga. Hier ist Michael. Ich kann's gar nicht glauben. Wie geht es dir? Over.«
Ich war völlig aus dem Häuschen.
»Michael. Wo steckst du? Was macht die Südseite? Wie geht's Nick und all den anderen? Over.«
»Deinem alten Nick geht's gut, er ist gerade unten. Cos und Augusto machen sich für den Anstieg zum Gipfel fertig. Henrys Gruppe war schon oben. Was macht Russell?«
Auf diese Weise unterhielten wir uns eine kleine Ewigkeit. Ich kannte Michael von anderen Bergtouren und Expeditionen. Andy, der Bergführer von Henry Todds Gruppe, hatte wenige Tage zuvor eine Gruppe zum Gipfel geführt. Im vergangenen Jahr war ich mit ihm und Laurie, einer Ärztin aus Colorado, auf der Ama Dablam gewesen, und sie hatten damals schon den Everest ins Auge gefasst. Laurie war wenige Tage zuvor auf dem schmalen Grat zum Gipfel durch eine Schneewechte gebrochen und in der Tiefe verschwunden. Entsetzt hatten die anderen durch das Loch gestarrt. Einen Sturz in eine solche Tiefe konnte niemand überleben. Zum Erstaunen aller war Laurie aber auf einem kleinen Gletschervorsprung hängen geblieben. Sie rief um Hilfe. Ein Sherpa ließ ein Seil hinunter, und gemeinsam brachten sie Laurie wieder herauf. Es grenzte an

ein Wunder, denn an der steilen Kangchung-Wand gab es eigentlich kein Halten. Niemand war angeseilt gewesen, als sie dort Rast gemacht hatten, und Andy war mit den Sherpas vorausgegegangen, um Fixseile anzubringen. Laurie war unverletzt geblieben, hatte allerdings einen Schock erlitten und war zusammen mit einem der Sherpas umgekehrt.

Pete Athans hatte mit seinem *National Geographic Team* den Gipfel um elf Uhr morgens als Erster erreicht. Erstaunlich, wenn man bedachte, dass die Saison eigentlich gerade erst begonnen hatte. Von OTT war noch niemand auf dem Gipfel gewesen. Eine kleine Gruppe hatte es zwei Tage zuvor versucht, aber der Wind war zu stark gewesen. Die kommende Nacht wollte Babu Sherpa auf dem Gipfel verbringen – einundzwanzig Stunden in einem kleinen Zelt. Michael klang glücklich. Im Jahr zuvor war ich mit ihm am Cho Oyu gewesen, und er hatte mich in vielen E-Mails immer wieder gefragt, warum ich nicht auch versuchen wollte, auf den Everest zu steigen. Irgendwann müsse ich ohnehin da hinauf, hatte er gesagt. Er war einer der Ersten gewesen, dem ich mein Geheimnis damals anvertraut hatte, und ich hatte versucht, ihn zu überreden, mit uns von der Nordseite aus zu gehen. Er hatte nur dankend abgelehnt, das sei ihm zu schwierig und zu gefährlich.

»Wir haben immer noch ein Rendezvous auf dem Gipfel ausstehen, Michael, weißt du noch?«, rief ich ins Funkgerät. »Bin schon dabei, mich dafür fein zu machen. Was ziehst du an? Hoffentlich nicht auch Rot. Over.«

»Nein, ich komme in Gelb, wie abgemacht. Sag Russell schöne Grüße und mach ihm das Leben nicht allzu schwer. Over«, kam es zurück.

»Grüß alle von mir, vor allem Nick. Ich seh dich dann am Gipfel. Over«, entgegnete ich.

»Wer ist Nick?«, fragte mich Phurba, als ich ihm zum Dank für diese gelungene Überraschung um den Hals fiel.

»Ach, nur ein alter Freund von mir«, antwortete ich schmunzelnd. Ich hatte Nick ebenfalls am Cho Oyu kennen gelernt. Er war Berg-

führer bei OTT und hatte ein Jahr zuvor eine Gruppe Isländer zum Gipfel des Everest geführt.
Ich konnte Phurba im Zelt neben uns noch lange hören. Er sang leise seine Gebete in die stille Nacht, während ich in meinen Gedanken mit dem berüchtigten »Test« beschäftigt war, den Russell mir da abverlangte. Und tief in meinem Innern wusste ich, dass er weit mehr fordern würde als all das, was ich mir in meiner Bergsteigerlaufbahn bisher schon zugemutet hatte. Und dennoch wollte ich mich nicht erdrücken lassen von dem Erfolgszwang, den ich tief in meinem Innern natürlich ebenfalls verspürte. Ich war schließlich aus freien Stücken da. Ich wollte einfach in den Bergen sein, glücklich sein, auch wenn das ersehnte Glücksgefühl Kampf bedeutete. Irgendwann musste ich wohl eingeschlafen sein.
Die Gaskocher fauchten wie heisere Katzen, lange bevor die Sonne ans Zelt kroch. Draußen waren die Sherpas schon zugange. Um sechs Uhr verließen Phurba, Karsang und Lobsang das Camp, und ich lauschte ihren Schritten hinterher. Sonam hatte schon Tee gekocht. Wir wollten ebenfalls früh los. Eine Stunde später zog ich meine Steigeisen an.
Wilfried und Sylvia, die am Tag zuvor mit uns heraufgekommen waren, hatten ihr Zelt weit offen, und wir begrüßten uns ganz herzlich. Sie waren aus Bregenz in Österreich. Wilfried war ein richtiger Bergsteiger, der seit fünfundzwanzig Jahren als Bergführer in den Alpen arbeitete. Dies war sein dritter Versuch, den Gipfel des Everest zu erreichen. Er war der Messner-Typ mit wildem Bart und zotteligen Haaren. Im Jahr zuvor war er direkt vom Nordsattel aus ohne Unterbrechung bis zur zweiten Stufe geklettert, und das ohne Seile und ohne Sauerstoff. Dann war er umgekehrt, weil er seine Füße nicht mehr spürte. Vor Jahren hatte er in den Anden schwere Erfrierungen erlitten und musste sich anschließend sämtliche Zehen amputieren lassen. Und im vergangenen Jahr, dem Gipfel so nah, hatte er plötzlich Angst bekommen, den Rest seiner Füße zu verlieren. Deshalb hatte er kehrtgemacht. Sylvia war damals im letzten Camp umgekehrt, weil sie nach dem Tod der Amerikanerin den Mut verlo-

ren hatte. Wir hatten am Nachmittag zuvor lange miteinander gesprochen. Sie konnte meine Reaktion auf den Toten, den ich gesehen hatte, gut verstehen. Wilfried schaute neugierig meine Steigeisen an.
»Zieh diese Dinger mal aus. Die sind ganz falsch eingestellt. Wenn du damit weitergehst, dann wirst du sie verlieren«, sagte er.
Ich hatte am Tag zuvor am Gletscher schon Probleme damit gehabt. Ich trug zum ersten Mal meine neuen Stiefel mit den integrierten Gamaschen. Vermutlich lag es daran, dass die Steigeisen nun nicht mehr richtig passten. Wilfried stellte sie mir richtig ein, und dankbar verabschiedete ich mich. Ich kam an zwei roten Zelten vorbei. Ein älterer Herr mit grauem Schopf rief mir »Buon giorno« zu. Dann rief er ins Zelt hinein. »Bist du so weit, Maria?« Ich stapfte weiter.
Der Himmel war vollkommen klar. Seitlich von mir stand die gestreifte Eiswand steil in der Sonne. Mein Kopf brummte ein wenig, aber ich hatte gut geschlafen und war fit. Der stürmische Wind, mit dem ich auf dem Sattel schon gerechnet hatte, blieb an diesem Tag aus. Es war im Gegenteil völlig windstill, und der Neuschnee war hart gefroren. Meine Daunenjacke war viel zu warm. Ich zog sie aus und stopfte sie in meinen Rucksack. Die Teekanne hatte ich diesmal mit Cidre gefüllt, weil ich dann vielleicht mehr trinken würde. Sonam befand sich noch im Camp. Er würde mich später ohnehin locker einholen. Ich war allein und genoss es. Ein Hügel erstreckte sich nach dem anderen, und sie wurden immer steiler. Ich machte einfach weniger Schritte zwischen den Pausen. Nichts konnte mich an diesem Tag aus der Ruhe bringen. Der ältere Herr mit dem grauen Schopf zog still an mir vorbei. Ich schaute ihm bewundernd nach. Wie elegant er einen Schritt vor den anderen setzte, ohne jemals aus dem Rhythmus zu kommen.
Wie es wohl Babu in der Nacht auf dem Gipfel ergangen war? Eigentlich musste er nun auf dem Rückweg sein. Besseres Wetter hätte er sich gar nicht wünschen können. Der berühmte Wolkenschweif, der sonst immer über dem Gipfel wehte, war an diesem Tag nicht zu sehen. Es war also auch da oben noch windstill. Ein Stück weiter

oben sah ich Fabrizio, der in seinem von Sponsorenstickern übersäten Daunenanzug völlig erschöpft im Schnee saß. Er winkte mir zu, aber ich brauchte lange, um zu ihm zu gelangen, weil das letzte Stück so steil war. Außer Atem setzte ich mich zu ihm. Er war gerade vom Camp 3 zurückgekommen, hatte sein Zelt dort abgeliefert und befand sich auf dem Rückweg. Ein paar Ukrainer waren bereits dort und wollten noch an diesem Tag zum letzten Camp. Sie waren die Ersten, die sich in dieser Saison zum Gipfel vorwagen wollten. Das Wetter war ideal, aber Fabrizio meinte, es würde nicht halten.
»Der Wetterbericht sagt hohe Winde voraus. Es ist noch zu früh in der Saison«, sagte er mir.
Ich erinnerte mich, dass Russell etwas Ähnliches gesagt hatte. Doch noch war alles ruhig, und kein Wölkchen trübte die Aussicht.

### *Camp 2, 7600 Meter* — 7. Mai

Sonam hatte mich schon bald eingeholt, und gemeinsam marschierten wir weiter. Um kurz nach zwölf Uhr kamen wir im Camp an. Zwei olivgrüne Zelte standen dicht nebeneinander auf der letzten Schneefläche, hinter der die sich lose übereinander türmenden Felsen begannen. Man konnte von da aus schon manche bunten Zelte sehen, die wie Vogelnester im dunklen Gestein hingen. Viele der anderen Gruppen hatten ihr zweites Lager dort oben aufgeschlagen. Vor uns fiel der Schnee steil in die Tiefe, und ich hielt mich an den Seilen fest, die die Sherpas um die Zelte gespannt hatten. Nachts wollte ich da nicht unbedingt hinausmüssen und beschloss, von nun an meine Pipi-Flasche zu benutzen. Auf der anderen Seite war am Südsattel nachts einmal ein Bergsteiger auf dem Weg zur Toilette abgestürzt, weil er seine Steigeisen nicht angeschnallt hatte. Das konnte an dieser Stelle auch leicht passieren.
Kaum hatten wir das Camp erreicht, kam Wind auf. Immer stärker rüttelte er an den Zelten, während wir lange überlegten, was wir uns zum Essen kochen sollten. Tomatensuppe oder Nudeln? Vielleicht

eines der vorgekochten Curries aufwärmen? Am Ende machten wir nur Tee und aßen Kekse und Schokolade, weil mir der Appetit fehlte. Sonam kaute getrocknetes Yakfleisch. Wir hatten versucht, Russell über Funk zu erreichen, aber niemand antwortete uns. Die Welt da draußen war wild geworden, und die Überreste von zerrissenen Zelten flatterten aufgeregt im Schnee. Wie lange sie wohl schon da oben den Naturgewalten ausgesetzt waren? Vielleicht waren es noch Überreste von Mallorys und Irvines Expedition. Ihr Camp hatte vor fünfundsiebzig Jahren dort gelegen. Jochen hatte mir davon erzählt.
Plötzlich begann das Funkgerät zu knistern.
»ABC an Camp 2, könnt ihr mich hören? Over.«
Das war Russells Stimme. Sonam nahm das Funkgerät und antwortete.
»Camp 2 an ABC, wir hören euch. Over.«
Keine Antwort, stattdessen die wiederholte Anfrage von Russell.
»ABC an Camp 2, könnt ihr uns hören? Over.«
Ich nahm das Funkgerät und antwortete:
»Ja, Russell, wir hören dich klar und deutlich. Hört ihr uns? Over.«
Funkstille.
»Camp 2 an ABC, wir winken euch jetzt. Hallo, hallo, wie geht's da unten?«
Ich streckte den Kopf zum Zelt hinaus und winkte hinunter. Ich konnte die Moräne mit den Zelten sehen. Russells Stimme wurde immer ungeduldiger. Wir antworteten brav, aber offensichtlich konnte er uns nicht hören. Sonam ging nach draußen, versuchte Camp 3 und Lacchu im Basislager zu erreichen, aber ohne Erfolg. Wir drehten an allen möglichen Knöpfen. Nichts. Wir konnten Russell mit den anderen Camps reden hören, und alle versuchten uns zu erreichen. Schließlich gaben sie es auf. Er habe uns mit dem Fernglas beobachtet, hörten wir Russell über Funk zu Lobsang sagen, und er schien zu wissen, dass wir heil im Camp 2 angekommen waren.
»Die zwei sind wahrscheinlich zu blöd, um ihr Funkgerät zu bedie-

nen.« Das war zu viel. Ich griff nach dem Funkgerät, drückte auf den Knopf und rief hinunter: »Camp 2 an ABC. Uns geht's blendend, wir haben herrlich diniert, Yakhaxe und Schokoladentorte, und liegen jetzt gemütlich in den Federn. Und du kannst zur Hölle fahren, wenn du willst. Wir werden für dich ein Abendgebet gen Himmel schicken, du Monster. Over vom Camp 2.« Keine Antwort.
7600 Meter Höhe und ich hatte nicht schlecht geschlafen in den beiden Daunenschlafsäcken, die ich übereinander gestülpt hatte. Der Trick bestand darin, sich richtig wohl zu fühlen. Stündlich hatte ich mich zweimal umgedreht und mich dabei jedes Mal an ein weiches Daunenbett in einem Luxushotel erinnert, mal war es in St. Barths, mal in Phuket, mal auf Maui. Das Rauschen des Windes wurde zur Meeresbrandung, die gegen die Felsenküste donnerte. Und auch mein Kopf brummte nur, weil ich auf der Party am Abend zuvor zu viel getanzt und Champagner getrunken hatte. Ein kleines Tennismatch in der Früh und dann nichts wie zum Strand, vielleicht ein bisschen Beach-Volleyball. Mal sehen, wie das Wetter werden würde. Die Reise hatte schließlich über 35 000 Dollar gekostet, da musste man die Freizeitangebote schon nutzen.
Sonam wachte mit starken Kopfschmerzen auf. Bei mir hielten sie sich in Grenzen, weil ich in der Nacht schon wie ein alter Partygänger ein paar Aspirin genommen hatte. Ich erinnerte mich wieder an Russells Worte, dass dies der härteste Tag meines Lebens werden würde. Ob er wohl Recht behalten sollte? Noch nie war ich auf dieser Höhe gewesen, 7600 Meter über dem Meeresspiegel. Am Cho Oyu hatte unser letztes Camp auf 7500 Metern gelegen, und von dort waren wir im Schneesturm umgekehrt. Und nun sollte ich hinauf zum Camp 3.
Außer Tee konnte ich nichts zu mir nehmen. Es war besser nichts zu essen, dann konnte mir wenigstens nicht schlecht werden. Ich wollte meinen Rucksack eigentlich dort lassen, aber wenn Russell uns wieder durchs Fernglas beobachtete ... Nein, das würde nicht gut aussehen. Lieber nahm ich ihn mit und stopfte einen Pullover hinein, damit er nicht so leer aussah. Die Wasserflasche steckte ich in meine

Daunenjacke, damit sie nicht einfror. Sonnencreme, Gletscherbrille, Traubenzucker und eine Hand voll Hustenbonbons – für alle Fälle. Der Wind hatte kein bisschen nachgelassen und blies mich fast um, als ich aus dem Zelt stieg und hinunterwinkte. An den Felsen zog ich die Steigeisen aus und ließ sie zurück. Sonam sagte, wir bräuchten sie nicht. Dann begann der Aufstieg. Karabiner ins Seil und den Jumar dazu. Ich streckte meine Hand weit nach oben und atmete noch einmal tief ein, bevor ich den ersten Schritt wagte. Die Felsen waren vom Nachtfrost ganz rutschig, und Wolken verhüllten die Sicht auf die Berge unter uns. Nur der Cho Oyu ragte im Westen aus ihnen heraus. Eine dicke weiße Wolke stieg steil an der Nordwand neben uns zum Gipfel hinauf. Kein gutes Omen.
Die ganze Flanke des Berges bestand aus zerborstenen Felsplatten, die der Sturmwind fast blank gefegt hatte. Sie stapelten sich übereinander wie lose Dachziegel. Das Gelände auf dem exponierten Nordgrat war genauso abschüssig. Der Grat fiel nach allen Seiten steil ab, und der Wind pfiff bösartig. Jeder Schritt kostete immense Kraft. Ich versuchte von einem Dachziegel zum nächsten zu balancieren. Immer wieder rutschten große Steinbrocken unter meinen Füßen weg. Ich drehte mich um und rief Sonam zu, dass er warten solle, weil ich ihn nicht durch Steinschlag gefährden wollte. Er hörte mich nicht und hielt die Hand ans Ohr. Seine Lippen bewegten sich, doch der Wind trug seine Worte davon, noch bevor sie mich erreichen konnten. Ich probierte es mit Handzeichen, und Sonam nickte mir zu. Die Daunenkapuze flatterte mir um den Kopf, und ich zählte nun nicht mehr die Schritte, sondern die Handgriffe am Seil über mir. Meine Nase lief, und die Gläser meiner Gletscherbrille beschlugen, weil ich mir den Schal bis über die Nase hochgezogen hatte. Meine Daunenhandschuhe waren zu dick und passten nicht richtig in den Jumar, aber ausziehen konnte ich sie nicht, meine Finger waren ohnehin schon so kalt. Die bunten Zelte kamen näher. Bedrohlich flatterten sie im Wind und krallten sich mit aller Kraft an den Steinen fest. Manche hingen in einem Geflecht aus Seilen wie in einem Spinnennetz. Es war das ungemütlichste Camp, das ich je gesehen hatte.

Überall lagen Sauerstoffflaschen und Zeltfetzen, Gasbehälter und abgebrochene Zeltstangen herum. Sonam hatte drei Flaschen Sauerstoff im Rucksack und überholte mich trotzdem. Ob die anderen Sherpas wohl zum Camp 4 aufgestiegen waren?
Die weiße Wolke neben uns hatte nun dunkle Flecken und sah mich dämonisch an. Vielleicht war es besser, umzukehren. Aber diese Genugtuung wollte ich Russell nicht gönnen. Ich steckte mir ein Zelt nach dem anderen zum Ziel und ruhte mich jeweils davor aus – wie auf einer Terrasse. Ein rotes Zelt hing mehr oder minder auf einer abfallenden Steinplatte. Wie es sich darin wohl schlief? Aus einem orangefarbenen Zelt stiegen zwei vermummte Bergsteiger und machten sich auf den Weg nach unten. Wie spät es wohl sein mochte? Sonam war weit voraus. Die Wolke neben mir wurde immer dunkler und schien an der Nordwand festzukleben. Sie war ständig in Bewegung, kam aber trotzdem nicht vom Fleck. Noch hundert Meter. Ich sah, wie Sonam seinen Rucksack abnahm. Er packte die Sauerstoffflaschen aus und verstaute sie in einem olivfarbenen Zelt. Noch fünfzig Meter. Sonam zog seinen Rucksack wieder an und bedeutete mir, dass wir umkehren würden. Erleichtert setzte ich mich auf einen Felsen und wartete auf ihn. Die Luft war so dünn, dass ich nie mehr als acht Schritte hintereinander machen konnte. Schon jetzt war ich völlig erschöpft. Die klirrende Kälte kratzte mir im Hals, und mein Husten wurde wieder schlimmer.
»Das Wetter wird schlecht, wir kehren besser um. Ich habe mit den Sherpas oben gesprochen, sie sind ebenfalls auf dem Rückweg. Ich geh schon voraus und mache uns Tee. Kommst du allein zurecht?«, schrie Sonam direkt neben mir in den Wind.
Ich nickte nur. Vor uns hingen noch vier andere in den Seilen, und ich folgte ihnen langsam nach unten.
Der geringe Sauerstoffgehalt der Luft wirkte wie ein Gefängnis mit unsichtbaren Gitterstäben. Am liebsten hätte ich meine Jacke aufgemacht, weil ich mir einbildete, sie würde mir die Luft abdrücken. Den Schal, die Mütze und die Brille wollte ich ausziehen, aber das wäre nur ein kurzer Akt der Befreiung gewesen, bevor mich der

ewige Frost in seinen eisigen Klauen gehabt hätte. Also zog ich den Kopf zurück in mein geschütztes Daunenhaus und schaute von dort in die Welt da draußen, die erbarmungslos, aber auf eine bizarre Weise ebenso berauschend war. Ich konnte die Gnadenlosigkeit der Elemente bis in meinem Innersten spüren. Die Wolken unter mir sahen so unschuldig aus, so weich und weiß, doch das Monster neben mir wurde zusehends dunkler und schien sich drohend in der Steilwand festzubeißen. Auf dem dreieckigen Schneefeld unterhalb des Gipfels waren zwei schwarze Punkte zu sehen. Langsam bewegten sie sich nach oben. Das mussten die Ukrainer sein. Was für ein Wahnsinn, bei diesem Sturm zum Gipfel aufzusteigen. Vielleicht war der Wind dort oben weniger stark, vielleicht war es aber auch immer so stürmisch da oben. Ich vergegenwärtigte mir, dass ich an diesem Morgen nur etwa 250 Höhenmeter geschafft hatte, und angesichts dessen verließ mich der Glaube an eine Besteigung des Gipfels. Zwölf bis vierzehn Stunden so hinaufzusteigen, das würde ich nie schaffen. Russell hatte Recht. Ich hatte mich völlig überschätzt. Ich hatte keine Ahnung. Nicht umsonst nannte man ihn »den Everest« und atmete bedeutsam ein, bevor man seinen Namen aussprach.

Ich warf mich vor das Zelt im Camp 2 und zog meine Steigeisen wieder an. Es war erst zehn Uhr, aber ich wollte gleich weiter, um meinen wieder gefundenen Schwung nicht ungenutzt zu lassen. Vielleicht konnte ich ja auf dem Hintern im Schnee am Seil entlang hinunterrutschen. Ich versuchte es, aber der Grat war steiler, als ich dachte, und das Gewicht meines Rucksacks zog mich zu schnell nach unten. Ich drehte mich auf den Bauch und stoppte gekonnt mit meiner Eisaxt.

»Wollte nur mal zeigen, dass ich das auch noch kann«, rief ich Russell zu und winkte, weil er bestimmt schon wieder durch das Fernglas sah.

Immer schön kontrolliert die Steigeisen in den Schnee stechen, Schritt für Schritt.

Das Wetter wurde zunehmend schlechter. Der Wind wehte nun in heftigen Böen über den Sattel. Die dunkle Wolke hinter mir, die den ganzen Morgen brodelnd in der Nordwand gehangen hatte, begann auszubrechen. Steil nach oben stiegen Wolkenfetzen weg, und ich konnte das Schneefeld, auf dem ich kurz zuvor die beiden schwarzen Punkte gesehen hatte, nicht mehr erkennen. Der Gipfel war verschwunden. Noch schien die Sonne vor mir auf den Schnee, aber hinter mir drängten die Wolkenfetzen immer dichter heran. Ich konnte es nicht fassen, als ich weiter unten drei Punkte ausmachte, die sich immer noch aufwärts bewegten. Vermutlich Sherpas, die Lasten zum Camp 2 trugen, dachte ich. Ich schloss die Augen und wünschte mir, mit einem Fingerschnippen den Platz mit ihnen tauschen zu können. Sie wünschten sich vielleicht dasselbe, aber es klappte nicht an diesem Tag. Vielleicht sollte ich mir lieber jemanden im ABC aussuchen, dann könnte ich mich gleich schon zu Kulpadur in die Küche setzen.

Die drei Männer unter mir bewegten sich langsam und machten viele Pausen. Ich traf den ersten über seine Eisaxt gebeugt an und fragte ihn nach der Zeit. Er suchte so umständlich nach seiner Armbanduhr, dass es mir schon wieder Leid tat, ihn gefragt zu haben.

»Zwölf Uhr fünfzig«, sagte er in gebrochenem Englisch.

So spät schon. So lange hatte ich gebraucht, und vor mir lag noch die Hälfte des Weges zu unserem Camp am Nordsattel. Seine Freunde seien auf dem Weg zum Gipfel, und der Mann mit der Armbanduhr deutete stolz nach oben in die Wolken. Er gehörte zur dritten Gruppe der ukrainischen Expedition, die zweite Gruppe war auf dem Weg ins letzte Camp.

»Das Wetter sieht nicht gut aus«, erwiderte ich und zeigte auf die dunklen Wolken.

Er zuckte mit den Schultern und ging weiter.

Als ich Camp 1 erreicht hatte, holten mich die grauen Wolken ein, und die bunten Zelte bewegten sich wie dunkle Schatten durch den dichten Nebel. Zwei schwarze Figuren schaufelten im Schnee und versuchten ein Zelt aufzustellen. Ich war froh, dass Sonam schon Tee gekocht hatte. Auch er hatte die zwei Ukrainer auf dem Schneefeld

unter dem Gipfel gesehen. Ich zog meine Daunensachen aus und schlüpfte in meine Goretex-Uniform, obwohl ich lieber in meinen Daunen weitergegangen wäre, weil es draußen so kalt war. Ich fand meine Uhr im Rucksack. Es war erst halb zwölf. Und dann fiel mir ein, dass der Ukrainer, den ich getroffen hatte, wahrscheinlich die Beijing-Zeit eingestellt hatte – zweieinviertel Stunden voraus.
Wir machten uns wieder auf den Weg. Draußen war alles weiß. Ich schaute lange den drei schwarzen Punkten auf dem Nordgrat nach. Immer höher hinauf stiegen sie, den dunklen Felsen entgegen, höher und höher, bis die vorbeistürmenden Wolkenfetzen sie eingeholt hatten und sie darin verschwanden. Der Gipfel war längst nicht mehr zu sehen. Wo unsere Sherpas nur blieben? Es hatte angefangen zu schneien, dicke weiße Flocken wirbelten durch den Eisfall. Es war warm und windgeschützt in der Wand, und ich war froh, dass ich die Daunenjacke nicht anbehalten hatte.
Sonam war hungrig und drängte vorwärts.
»Geh ruhig voraus, ich bin heute langsam, aber ich schaffe es schon alleine«, rief ich ihm zu.
Ich musste mich konzentrieren, weil meine Beine so müde waren, und ich durfte an den Seilen keinen Fehler machen. Der Neuschnee war anstrengend und rutschte auf dem Eis darunter. Aber er war weich wie ein Daunenkissen, wenn ich hinfiel.
Jangbu und Pemba, die beiden Sherpas der Südafrikaner, die am Nordsattel kurz zuvor die Zelte aufgestellt hatten, holten mich ein, und ich folgte ihnen über das Gletscherfeld. Sie hatten auf mich gewartet und nahmen mich jetzt in ihre Mitte. Ich ging einfach Pembas Fußstapfen hinterher, und wenn ich mich erschöpft über meine Eisaxt lehnte, warteten sie geduldig. Der Wind war stark, das Gehen im Neuschnee eine Qual. Ich versuchte nicht nachzudenken, keine Schritte zu zählen, sondern einfach nur Pembas Schritten zu folgen. Um ein Uhr lieferten sie mich in unserem Küchenzelt ab, und ich lud sie zum Tee ein. Kulpadur hatte Kartoffeln gekocht, und sie wärmten meine kalten Hände. Er servierte uns Chilipaste und Butter dazu. Riki nannte man diese Mahlzeit, die die Sherpas oft zum Frühstück

schon aßen. Draußen schneite es heftig, und der Wind rüttelte am Zelt. Russell hatte mit Sumiyo und Herrn Kobayashi eine Strategiesitzung im Gemeinschaftszelt.
Kurze Zeit später kamen endlich auch Phurba, Lobsang und Karsang zurück. Es war gemütlich in unserer Küche; die gute Laune der drei war ansteckend. Auch wenn man sie in einem Schneesturm bis zum Nordpol schicken würde – sie würden fröhlich schwatzend zurückkommen, das Radio anmachen und Lacchu beim Kochen helfen. Geoff, Kozuka und Ken waren schon im Basislager. Am nächsten Tag sollten auch wir hinuntergehen. Nur eine Stunde und fünf Minuten hätte ich vom Camp 2 zum Camp 1 gebraucht, behauptete Russell.
»Gute Arbeit, aber den Funkgerätekurs habt ihr beide noch nicht bestanden«, sagte er und schüttelte den Kopf.
Er fragte Sonam, ob er die Sauerstoffflaschen im Camp 3 deponiert habe. Sonam nickte mit dem Kopf.
»Helikopter und ich waren heute Morgen zusammen dort«, sagte er und zwinkerte mir zu.
»Damit meint er mich«, sagte ich und breitete die Arme aus zum Flug.
»Wunderbar, dann könnt ihr mit dem Helikopter da morgen früh auch gleich alle zum Basislager fliegen«, sagte Russell streng.
Sumiyo fuhr Karsang an, weil er zum Takt der Musik auf die Milchdosen trommelte, und er zog eine Grimasse. Kulpadur trug das Abendessen hinüber ins Gemeinschaftszelt.
»Komm, Didi«, sagte er zu mir, aber ich schüttelte den Kopf.
»Kann ich nicht bei euch bleiben und hier essen?«, fragte ich und sah ihn bittend an.
»Natürlich«, sagte Lobsang.
»Ich glaube, Sumiyo reist morgen ab«, flüsterte Phurba mir zu.
»Darauf trinken wir«, sagte ich und schenkte uns etwas Brandy in die Teetassen.

# 7

*Zu einer Zeit, als Tibet von zwölf streitsüchtigen Fürsten regiert wurde und das Land durch die vielen Machtkämpfe gespalten war, geschah es, dass dem König von Vatsa in Indien ein Sohn geboren wurde. Allerdings war es kein gewöhnliches Kind. Es war mit türkisblauen Augenbrauen, überhängenden Augenlidern und zusammengewachsenen Fingern zur Welt gekommen. Der König war sehr betrübt, und sein Hofstaat fürchtete sich vor dem sonderbaren Kind. Da beschloss der König, das Kind auszusetzen. Er befahl seinen Dienern, es in einem Holzkasten in den Ganges zu werfen. Er war froh, als er das seltsame Kind los war.*
*Ein Bauer entdeckte die Holzkiste im Fluss, und als er sie öffnete, fand er darin das wundersame Kind und nahm es mit zu sich nach Hause. Der Junge erlebte eine glückliche Kindheit, denn der Bauer und seine Frau hatten ihn in ihr Herz geschlossen.*
*Als er herangewachsen war, erzählte der Bauer ihm die wundersame Geschichte seiner Herkunft, wie er ihn aus dem Ganges gefischt hatte. Der junge Mann wurde traurig, als er die Geschichte hörte, weil er geglaubt hatte, er gehöre zu der Bauernfamilie, und mit Bewunderung zu seinem vermeintlichen Vater aufgeschaut hatte. Damit er sich nicht ausgestoßen fühlte, erzählte ihm der Bauer, dass er ein ganz besonderer Junge sei, ein »Auserwählter« von hoher Geburt. In unendlicher Trauer flüchtete der junge Mann in den Himalaja und kam schließlich nach Yarlung in Tibet, wo er seine Tage einsam im Schutz der Berge verbringen wollte. Die Menschen, die dort lebten, waren Anhänger der Bön-Religion. Sie glaubten, dass die Götter vom Himmel an einem Seil, einer Art leuchtender Säule, die den Himmel mit der Erde verbindet, zu den Berggipfeln herabschwebten. Die eisigen Berggipfel des großen Himalaja waren dem Himmel am nächsten.*

*Eines Tages traf der junge Mann auf eine Gruppe tibetischer Mönche des alten Ordens. Auf ihre Frage, wer er sei, antwortete der junge Mann, er sei ein »Auserwählter«.*
*»Und woher kommst du?«, fragten sie weiter.*
*Der junge Mann deutete hinauf zu den Bergen, hinter denen Indien lag, aber die Mönche dachten, er hätte zum Himmel gezeigt. Und der Himmel war den Anhängern des Bön heilig.*
*Weil der junge Mann die tibetische Sprache nicht beherrschte, gaben die Mönche ihre Bemühungen auf, ihn weiter auszufragen. Sie setzten ihn auf einen hölzernen Stuhl mit einer Nackenlehne, der von vier Männern getragen wurde. Sie brachten ihn ins Dorf und nannten ihn Nyatri Tsenpo, den »Nacken-gekrönten König«. Und so kam es, dass er der erste König von Tibet wurde. Vor seinem Kommen lebten die Tibeter in Höhlen. Nyatri Tsenpo baute das erste Haus, das angeblich heute noch in Yarlung steht.*

LEGENDE AUS TIBET

## *Ein Alptraum beginnt* 9. Mai

Am nächsten Morgen lag unser Camp in tiefem Schnee. Es war so still wie am ersten Weihnachtstag.

»Guten Morgen, jetzt können wir endlich mal einen Schneemann bauen«, begrüßte ich Russell fröhlich, der mit dem Fernglas angestrengt nach oben schaute.

Insgeheim hoffte ich, nicht schon an diesem Tag wieder ins Basislager zurückkehren zu müssen. Mir taten sämtliche Knochen weh. Ich war in den letzten fünf Tagen täglich über 500 Höhenmeter aufgestiegen, und nicht nur meine Beine brauchten dringend einen Ruhetag. Russell ließ das Fernglas sinken und sah mich besorgt an.

»Das wird kein guter Tag heute. Ich will, dass du deine Sachen packst und mit den Sherpas hinunter ins Basislager gehst. Je früher ihr aufbrechen könnt, um so besser«, sagte er.

Der Himmel war bedeckt, und dicke graue Wolken versperrten die Sicht auf den Gipfelbereich des Everest. Russell blickte wieder angestrengt in die Wolken.

»Nur einer von den drei Ukrainern ist gestern Abend vom Gipfel zurückgekommen. Die anderen sind noch irgendwo da oben. Wir haben im Laufe der Nacht den Funkkontakt mit ihnen verloren. Es sieht schlecht aus, und das Wetter dort oben ist furchtbar«, murmelte er und stapfte davon.

Nein, das war kein guter Tag.

Ich ging in die Küche. Kulpadur machte gerade Frühstück für Russell und Valentin, den Expeditionsleiter der Ukrainer. Die beiden waren dabei, eine Rettungsaktion in die Wege zu leiten. Unsere Sherpas hatten am Tag zuvor unser Camp 4, das auf einer Höhe von 8300 Metern lag, mit Zelten, Schlafsäcken und neunzehn Flaschen

Sauerstoff ausgestattet. Russell versuchte herauszufinden, wer sich im letzten Camp aufhielt und stark genug war, hinaus in den Sturm zu gehen, um die beiden Ukrainer zu suchen. Es war nicht einfach, alle Beteiligten auf die gleiche Funkfrequenz zu bekommen. Drei andere Ukrainer aus dem zweiten Gipfelteam waren im Camp 4 angekommen und wurden angewiesen, die Zelte abzusuchen, um herauszufinden, wer dort oben war, ob jemand vielleicht die beiden Vermissten gesichtet habe und ob irgendjemand stark genug war, um zu helfen. Sie sollten unseren Sauerstoff aus Camp 4 nehmen und eine Rettungsmannschaft ausrüsten. Nur die Amerikaner und wir waren für eine solche Aktion ausgestattet. Es war nicht einfach, alles zu koordinieren, weil die Zelte im Camp 4 relativ weit voneinander entfernt standen, und für diejenigen, die nun dort oben waren, bedeutete es eine unglaubliche Anstrengung, Daunenkleidung, Plastikstiefel und Steigeisen anzuziehen und in den Sturm hinauszugehen. Viel Zeit blieb ihnen jedoch nicht, wenn sie die beiden noch lebendig finden wollten.

Am Tag zuvor waren die drei besten Bergsteiger der Ukrainer auf dem Weg zum Gipfel gewesen. Es handelte sich um Wjatscheslaw Terzyul, der schon sechs Achttausender erklommen hatte, Wladimir Gorbatsch, der 1994 den schwierigen Dhaulagiri bezwungen hatte, und Wasilij Kopytko, der im Jahr zuvor auf dem Cho Oyu gewesen war. Zwei von ihnen hatte ich auf dem Schneefeld unter dem Gipfel gesehen. Der Dritte war zwar weit hinter den beiden zurückgefallen, aber immer noch auf dem Weg nach oben gewesen. Die beiden Ersten hatten am Nachmittag den Gipfel erreicht. Auf dem Rückweg trafen sie auf den Dritten. Einer der beiden beschloss zu bleiben und auf den Dritten zu warten, der zum Gipfel weiter wollte. Der andere kämpfte sich bei beginnender Dunkelheit durch das sogenannte Gelbe Band nach unten und traf abends im letzten Camp ein. Während der Nacht rief er um Hilfe. Wo die beiden anderen steckten, war unklar. Wjatscheslaw war am frühen Morgen wieder aufgestiegen, um nach den beiden zu suchen, aber oben tobte immer noch ein Schneesturm.

Plötzlich war die Welt da oben aus den Fugen geraten und drohte in der Tat zur Todeszone zu werden. Ich begann meinen Rucksack zu packen. Auch die Sherpas waren in Aufruhr. Auf der einen Seite wollten sie hinauf, um zu helfen, auf der anderen Seite waren sie erschöpft und erholungsbedürftig. Russell traf die Entscheidung, dass wir alle sofort zum Basislager absteigen sollten. Die Sherpas waren seit fünfundzwanzig Tagen im ABC und hatten in den letzten Wochen in den oberen Camps hart gearbeitet, hatten in ihren Rucksäcken unzählige Flaschen Sauerstoff, Zelte, Schlafmatten, Kocher, Schlafsäcke und Seile hinaufgeschafft. Camp 4 lag mindestens zwei Sherpa-Tagesetappen entfernt vom ABC, und Russell konnte ihnen nicht zumuten, noch einmal dort hinaufzusteigen, um zu helfen, ohne sie in Lebensgefahr zu bringen.
»Macht, dass ihr runterkommt ins Bananenboot, und ruht euch aus«, sagte er und verschwand wieder im Zelt der Ukrainer.
Um acht Uhr verließen wir unser Camp. In der Nacht war viel Schnee gefallen. Der Pfad war schwer zu finden, und die Steine waren rutschig. Phurba stapfte voran und bahnte uns einen Weg durch das Geröllfeld. Es fing wieder an zu schneien, und dicke Wolken verschleierten die blauen Haifischflossen des Gletschers, der uns umgab. In den Wolken war es gespenstisch warm. Die blauen Seen waren unter einer dicken Schneedecke verschwunden. Karsang grub einen großen Stein aus dem Schnee und warf ihn mit aller Kraft in einen der Seen, um deren Eisdecke zu testen. Der Stein versank, und Wasser schwappte nach oben. Wir mussten also einen Umweg durch die Gletschertürme machen, um auf die andere Seite zu gelangen. Ich ging voran, weil ich den Weg vom Aufstieg her schon kannte. Chimi kam uns auf halbem Weg entgegen. Er war auf dem Weg ins ABC, um Kulpadur in der Küche abzulösen.
Wir waren schon fast beim Zwischenlager angelangt, als die Wolken plötzlich aufbrachen und die Sonne am blauen Himmel über uns strahlte. Langsam schmolz der Schnee dahin. Es wurde heiß, und ich hatte unerträglichen Durst. Karsang schöpfte Wasser aus einem der kleinen Seen. Es schmeckte köstlich, mitsamt dem Schnee darin –

frisches Everest-Sorbet. Choldrim erwartete uns im Zwischenlager mit heißem Tee. Dort machten wir Brotzeit und zogen dann weiter hinunter ins Tal.
Die Amerikaner waren auf dem Weg nach oben und berichteten uns von ihren Funden. Conrad hatte Mallorys Leiche eine Woche zuvor oben im Couloir entdeckt. Er hatte ihn an seiner Tweedjacke und an den genagelten Lederstiefeln erkannt. Sein Rücken, berichtete er, sei weiß wie Marmor, weil die Sturmwinde ihm dort die Kleider fortgerissen hatten. Die Kamera hatten sie nicht gefunden. Mallory hatte seine Gletscherbrille in der Tasche gehabt. Das bedeutete vielleicht, dass er sich im Dunkeln auf dem Rückweg vom Gipfel befand, als er abstürzte, oder dass er seine Brille im Sturm ausgezogen hatte, um besser sehen zu können, oder aber, dass er eine zweite Brille in der Tasche trug, wie viele Bergsteiger das tun. Damit war nichts bewiesen. Es blieb weiterhin ein Rätsel, ob Mallory und Irvine es wirklich an jenem Junitag im Jahre 1924 zum Gipfel geschafft hatten. Mallory lag mit dem Gesicht nach unten und war zur Hälfte mit gefrorenem Geröll bedeckt. Man könne sogar noch die Härchen auf seinen Handrücken sehen, so gut sei er im ewigen Eis erhalten geblieben, sagte Conrad. Er habe sich wohl im Seil verheddert und bis zuletzt gekämpft, um seinen Fall zu stoppen. Eines seiner Beine war gebrochen, das andere hatte er schützend darüber gelegt. Die *New York Times* hatte aus ihrer Entdeckung eine Titelstory gemacht, und Eric hatte die spektakulären Aufnahmen von Mallory weltweit an viele Zeitschriften verkauft. Eric selbst trafen wir wenig später. Er hatte sich einen Schal um die Nase gewickelt und versuchte auf diese Weise, seine Kehle vor der trockenen Luft und seine Lunge vor schmerzhaften Hustenanfällen zu schützen. Ich hob die Hand zum Zeichen dafür, dass auch ich ein Mitglied im Club der Hustenden auf dem Everest war.
Karsang, Lobsang und Sonam waren längst vorausgegangen, nur Phurba blieb bei mir. Ich musste immer wieder Pause machen und setzte mich keuchend auf einen Felsen.
»Hurry, hurry, chickencurry«, rief Phurba mir aufmunternd zu.

»Wir gehen ganz langsam und bewundern die Aussicht«, fügte er hinzu.
Immer wieder brachen die Wolken über dem Everest auf, und wir konnten den Gipfelgrat sehen. Direkt vor uns ragten steile schwarze Felsen in den Himmel, in weiße Wolken gehüllt wie ein verwunschenes Schloss. Phurba erzählte mir von seinem Haus im Khumbu. Er hatte ein Kind; ein zweites war unterwegs. Sein Vater kümmerte sich um die fünfzig Yaks, die für Trekkingtouren im Khumbu- und im Gokyo-Tal eingesetzt wurden. Sein Vater sei schon sehr alt, aber immer noch fit, erzählte er stolz. Er verbringe viel Zeit mit ihm, wenn er zu Hause sei, und vermisse ihn sehr. Bei dieser Expedition würde er jedoch so viel Geld verdienen, dass er seine Familie für den Rest des Jahres ernähren könne. Ob die zwei vermissten Ukrainer inzwischen aufgetaucht waren? Wir hatten ein paar aus ihrem Team vor vielen Wochen im Basislager getroffen. Sie hatten uns eine Broschüre gezeigt, in der jeder Teilnehmer der Expedition mit einem Foto vorgestellt wurde. Russell hatte damals lachend zu mir gesagt, ich könne mir ja einen der strammen Männer aussuchen. Sogar der Staatspräsident der Ukraine hatte die Broschüre mit ein paar salbungsvollen Worten geschmückt. Nun schwebten zwei der Bergsteiger in Lebensgefahr.
Lacchu erwartete uns schon im Basislager und hielt mir stolz ein Stück Wassermelone entgegen. Ich umarmte ihn.
»Es gibt also doch ein Paradies«, rief ich aus.
Ken und Geoff waren da und sahen schon richtig erholt aus. Unser Generator funktionierte nicht, und Kozuka, der Einzige, der sich damit auskannte, war am Morgen nach Zangmu abgereist, weil er ein Bad nehmen wollte. Lacchu hatte sich den ganzen Tag schon an der Maschine versucht, aber sie gab keinen Laut von sich. Was genau hinter Kozukas plötzlichem Bedürfnis nach einem Bad in Zangmu steckte, war allen unklar; wir spekulierten, dass er vielleicht auch an einer Massage von chinesischen Mädchen interessiert war, weil er über Verkrampfungen in seinen Beinen gejammert hatte. Zangmu war wahrscheinlich der letzte Ort in der Welt, an dem ein normaler

Mensch Urlaub machen würde. Aber er lag auf nur 2500 Meter Höhe, und es gab dort ein paar scheußliche Touristenhotels und Discos. Russell hatte vergeblich versucht, ihm diese anstrengende Reise von über 400 Kilometern auf Schotterstraßen auszureden, aber Kozuka hatte darauf bestanden und immer wieder seine Studien zur besten Art und Weise der Akklimatisierung ins Feld geführt.
Erhaben und gänzlich ungerührt von dem Drama, das sich gerade an seiner Nordflanke abspielte, erglühte der Everest im letzten Abendrot. Wir aßen bei romantischem Kerzenlicht, und Geoff war froh, wieder einen Partner beim Scrabble zu haben. Die Funkgeräte schwiegen, und so hatten wir keine Nachrichten von oben. Herr Kobayashi war nicht dazu zu bewegen gewesen, mit uns hinunterzukommen, weil er erst vor ein paar Tagen den langen Aufstieg ins ABC gemacht hatte. Tausende von Sternen strahlten am schwarzen Himmel, und ich sah lange den Sternschnuppen nach, die kreuz und quer durchs All flogen.

## *Urlaub im Bananenboot* 10. Mai

Endlich Rast für meine müden Beine, Sonnenschein im Zelt und eine heiße Dusche. Wilfried und Sylvia hatten ein Teleskop, mit dem sie den ganzen Morgen schon das Geschehen auf dem Nordgrat beobachteten. Wjatscheslaw war am vorherigen Tag noch einmal zum Nordostgrat aufgestiegen und hatte einen der beiden Vermissten, Wladimir Gorbatsch, an der ersten Stufe gefunden. Er bewegte sich nicht mehr, lebte aber noch. Die Ukrainer aus der zweiten Gruppe stiegen ebenfalls auf und halfen ihm, den Verletzten herunterzutragen. Er hatte schwere Erfrierungen. Nun waren Rettungsmannschaften auf dem Weg ins letzte Camp, um ihn nach unten zu bringen. Von Wasilij Kopytko jedoch fehlte jede Spur, und Wladimir redete nur wirres Zeug, weil er sich im Delirium befand. Sylvia zeigte mir traurig die Broschüre, die die Ukrainer ihr geschenkt hatten, und zeigte auf eines der Bilder.

»Das ist er, derjenige, der vermisst wird«, sagte sie.
Ich schluckte und sah mir das Foto an. Wie stolz er in die Kamera lachte. Lockige Haare umrahmten sein Gesicht. Das ukrainische Nationalteam – jeder dieser Männer, war sorgfältig ausgewählt worden aus den besten Bergsteigern im Land und auserkoren in dem gemeinsamen Bemühen, die Fahne ihrer noch so jungen souveränen Republik auf den höchsten Gipfel der Welt zu bringen.
Dort oben war eine dramatische Rettungsaktion im Gang. Russell versuchte, die Sherpas der Georgier, die in einem der anderen hoch gelegenen Camps waren, dazu zu bringen, den Verletzten hinunterzutragen. Die Amerikaner und zwei Italiener waren auf dem Weg nach oben, um ihn am Nordsattel in Empfang zu nehmen. Russell hatte eine Bahre gebaut, damit er transportiert werden konnte.
Wilfried und Sylvia beschlossen, jetzt erst einmal im Basislager zu bleiben und zu warten, bis die Geister des Berges, die so böse erwacht waren, sich wieder beruhigt hatten. Schweren Herzens ging ich in unser Camp zurück. Geoff und Ken waren besorgt. Niemand wusste, wie viel von unserem Sauerstoff und Kochgas für die Rettungsaktion gebraucht worden war.
»Wir werden alle mit weniger Sauerstoff zurechtkommen müssen. Wer weiß, ob wir jetzt überhaupt noch eine Chance haben, zum Gipfel zu gehen«, gab Ken zu bedenken.
Geoff stimmte ihm zu, und gemeinsam versuchten sie auszurechnen, wie viele Flaschen Sauerstoff uns noch bleiben würden. Wie gnadenlos die Welt der Bergsteiger doch war, wenn es um den Gipfel ging.
Ich ging hinüber zu Ian und Cathy, die ebenfalls vom ABC zurückgekehrt waren. Sie hatten Jangbu und Pemba gebeten, bei der Rettungsaktion zu helfen. Sie selbst mussten sich um ihre vierzehn Trekker kümmern. Unsere Einladung zu einem Rugbymatch hatten die Trekker ausgeschlagen, weil die meisten von ihnen noch mit Kopfschmerzen und Übelkeit zu kämpfen hatten.
Es war still im Camp. Phurba setzte sich zu mir und fragte, was wir nur anstellen könnten. Zum Wäschewaschen hatte niemand rechte Lust. Die traurigen Ereignisse im Camp 4 machten uns allen zu

schaffen, aber wir konnten nun mal nicht helfen. Wir mussten uns von den Strapazen der letzten Tage erholen und uns dringend etwas Ablenkung verschaffen, aber wie? Kassang hatte ein braunes Seil, mit dem er immer die großen Wasserkanister vom Fluss auf dem Rücken ins Camp trug. Wir versuchten daraus ein Springseil zu machen und begannen einen Wettbewerb im Seilspringen. Selbst Lacchu und Kassang probierten sich in dieser Kunst, aber schon bald ließen wir uns alle wieder erschöpft in die offenen Zelte fallen. Vielleicht war ein kühles Bier in diesem Augenblick tatsächlich angebrachter.
Lacchu versuchte verzweifelt, den Generator in Gang zu bringen. Wir wollten ihm alle helfen, doch unsere Bemühungen blieben vergeblich. Es stellte sich heraus, dass einer der Südafrikaner Techniker war. Er warf einen Blick in den Generator und verordnete ihm eine neue Zündkerze. Danach funktionierte er wieder und ratterte den ganzen Nachmittag. Bei Sonnenschein wusch ich meine Wäsche. Nach dem Abendessen saßen Geoff und ich gebannt vor dem Funkgerät, um Nachrichten von oben zu hören. Wir stellten die Frequenz der Amerikaner ein, die sich am Nordsattel befanden, aber sie konnten uns keine Neuigkeiten berichten, weil die Sherpas, die den Ukrainer dorthin bringen sollten, noch nicht angekommen waren.
Unsere Sherpas saßen in der Küche. Bei Kerzenschein, Wein und Musik erzählte uns Phurba von den Geistern im Khumbu. Die Sherpas glauben, dass im Morgengrauen und abends in der Dämmerung Gespenster ihr Unwesen treiben.
»Es ist die Zeit, wenn die Sonne schon untergegangen, aber der Himmel noch nicht ganz dunkel ist. Wir nennen sie Namkisorif. Wenn man zu dieser Zeit jemanden auf den Wegen trifft, kann man sein Gesicht nicht erkennen. Keiner der Sherpas geht dann mehr nach draußen, weil sie Angst haben«, erzählte Phurba.
»Aber wer sind diese Geister?«, fragte ich ihn.
»Es sind die Seelen der Toten, die umherwandern. Sie haben keinen Körper, nur noch Köpfe und Schultern. Wenn die Geister dich zuerst sehen, dann wirst du krank«, erzählte er.
Ich war erstaunt.

»Aber ihr seid doch Buddhisten. Ihr glaubt doch an die Wiedergeburt. Werden die Seelen denn nicht wiedergeboren?«, fragte ich ihn.
»Doch, das schon, aber die Geister sind Seelen, die noch nicht wiedergeboren sind; sie sind irgendwo dazwischen. Nicht alle Seelen werden Geister. Nur die, die nicht im Himmel oder in der Hölle sind«, entgegenete Phurba.
Nun war ich vollends verwirrt.
»Dann glaubt ihr auch an Himmel und Hölle?«, fragte ich weiter.
Lobsang nickte.
»In der Hölle ist es so dunkel, dass man nichts sieht. Dort hat man immer Angst. Wenn ein Sherpa stirbt, dann halten wir eine Puja für ihn ab. Die Mönche kommen aus dem Kloster und beten. Alle Freunde und Verwandten kommen und bringen Katas. Für jede Kata wird eine Butterlampe entzündet, damit der Verstorbene Licht hat auf seinem Weg«, erklärte Lobsang.
»Und was passiert dann?«, fragte ich.
»Am nächsten Morgen trägt man ihn hinauf an eine heilige Stelle unter dem Khumbijula, und dort wird er verbrannt. Auch dort halten die Mönche wieder eine Puja ab«, entgegnete Lobsang.
Der Khumbijula ist ein heiliger Berg unmittelbar nördlich des Dorfes Khumjung, in dem Lobsang, Phurba und Narwang beheimatet sind.
»Khumbijula ist der Gott, der auf dem Pferd reitet. Er ist der Gott des Khumbu. Der Berg ist heilig, niemand darf ihn besteigen«, sagte Phurba.
»Wir glauben auch an Geister. Wir nennen es Fegefeuer, den Ort zwischen Himmel und Hölle. Aber bei uns kommen die Geister nachts und verschwinden, wenn der Morgen graut«, erklärte ich ihnen und erzählte ihnen dann die Geschichte von Hamlet, der mit seinen Geistern kämpft.
Lange nach Mitternacht beschlossen wir, am nächsten Morgen gemeinsam zum Rongbuk-Kloster zu gehen. Lobsang hatte am Nachmittag mit Ang Rita gesprochen, der das Sherpateam von OTT auf der Südseite leitete. Sie wollten in den nächsten Tagen zwei Teams auf den Gipfel schicken.

Dichter Nebel wehte am nächsten Morgen durchs Camp, aber die Sonne brach langsam durch, und der Everest stand wieder klar im Morgenlicht. Von Osten zogen dicke Wolken heran, und im Westen standen dünne Federwolken wie Streifen am Himmel. Sonam hatte den Kassettenrecorder aus der Küche geholt und die Musik ziemlich laut gestellt. Wir tanzten wie wild zum Erstaunen der vielen Trekker, die uns vom Hügel über dem Camp aus beobachteten. Geoff war zu ihnen hinaufgestiegen und führte nun zwei Frauen stolz durch unser Camp. Eben erklärte er ihnen unsere Route und zeigte zum Gipfelgrat hinauf.

»Unser Expeditionsleiter bei der Arbeit«, rief ich ihm augenzwinkernd zu. »Wir gehen zum Rongbuk-Kloster. Du hast also das Camp heute für dich alleine. Vergiss nicht, ihnen unsere Dusche vorzuführen.«

Ich hatte mein tibetisches Kleid angezogen, und Lacchu hatte uns einen Picknickkorb gepackt. Ken wollte auch mitkommen. Sumiyo war im Morgengrauen abgefahren.

Wir folgten dem Fluss hinunter ins Tal. Mächtige Felswände ragten seitlich von uns in den Himmel. Drohend zogen dunkle Wolken über sie hinweg. Bunte Gebetsfahnen wehten auf einer kleinen Anhöhe im Wind.

»Das ist das alte Rongbuk-Kloster, aber es sind nur noch die Ruinen von den Häusern zu sehen, die einmal dort standen«, erklärte Karsang.

Das neue Kloster, das nach der Kulturrevolution erbaut worden war, lag weiter unten im Tal. Neben uns trat eine Quelle aus dem Felsen. Karsang erzählte, dass vor langer Zeit einmal der buddhistische Meister Padmasambhava dort vorbeigekommen sei.

»Das Land war trocken; die Menschen und das Vieh hatten kein frisches Wasser zu trinken. Da nahm Padmasambhava sein Schwert und schlug damit gegen den Felsen, und eine Quelle sprang hervor.«

Die Sherpas verbeugten sich und tranken aus der Quelle. Ich machte es ihnen nach.

»Man sollte es in Flaschen füllen und in die Welt hinausschicken. Das schmeckt ja besser als jedes Evian«, rief ich Karsang zu.

Obwohl mein Körper gut akklimatisiert war, und wir uns dort auf 5000 Metern fast wie auf Meereshöhe fühlten, war ich wackelig auf den Beinen. Die Anstrengungen der letzten Tage hatten mich doch mehr mitgenommen, als ich dachte.

»Du musst langsam gehen«, sagte Karsang und reichte mir eine Flasche Cola.

Die anderen waren schon im Kloster, als wir den steilen Pfad hinaufstiegen.

»Komm, ich zeig dir was«, sagte er und nahm mich bei der Hand.

Wir gingen in ein kleines Haus, das neben dem Kloster stand. An der Eingangstür hing ein bunter Vorhang; davor lagen in einer Ecke zwei gewobene Teppiche ausgebreitet, die offenbar als Nachtlager dienten.

»Zwei Mönche schlafen hier«, sagte er.

Eine an die Außenwand gemalte rote Gottheit starrte uns Furcht erregend an. Wir zogen die Schuhe aus und schlüpften durch den Vorhang in den Raum. Ein kleiner Altar stand darin, und es war dunkel wie in einer Höhle. Langsam gewöhnten sich meine Augen an die Lichtverhältnisse, und ich konnte an den Wänden die bunten Malereien erkennen. Zwei Nonnen sahen zu uns auf. Sie waren dabei, Dochte für Butterkerzen anzufertigen. Sie hatten die Haare kurz geschoren und trugen die gleichen roten Roben wie die Mönche, aber sie waren kleiner und zierlicher. Mit ihnen gingen wir hinüber ins Kloster. Die Sherpas saßen schon bei den Mönchen in einer Reihe links vom Altar an der Wand. Karsang stellte mich dem Lama des Klosters vor.

»Der Rimpoche, das eigentliche Haupt des Klosters, lebt im Exil in Nepal«, erklärte er und zeigte auf ein Bild, auf dem ein Lama mit einem hohen roten Hut auf einem einfachen Thron saß.

Die Nonnen winkten mich zu sich. Sie saßen auf kleinen roten Kissen rechts vom Altar. Ein Flüstern ging durch ihre Reihe, und sie rückten zusammen, um mir Platz zu machen. Die Nonne neben mir strich bewundernd über mein Kleid und nickte beifällig mit dem Kopf. Eine andere Nonne hielt mir eine Tasse Tee hin. Respektvoll nahm ich einen Schluck und hätte ihn fast wieder ausgespuckt – Yakbuttertee. Das war er also, dieser berühmte Trank. Ranziger Buttertee mit Salz. Ich schaute hilflos zu den Sherpas hinüber, die mich beobachtet hatten und schallend lachten. Phurba hob seine Tasse und prostete mir grinsend zu. Ich schüttelte den Kopf. Die Mönche reckten immer wieder neugierig ihre Köpfe aus der Reihe hervor, um mich anzuschauen, ohne jedoch von ihren murmelnden Gebeten abzulassen. Die Nonne neben mir bot mir eine Kugel Tsampa an, und ich verbeugte mich zum Dank. Tsampa ist eine Teigmischung aus geröstetem Buchweizenmehl, Butter und Zucker. Die Nonne brach ein Stück ab und bedeutete mir, dass ich davon essen sollte. Ich schickte ein Stoßgebet gen Himmel und steckte mir ein kleines Stück in den Mund. Es schmeckte süß, und ich strahlte sie dankbar an.

»Om mani padme hum ...«, flüsterte sie mir zu.

Ich versuchte ihr leise nachzusprechen, aber es gelang mir nicht. Sie lachte und sagte mir das Mantra immer wieder vor. Plötzlich schaute sie auf. Meinen Namen? Wie ich heißen würde? Sie deutete auf sich und flüsterte »Nawang«; dann zeigte sie mit fragendem Blick auf mich. »Helga«, flüsterte ich zurück.

Sie versuchte es nachzusprechen: »Helli kar, helli ga?« und sah mich fragend an.

»Helga, wie Helikopter«, und ich drehte meinen Arm über meinem Kopf.

»Ah, Helikopter. Helikopter«, sagte sie hocherfreut und drehte auch ihren Arm über dem Kopf.

Sie lachte und erklärte es ihrer Nachbarin, die es an die nächste weitergab und lachte. »Helikopter« ging es durch die Reihe, und eine nach der anderen streckte ihren Kopf hervor, um mir zuzulächeln. »Helikopter.« Warum sie gerade dieses Wort aus dem Englischen kannten, war mir ein Rätsel. Sie hatten bestimmt noch nie einen Helikopter gesehen, aber den Begriff kannten sie alle. Am Everest gab es keine Hubschrauber, weil sie in der dünnen Luft nicht landen konnten. Nur einmal, während der dramatischen Rettungsaktion im Frühjahr 1996, als die Expedition Scott Fishers in einen Sturm geriet, war ein Hubschrauber auf einem Schneefeld über dem Khumbu-Eisbruch gelandet, um Verletzte zu bergen, aber das war ein sehr gewagtes Unternehmen gewesen. Über 6000 Meter ist die Luft so dünn, dass die Rotorblätter eines Hubschraubers nicht mehr greifen. Deswegen kann am Everest auch niemand aus der Luft gerettet werden.

An der Wand neben uns hingen viele kleine Ledertaschen, manche waren rot mit einem hellen Band, andere schwarz. Alle waren oben zusammengeschnürt wie kleine Operntäschchen. Ich zeigte darauf; die Nonne neben mir reichte mir eine der Taschen und machte sie auf.

»Tsampa«, flüsterte sie und fing an den Beutel zu kneten.

Tsampatäschchen. Wie wohltuend die Ruhe war. Von oben warf die Sonne ein paar Strahlen auf die bunten Teppiche, die auf schmalen Holzbänken in der Mitte lagen. Dort saßen einige ältere Mönche und meditierten. Über dem Altar brannten Butterkerzen und erleuchteten das goldene Antlitz des Buddha, der umgeben von weißen und gelben Katas über dem Altar thronte. Die Stille hatte auch mich ergriffen, und ich war voller Ehrfurcht. Die Sherpas waren schon wieder nach draußen gegangen, aber ich wollte noch dort bleiben. Wie eine Quelle flossen die Gebete in die Stille des Heiligtums. Wer dort eintrat, würde tiefen Frieden finden. Wie leicht die Seele Einkehr hielt, wie unter einem schattigen Baum hoch über dem Land. Phurba steckte den Kopf durch den Vorhang an der großen Pforte und winkte mich zu sich. Ich schüttelte den Kopf, aber er bestand darauf, dass ich mit ihm kam. Mit einer tiefen Verbeugung verabschiedete ich mich von den Mönchen und Nonnen. Ich wünschte, ich hätte noch viel länger bei ihnen bleiben können.

Die anderen standen schon um einen Jeep herum, und Phurba erklärte:

»Russell hat den Jeep geschickt, um uns abzuholen. Er braucht uns bei der Rettungsaktion. Wir sollen sofort zum ABC hinaufgehen.«

Die Ukrainer! Ich hatte sie ganz vergessen, hatte das Drama, das sich am Tag zuvor dort oben abgespielt hatte, längst aus meinem Kopf verdrängt. Plötzlich war es wieder da. Der Urlaub für die Sherpas war zu Ende. Der Fahrer, den Russell geschickt hatte, war in Eile, und wir holperten in wilder Fahrt über die Schotterstraße hinauf.

Geoff war erstaunt, dass wir so früh zurückkamen, und das in einem Jeep.

»Wie habt ihr das nur angestellt?«, fragte er, als wir aus dem Auto stiegen.

»Russell hat ihn geschickt, weil er die Sherpas im ABC braucht. Weißt du denn nichts davon?«, fragte ich erstaunt.

»Nein, ich habe gerade mit Russell gesprochen, der hat bestimmt keinen Jeep geschickt, und die Sherpas sollen auch nicht ins ABC«, sagte er.

Er hatte den ganzen Morgen mit ihm über Funk in Verbindung gestanden. Die Amerikaner und ein paar Sherpas hatten den halb toten Ukrainer in der Nacht vom Nordsattel auf einer Bahre hinuntergetragen. Russell hatte unser Gemeinschaftszelt in ein Notlazarett verwandelt und die ganze Nacht gekämpft, um ihn am Leben zu halten. Er hatte schwere Erfrierungen; sein Gesicht war schwarz, ebenso seine Hände und Füße.

»Es ist ein Wunder, dass er überhaupt noch am Leben ist. Er ist jetzt wieder bei Bewusstsein. Die Ukrainer sollten Yaktreiber hochschicken, um ihn herunterzutragen. Er hat ausdrücklich gesagt, dass unsere Sherpas auf keinen Fall nach oben kommen sollen. Ich versteh gar nicht, wer euch den Jeep geschickt hat«, sagte Geoff und schüttelte den Kopf.

»Was ist mit dem anderen? Haben sie ihn gefunden?«, fragte ich vorsichtig.

Geoff schüttelte den Kopf. »Ein paar Sherpas wollten heute noch einmal hochgehen, um ihn zu suchen, aber der Wind ist so stark, dass sie nicht weit gekommen sind. Der dritte ist noch am Nordsattel und

weigert sich herunterzukommen. Es herrscht Chaos da oben«, sagte er.
Die Sherpas waren erleichtert, dass sie den langen Weg ins ABC an diesem Tag nicht machen mussten, und gemeinsam setzten wir uns noch ein bisschen in die Sonne.
Am späten Nachmittag, gerade als die Sonne unterging, kam Russell völlig erschöpft im Basislager an. Er hatte die letzten sechsunddreißig Stunden nicht geschlafen, hatte eine Bahre gebaut und die Rettungsaktion geleitet. Ein schwieriges Unterfangen seinem Bericht zufolge, weil jeder alles besser gewusst hatte und keiner auf ihn hatte hören wollen. Endlich hatte er die Ukrainer überredet, den kranken Mann mit Hilfe der Sherpas hinunterzubringen.
»Am Nordsattel wollten sie ihn in ein Zelt legen, weil sie dachten, er könnte sich dort erholen. Es hat zwei Stunden gedauert, bis wir sie endlich dazu überredet hatten, ihn trotz der Dunkelheit weiter nach unten zu tragen. Es war seine einzige Chance. Er hätte die Nacht dort oben nicht überlebt. Er war bewusstlos, als wir ihn endlich bei uns im Camp hatten. Sein Blutdruck war vierzig zu zwanzig. Er sah aus wie ein verbranntes Stück Fleisch. Wir haben ihn gleich an einen Tropf gehängt und angefangen, seine Hände und Füße wieder aufzutauen. Man kann Amputationen vermeiden, wenn man die Gliedmaßen gleich richtig behandelt. Aber der Arzt der Ukrainer hat keine Ahnung. Zum Schluss stand ich nur noch daneben und hab den Kopf geschüttelt. Er wird seine Hände verlieren und die Füße auch«, berichtete Russell traurig.
Er fuhr fort, die Nacht in allen Einzelheiten zu beschreiben. Die anderen hingen an seinen Lippen. Mir war schlecht, ich konnte kaum einen Bissen hinunterbringen. Die ganze Nacht musste ich mich übergeben und hustete mir beinahe die Lunge aus dem Leib. Es war kalt, und draußen rüttelte ohne Unterlass der Wind am Zelt.
Alle hatten Russells Gipfeltest gut bestanden. Wie vorgesehen hatte jedes Expeditionsmitglied eine Nacht im Camp 2 verbracht, war dann einmal zum Camp 3 aufgestiegen und am selben Tag noch vor Sonnenuntergang wieder zum ABC zurückgekehrt – ohne beson-

dere Hilfe und ohne »Drama«, wie er es immer nannte. Hatten wir denn wirklich alle den Test bestanden? Nur Geoff und Ken waren wirklich im Camp 3 gewesen und ich fast, aber das wusste Russell nicht. Kozuka war nur bis Camp 2 gekommen und Herr Kobayashi nie höher als bis zum Camp 1. In der Frühstücksrunde teilte Russell unsere Gruppe in zwei Gipfelteams ein. Die höheren Camps waren mit Sauerstoffflaschen, Zelten, Matten, Schlafsäcken und Kochvorrichtungen ausgestattet, aber es war klar, dass wir nicht alle zur gleichen Zeit in jedem der Camps schlafen konnten, weil wir insgesamt zu elft waren: fünf Sherpas, Russell und fünf Kunden. Dementsprechend sollten wir in zwei Gruppen gehen, im Abstand von zwei Tagen. Das Wetterfenster würde, wenn es so weit war, vielleicht drei oder vier Tage stabil bleiben. Drei oder vier Tage, an denen der Wind nachlassen sollte und wärmere Temperaturen uns eine Chance geben würden, auf den höchsten Gipfel der Welt zu steigen.

»Ich habe lange darüber nachgedacht und mit den Sherpas gesprochen«, begann Russell, »und ich bin zu dem Ergebnis gekommen, dass Geoff, Ken und Kozuka am besten zusammen mit Lobsang, Karsang und Phurba im ersten Team gehen. Karsang war schon zweimal auf dem Gipfel und Lobsang einmal. Beide kennen die Route gut, und die drei sind unsere stärksten Sherpas. Ich werde zwei Tage später mit dem zweiten Team, das heißt mit Herrn Kobayashi, Helga, Sonam und Narwang nachkommen. Ich glaube, so haben wir alle die beste Chance.«

Er blickte in die Runde, und Geoff und Ken nickten zustimmend. Ich dagegen glaubte meinen Ohren nicht zu trauen und sah ihn entsetzt an.

»Seid ihr alle einverstanden?«, fragte Russell und schaute mich an.

»Nein«, antwortete ich.

»Warum?«, fragte Russell.

»Ich verstehe nicht, warum ich nicht im ersten Team mitgehen kann. Ich bin genauso fit wie Geoff und Ken. Kozuka und Herr Kobayashi wollen ab dem Nordsattel mit Sauerstoff gehen und passen viel besser zusammen«, erwiderte ich und versuchte ruhig zu bleiben.

»Der Meinung bin ich nicht. Ken, Geoff und Kozuka sind sehr stark, und sie passen gut zusammen. Sie waren schon gemeinsam oben im Camp 2 und kommen gut miteinander klar. Du bist besser dran, wenn du mit mir und Herrn Kobayashi im zweiten Team gehst«, erwiderte Russell ganz ruhig und gelassen.

Da war mir plötzlich klar, dass ich keine Chance hatte. Ken sagte: »Wie du meinst, Russell, du bist der Chef. Deine Entscheidung gilt.« Wie ich ihn hasste für diese Worte! Auch Geoff nickte zustimmend. Nicht einer von ihnen ergriff Partei für mich; ich war entsetzt. Plötzlich war ich nur noch so stark wie Herr Kobayashi. Sumiyo hatte anscheinend doch das letzte Wort bei Russell gehabt, und ich gehörte nur noch der zweiten Klasse an.

»Das ist nicht fair«, sagte ich zu Russell und verließ das Zelt, weil mir Tränen in den Augen standen – Tränen der Wut.

Es war ganz klar. Ich konnte mir genau vorstellen, wie es weitergehen würde. Herr Kobayashi würde spätestens im Camp 3 schlappmachen; Sonam und Narwang würden erschöpft sein, weil sie seine zehn Flaschen Sauerstoff tragen mussten, und Russell würde mit Herrn Kobayashi umkehren. Die drei würden ihm gemeinsam hinunterhelfen müssen, und zu mir würde Russell sagen, ich sei nicht kräftig genug, um weiterzugehen. Die anderen Sherpas würden dann müde vom Gipfel zurückkommen, und keiner von ihnen würde ein zweites Mal mit mir hinaufgehen. Mir wurde plötzlich bewusst, wie wichtig mir der Gipfel war. Ich wollte eine faire Chance, nicht um mein Leben zu riskieren, sondern um mich der Herausforderung des Everest zu stellen. Verzweifelt ging ich zu Lacchu und fragte ihn nach heißem Wasser, um meine Haare zu waschen.

»Was ist los mit dir, Didi?«, fragte er.

»Nichts, ich bin genauso stark wie Herr Kobayashi, das ist alles«, antwortete ich und ging nach draußen.

Lacchu schüttelte verwundert den Kopf und sah mir nach. Wenn Russell wenigstens gekommen wäre, um mit mir zu reden – um mir zu sagen, dass er mir die gleiche Chance geben würde. Aber nichts dergleichen geschah.

Phurba rief mir zu, dass er einen Jeep organisiert hätte, der uns bis zum alten Rongbuk-Kloster mitnehmen würde. Ich solle mich schnell fertig machen. Wir hatten am Tag zuvor beschlossen, uns die Ruinen des alten Klosters anzuschauen. Noch zutiefst geknickt von Russells Entscheidung war ich Phurba sehr dankbar für diese Abwechslung. Froh, einem traurigen Tag im Basislager zu entfliehen, setzte ich mich zu ihm auf den Vordersitz, und er legte den Arm um mich. Ich solle nicht traurig sein, sagte er und drückte mich.

»Es dauert noch mindestens eine Woche, bis wir zum Gipfel aufbrechen, da kann sich noch viel ändern«, flüsterte er mir zu.

Die anderen Sherpas und Geoff drängten sich auf den Rücksitz, und wir fuhren los. Ein einziger Mönch wohnte noch in den Überresten des alten Klosters. Er bot uns einen freundlichen Empfang. Durch die Gebetsfahnen hindurch, die über seinem Haus flatterten, konnte man den Everest sehen. Ich stand lange dort und schaute sehnsüchtig hinauf.

Der Mönch trug eine rote Robe, die schon sehr abgetragen und schmutzig war. Er führte uns in seine bescheidene Stube. Eine kleine graue Katze miaute am Eingang und sprang davon. Geoff machte draußen Fotos, während wir uns im Heiligtum umsahen. Die Wände der kleinen Kapelle waren schwarz vom Ruß der Butterlampen. An einer Wand stand ein kleiner Buddha, umrahmt von aufgeklebten Bildern, die verschiedene Gottheiten darstellten. Langsam gewöhnten sich meine Augen an die Dunkelheit. Nebenan hatte der Mönch eine kleine Vorratskammer eingerichtet, in die ein paar schwache Sonnenstrahlen fielen … Ein Haufen gedörrtes Zedernholz und Wüstenbüsche lagen neben unordentlich aufgetürmten getrockneten Yakdungfladen. Damit würde er in den kalten Wintermonaten Feuer machen. In einem weiteren Raum lag eine graue Matratze auf dem Boden, und in einer Ecke stand ein alter Ofen, aus dem ein schwarzes Rohr wie ein Schornstein in die Decke führte. Über seiner Bettstatt bewahrte der Mönch in einem schmalen Holzschrank seine

wenigen Habseligkeiten auf: Räucherstäbchen, eine goldene Klangschale, kleine Buddhastatuen, eine silberne Gebetsmühle und eine Gebetskette (die Mala).
Wir gingen zurück ins Heiligtum. Der Mönch zeigte auf ein schwarzes Loch im Boden der kleinen Kapelle und zündete eine Kerze an. Er murmelte ein paar mir unverständliche Worte und stieg dann in das schwarze Loch hinunter. Ich fragte Phurba, was er gesagt hatte.
»Wir sollen ihm folgen. Er will uns etwas zeigen«, antwortete Phurba und zuckte mit den Schultern.
Er nahm meine Hand und hielt sie fest, während ich vorsichtig dem Mönch folgte. Ein paar Stufen waren in die Seitenwand des Lochs geschlagen, aber unten war nichts zu sehen. Es herrschte vollkommene Dunkelheit. Wir betraten einen niedrigen Gang, und ich musste den Kopf einziehen, um nicht gegen die Decke zu stoßen. Eine Gruft, wie in den alten Katakomben in Rom, ging es mir durch den Kopf, und ich hoffte im Stillen, dass dort keine Gebeine herumlagen. Eine kalte Hand ergriff die meine, und ich ließ mich weiter in die Höhle ziehen. Ringsum war alles schwarz. Nur die Flamme einer Kerze erleuchtete das lächelnde Gesicht des Mönchs. Er murmelte ein paar Worte und hielt dann die Kerze vor einen Altar, auf dem eine goldene Buddha-Statue im Finstern aufleuchtete. Ganz ruhig lächelnd saß er im Lotussitz in einem kleinen hölzernen Schrein. Vor ihm stand eine Reihe silberner Gefäße, die mit Wasser gefüllt waren.
»Für wen ist das Wasser?«, fragte ich Phurba.
»Das ist für die Götter. Jeden Morgen, wenn der Mönch frisches Wasser holt, füllt er erst die silbernen Gefäße für die Götter«, flüsterte er.
Der Lama nahm meine Hand und drückte sie in eine Vertiefung in der verrußten Wand. Sie war eiskalt, und ich zog sie erschrocken zurück. Der Lama fing wieder an zu sprechen, aber ich konnte ihn nicht verstehen. »Milarepa hat hier seinen Handabdruck in der Wand hinterlassen«, erklärte Phurba flüsternd. »Schau«, und er führte meine Hand wieder darüber, »hier sind die fünf Finger.«

Karsang hatte seine Stirnlampe dabei und leuchtete hinein. Jetzt konnte ich sie sehen.
»Wer ist Milarepa?«, fragte ich.
»Milarepa war ein berühmter Meister, der den Buddhismus in Tibet verbreitet hat«, erläuterte Phurba.
In einer Ecke befand sich auf einem flachen Felsvorsprung ein Fußabdruck.
»Der Lama sagt, dass Padmasambhava, der Begründer des tibetischen Buddhismus, in dieser Höhle meditiert hat. Hier soll er die Erleuchtung erlangt haben. Dann ist er über die Hauptkette des Himalaja nach Tengboche im Khumbu geschwebt und hat dort das Kloster gegründet. Vor dem Kloster dort in einem Felsen ist der andere Fußabdruck von ihm«, erklärte Phurba.
Neugierig betrachtete ich den Fußabdruck im Felsen.
»Es ist aber ein kleiner Fuß«, sagte Karsang und kicherte, »der Fußabdruck in Tengboche ist viel größer.«
»Vielleicht hatte er zwei verschiedene Füße«, flüsterte ich.
Der Mönch erzählte mit leiser Stimme, und Lobsang übersetzte, so gut er konnte.
»Die Chinesen haben diese Höhle nicht entdeckt, als sie das Kloster zerstörten. Es war das innere Heiligtum von Rongbuk. Rongbuk war das bedeutendste Kloster der Mingma-Sekte. Hier wurden die Mönche ausgebildet und dann nach Nepal geschickt, um die Lehren des Buddha zu verbreiten. Von hier sind sie dann zu uns ins Khumbu gekommen, in die Klöster von Tengboche und Thame. Das Zentrum der Lehre aber war hier; deswegen haben die Chinesen dieses Kloster so brutal zerstört«, flüsterte er.
Mich fröstelte, und ich war froh, als wir wieder hinaus in die Sonne traten. Ein altes Tor führte zu den Ruinen. Die Zerstörung glich dem Einschlag eines Meteoriten. Rings um uns ragten steile Felswände in den Himmel. Vielleicht waren ja bei einem Erdbeben Felsbrocken heruntergefallen. In den Ruinen selbst herrschte vollkommene Stille. Eine Herde wilder blauer Schafe lief plötzlich davon, als wir uns näherten. Geoff hatte versucht, den Everest, die Ruinen und die

wilden Schafe zusammen auf ein Bild zu bekommen, aber es war ihm nicht gelungen.
Der Mönch führte uns durch die verlassenen Ruinen an roten quaderförmigen Steintürmen vorbei, die teilweise noch halbe Mauern bildeten und eine vage Vorstellung davon vermittelten, wie prächtig dieses Kloster einst gewesen sein muss. Heute ist nur noch ein einziger Raum überdacht, und seine gelblich verblichenen Wände sind von breiten Rissen durchzogen. Dies war das Studierzimmer des alten Klosters gewesen, aber die Wandgemälde waren alle fortgewaschen. Nur eine einzige Abbildung war noch schwach zu erkennen. Sie sei eines Tages wie durch ein Wunder wieder aus der Wand vorgedrungen, berichtete der Mönch. Sie stellt die auf einem Tiger reitende Göttin der Chomolungma dar. Über ihr ragt die weiße Gipfelpyramide steil in einen Kranz von Wolken. Ich stand lange davor, ganz gebannt von dem Zauber der Göttin jenes Berges, den ich so sehnlichst erklimmen wollte.
Der Mönch führte uns durch einen schmalen Felseingang in eine unterirdische Höhle. Nur wer ein reines Gewissen habe, passe durch den schmalen Spalt, erklärte er uns und strahlte, als wir uns alle hindurchgezwängt hatten. Auf der anderen Seite gelangte man durch eine schmale Felsspalte wieder ans Tageslicht. Auf einem Felsen lag, als dunkelbrauner Fleck im gelben Stein zu erkennen, die Yakdecke von Milarepa, der viele Jahre dort in einer Höhle meditiert hatte.
Wir stiegen hinauf zu den Felsen hinter den Ruinen. Der Mönch drückte jedem von uns einen weißen und einen schwarzen Stein in die Hand und sagte, dass wir nun durch Himmel und Hölle gehen würden. Ein großer Haufen weißer Steine türmte sich am Höhleneingang vor einem schwarzen Loch, das unendlich in die Tiefe fiel. Dort hinein warfen wir unsere schwarzen Steine, und sie fielen unendlich lange, bevor wir sie unten aufschlagen hörten. Den weißen Stein sollten wir zu den anderen auf den Himmelshaufen legen. Dann stiegen wir in ein dunkles Labyrinth hinab. Mal mussten wir steil in die Tiefe klettern, mal durch winzige Gänge auf allen vieren kriechen. Plötzlich blies der Mönch seine Kerze aus; es war vollkom-

men schwarz um uns. Einer der Sherpas kicherte, und dann war es auf einmal ganz still. Wir lauschten in die Tiefe, in das Nichts der Unendlichkeit. Die Zeit stand plötzlich still, nichts bewegte sich mehr. Nach einigen Minuten des Schweigens und der absoluten Dunkelheit zündete der Mönch die Kerze wieder an und leuchtete in einen schmalen Gang, an dessen Ende alle Wände, der Boden und die Decke in einem Punkt zusammenliefen.

»Der Berg Kailash, man kann ihn von hier aus sehen«, übersetzte Phurba und kroch den Gang entlang.

Ich hörte, wie er mit einem Stein an etwas kratzte. Er kam wieder und hielt uns allen kleine Eisstücke hin. Der Mönch lächelte, nahm eines in den Mund und faltete die Hände zum Gebet. Wir taten es ihm nach. Der Kailash ist der heiligste aller Berge in Tibet.

Immer mehr Licht drang in die dunklen Gänge; plötzlich standen wir wieder vor dem weißen Himmelshaufen und blinzelten in die Sonne. Nun durften wir einen Wunsch äußern. Einer nach dem anderen nahmen wir einen der weißen Steine, berührten damit die Stirn und verbeugten uns vor dem Himmelshaufen, um einen Wunsch von den Göttern zu erbitten. Ich wandte mich Hilfe suchend an Phurba.

»Meinst du, es ist in Ordnung, wenn ich … ?«, und ich deutete zum Everest hinauf.

Ich wagte es gar nicht auszusprechen, so benommen war ich noch nach unserem Rundgang durch die Hölle. Er nickte mir aufmunternd zu, und ich wünschte mir, dass wir alle gesund und glücklich vom Gipfel zurückkommen würden.

Der Mönch hatte zwei Matratzen in dem kleinen Hof vor seinem Haus ausgebreitet und brachte eine Plastikflasche mit Rakshi.

»Himalayan Whisky«, sagte Lobsang und schenkte mir ein.

Wir aßen getrocknetes Yakfleisch und Kekse. Der Mönch wollte für uns beten. Er drückte mich zum Abschied an sich und deutete zum Everest hinauf.

Im Basislager war es ruhig. Die anderen hatten sich in ihre Zelte zurückgezogen, und ich ging zu Wilfried und Sylvia zum Tee. Alain,

Pascal und Joel, alle drei hartgesottene Alpinisten und Himalaja-Experten, waren ebenfalls dort. Sie gehörten der internationalen Gruppe an, die von Pascal geleitet wurde. Pascal und Alain kamen aus Belgien, Joel aus Portugal. Wie die Österreicher waren auch sie schon zum dritten Mal da, und den ganzen Nachmittag lauschte ich ihren Geschichten vom Berg. Ich war überwältigt von den vielen Abenteuern und von den Stürmen, die ihnen Jahr für Jahr den Aufstieg zum Gipfel verwehrt hatten. Ein Feuer blitzte in ihren Augen, wenn sie vom Everest sprachen, eine unendliche Sehnsucht, den höchsten aller Berge zu erklimmen, schien in ihrer Seele zu brennen. Noch nie hatte ich bei jemandem einen solchen Kampfgeist und eine solche Abenteuerlust verspürt wie bei diesen dreien.
»Diesmal werde ich es schaffen«, sagte Pascal, und wieder lohte das fast schon unheimliche Feuer in seinen Augen.
Mir war kalt. Von draußen drang schon die Nachtluft herein. Langsam wanderte ich zu unseren Zelten zurück. Chomolungma hielt die letzten roten Strahlen der Sonne für ein paar Minuten auf ihrer Nordflanke gefangen und tauchte dann langsam ihr immer weißer werdendes Kleid in den dunklen Himmel. Ich sah lange hinauf. Wie erhaben der Berg der Berge in den Nachthimmel ragte. Ich würde es bestimmt nicht bis zum Gipfel schaffen, dachte ich traurig. Denn ein solches Feuer, wie ich es in den Augen der anderen gesehen hatte, brannte nicht in meiner Seele. Aber irgendetwas hatte auch mich ergriffen. Ob er mich schon in seinen Bann gezogen hatte? Ich schaute wieder hinauf. Ein paar Sterne, tausende von Lichtjahren entfernt, fingen an zu leuchten. Der Mond war in dieser Nacht nicht zu sehen.

## *Gipfelfieber* 13. Mai

Ken, Geoff und Kozuka waren am Packen. Sie wollten nachmittags zum Zwischenlager gehen. In den vergangenen Tagen waren sie zunehmend rastloser geworden, weil sie sich schon so lange im Basislager aufhielten und nicht mehr wussten, was sie mit all der freien Zeit

anfangen sollten. Sie wollten endlich hinauf zum Gipfel. Wir hörten immer wieder Nachrichten von der Südseite. Eine Gruppe von OTT war angeblich am Tag zuvor auf dem Gipfel gewesen, aber niemand wusste, wer es geschafft hatte. Ich genoss die Sonnenstrahlen in meinem offenen Zelt. Meine Wäsche hing zum Trocknen draußen. Der Everest war nicht zu sehen; dicke Wolken hüllten ihn ein. Der Wetterbericht sagte hohe Winde voraus, und die Gebetsfahnen flatterten schon bedrohlich über den Zelten. Raben segelten durch die Luft und ließen sich im Aufwind treiben. Ich wollte diesmal an einem einzigen Tag zum ABC gehen und die anderen tags darauf oben treffen. Lacchu und Kassang wollten mit mir gehen.
Herr Kobayashi kam nachmittags vom ABC zurück und redete lange mit Russell. Russell kam anschließend zu mir.
»Herr Kobayashi will die Expedition abbrechen. Er hat den Mut verloren, als er sah, wie sie den verletzten Ukrainer heruntergebracht haben. Es hat ihn schwer mitgenommen. Ich bin froh, dass ich dich damals gleich mit den Sherpas hinuntergeschickt habe. Du wärst mir ausgeflippt da oben«, sagte er.
Ich schluckte schwer.
»Heißt das, dass du die Gipfelteams neu einteilst?«, fragte ich ihn vorsichtig.
»Nein, es bleibt dabei. Du gehst mit mir und den beiden Sherpas im zweiten Team. Du hast jetzt die besten Chancen«, antwortete er.
Nun wird es ernst, schoss es mir durch den Kopf, als er gegangen war. Plötzlich hatte sich eine Tür für mich geöffnet, aber ich war mir nicht sicher, ob ich bereit war, durch sie hindurchzutreten. Wie Hohngelächter schlug mir der Wind ins Gesicht.
»Jetzt bist du dran. Jetzt gibt es kein Zurück. Jetzt musst du zeigen, was du kannst«, schien er hämisch zu pfeifen.
Ich hatte es mir gewünscht. Dort unten am Himmelshaufen hatte ich es zum ersten Mal leise ausgesprochen. Wie ein Pfeil, der sich durchs Sternum in die Brust bohrt, war das Gipfelfieber in mich eingedrungen und ergriff plötzlich Besitz von mir. Ich saß da wie gelähmt. Nun konnte ich nicht mehr davonlaufen.

# 8

*Der himmlische Buddha Opame blickte von seinem Thron hinunter auf die Welt und sah das Leiden aller Lebewesen. Opame empfand großes Mitgefühl für sie, und aus seinen Gedanken wurde Chenresi geboren: die Verkörperung des Mitgefühls, der Gott der Barmherzigkeit. Die Berge öffneten sich; Wasser strömte über die Erde und floss in den Indischen Ozean. Chenresi erschien auf einer Insel mitten in Lhasa, und als er das Leiden der Wesen sah, beschloss er, ihnen zu helfen, das Nirwana, die endgültige Wirklichkeit, den Frieden zu finden. Er legte ein Gelübde ab, dass er sich nicht eher von der Erde zurückziehen würde, bis alle lebenden Wesen bis zum letzten Grashalm in das Nirwana eingegangen wären.*

*Im großen Meer lebten viele Wesen, und alle baten verzweifelt um Körper. Chenresi, der ihre Schreie hörte, gab allen diesen Wesen einen Körper. Aber die Körper waren alle gleich, und sie riefen wieder und baten Chenresi um verschiedene Körper. Also verlieh Chenresi jedem eine andere Gestalt, damit sie nicht alle gleich wären.*

*Chenresi, der Gott der Barmherzigkeit, gab die Lehren des Buddha weiter, damit alle Lebewesen des Meeres in das Nirwana eingehen konnten. Viele erreichten dies auch; als aber Chenresi zum Meer zurückkam, waren dort noch mehr Lebewesen, die nach ihm riefen. Wieder predigte Chenresi die Lehren des Buddha und half ihnen, in das Nirwana einzugehen.*

*Als Chenresi zum dritten Mal in das Meer blickte, sah er noch viel mehr Kreaturen, die Hilfe brauchten, und er verzweifelte. Er war überwältigt von der unmöglichen Aufgabe, die er sich gestellt hatte, und rief hinauf zum himmlischen Buddha Opame: »Die Aufgabe ist zu groß für mich allein.«*

*In seiner Verzweiflung und Barmherzigkeit zerbrach Chenresis Körper in unzählige Stücke. Opame sah seine Notlage; er bildete seinen Körper neu und gab ihm mehr Kraft, um den Lebewesen zu helfen. Chenresi hatte nun elf Köpfe, über denen Opames eigener Kopf thronte, tausend Arme und ein allsehendes Auge in seinen Handflächen. Aber Chenresi sah, dass seine Aufgabe immer noch unmöglich war: Auch mit tausend Armen und elf Köpfen konnte er all diesen verwirrten Lebewesen nicht helfen, deren Geist von unreinen Gedanken benebelt war. Da weinte Chenresi, und aus einer kristallenen Träne, die über seine Wange lief, wurde Tara geboren, um ihm zu helfen.*

*Nun gibt es kein Lebewesen mehr auf dieser Welt, so unbedeutend es auch sein mag, dessen Leiden nicht von Chenresi und Tara erhört wird und das nicht von ihrer Barmherzigkeit berührt werden kann.*

LEGENDE AUS TIBET

## 14. Mai

Wir verließen unser Camp im Morgengrauen. Lacchu hatte mich um fünf Uhr mit Tee geweckt und noch einmal gefragt, ob ich für die lange Tour bereit sei. Ich nickte und zog mich an. Wir frühstückten leise in der Küche. Mein Rucksack war schon gepackt und stand neben mir auf dem Boden. Russell kam verschlafen herein und sah mich erstaunt an.

»Was machst du denn hier so früh?«, fragte er. »Ich steige mit Lacchu und Kassang zum ABC auf«, antwortete ich ernst.

»Gut. Lasst euch Zeit. Ich komme später mit den Sherpas nach«, erwiderte er.

Plötzlich war ihm klar geworden, dass ich es ernst meinte und den Kampf aufgenommen hatte. Die Zeit der Scherze war endgültig vorbei.

Die kleinen Bäche, die tagsüber so lustig durchs Camp gurgelten, waren gefroren, und wir stiegen vorsichtig über das Eis. Dreieinhalb Stunden gingen wir bis zum Zwischenlager, wo wir die erste Rast machten. Lacchu packte Kekse und Äpfel aus und braute uns Zitronentee. Die erste Hälfte war geschafft. Nun kam der schwierigere Teil. Ich machte mich als Erste auf den Weg, weil ich dachte, dass ich den Vorsprung später brauchen würde. Der Wind fauchte wie ein ungestümes Tier durch die Gletschertürme, und bald war ich eingehüllt in Schneekristalle, die beißend gegen mein Gesicht prasselten. Die Sonne war verschwunden.

Meinen Vorsprung verlor ich an den Seen, weil ich es vorzog, sie zu umrunden statt das Eis zu testen. Lacchu und Kassang holten mich ein und lachten mich aus. Natürlich waren die Seen gefroren; ob ich nicht gemerkt hätte, wie kalt es geworden sei seit unserem letzten

Aufenthalt dort oben. Der Winter war zurückgekehrt. Ich holte meine Daunenjacke aus dem Rucksack und zog sie an. Wir schlitterten weiter über das Geröllfeld nach oben. Stephane und Norbert preschten an uns vorbei.

»Hast du die Nacht im Zwischenlager verbracht?«, fragte mich Stephane.

Ich schüttelte voller Stolz den Kopf. Nun gehörte ich tatsächlich zu den hartgesottenen Bergsteigern, die es an einem Tag vom Basislager zum ABC schafften. Zwei finnische Bergsteiger saßen keuchend im Schnee. Ich setzte mich eine Weile zu ihnen. Sie waren Mitglieder der internationalen Gruppe, der auch Ivan und Heber angehörten. Alle befanden sich im Gipfelfieber. Um drei Uhr erreichte ich unser Camp. Erschöpft setzte ich mich zu Chimi in die Küche. Der Sturm draußen wurde immer schlimmer. Chimi hatte einen Gasofen in die Küche gestellt. Gierig streckten wir ihm unsere kalten Hände und Füße entgegen.

Lacchu kochte Sherpacurry für uns. Er erzählte mir, dass er schon bei Expeditionen zu allen vierzehn Achttausendern gekocht habe.

»Ich selbst bin noch nie höher hinausgekommen als bis zu unserem ABC hier, aber ich stand schon vor allen Achttausendern und hab hinaufgeschaut, in Pakistan, in Nepal und in Tibet. Mit Kukuczka war ich 1984 auf einer Winterexpedition am Cho Oyu. Er ist nach Reinhold Messner der zweite Mann, der alle Achttausender bestiegen hat«, sagte er stolz. »An sieben Expeditionen von Wielicki, dem berühmten polnischen Extrembergsteiger, habe ich teilgenommen. Er war der fünfte Mann auf allen Achttausendern. Für den Mexikaner Carlos Carsolio habe ich auch gearbeitet; er war der vierte«, fügte er hinzu.

»Und du hast sie alle bekocht?«, fragte ich erstaunt. »Wie lange bist du denn schon Expeditionskoch?«

»1979 hab ich als Küchenboy angefangen, da war ich vierzehn Jahre alt. Danach war ich auf der Kochschule in Kathmandu«, antwortete er.

Irgendwann kamen wir aufs Heiraten zu sprechen, und ich fragte

Lacchu nach seiner Familie. Er hatte zwei Kinder, sein Sohn ging schon zur Schule. Chimi lachte.

»Seine Mutter hat ihn verheiratet, sie hat ihm die Frau ausgesucht«, stichelte er.

»Wie meinst du das?«, fragte ich ihn.

Lacchu grinste verlegen.

»Komm schon, erzähl's mir«, hakte ich nach.

Er überlegte erst eine Weile.

»Sie hat mich erpresst. Es war 1992, im Frühjahr. Ich kam gerade vom Kangchenjunga nach Hause zurück; dort war ich mit einer polnisch-mexikanischen Expedition gewesen. Zuvor hatte ich noch mein Visum, meinen Pass und mein Flugticket abgeholt, weil ich am nächsten Tag mit einer polnischen Expedition zum Gasherbrum I nach Pakistan fliegen musste. Ich gab die Papiere meiner Mutter zur Aufbewahrung. Am nächsten Morgen – um ein Uhr mittags sollte ich am Flughafen sein – sagte meine Mutter, dass sie mir das Flugticket und den Pass erst geben würde, wenn ich heiraten würde, sonst könne ich die Expedition zum Gasherbrum nicht begleiten. Aber ich musste doch, weil ich der Expeditionskoch war«, sagte Lacchu.

»Warst du denn überhaupt verlobt?«, fragte ich ihn erstaunt.

»Nein, ich kannte das Mädchen gar nicht. Ich hatte es nur einmal gesehen. Das hat alles meine Mutter arrangiert. Sie hat das Mädchen ausgesucht und mit deren Eltern gesprochen«, erklärte er.

»Und was hast du gemacht?«, fragte ich.

»Na, ich hab sie geheiratet, um elf Uhr vormittags. Und dann bin ich zum Flughafen gefahren, um mich der Expedition anzuschließen«, fuhr Lacchu grinsend fort.

»Aber hattest du denn überhaupt einen Hochzeitsanzug?«, fragte ich ihn fassungslos.

Er lachte.

»Aber natürlich, meine Mutter hatte auch daran gedacht.«

»Und bist du glücklich mit deiner Frau?«

»Und wie! Wir bauen gerade ein Haus, und sie kümmert sich um

alles, wenn ich fort bin. Ich hab ein Foto von ihr«, sagte er, kramte in seiner Jackentasche und holte ein Bild hervor.
Wie hübsch das Mädchen war! Sie trug einen bunten Sari und hielt ein Baby auf dem Arm.
»Das ist meine Tochter, sie ist jetzt schon zwei Jahre alt«, erklärte Lacchu stolz.
Draußen tobte der Sturm. Wie es den anderen auf der Südseite wohl ergangen war? Ob sie alle heil vom Gipfel zurückgekehrt waren? Bei diesem Wetter war hoffentlich niemand mehr draußen.
Pemba und Jangbu waren zu Besuch bei uns. Russell und die Sherpas würden erst am nächsten Tag kommen, weil sie in diesem Sturm nicht gehen wollten. Ich war froh, dass wir es schon hinter uns hatten. Allerdings fror ich in dieser Nacht wie nie zuvor in meinem ganzen Leben. Wenn nur der Sturm etwas nachlassen würde.
Am nächsten Morgen war unsere Welt wieder in Ordnung. Die Sonne strahlte warm ins Zelt, und keine Wolke trübte den blauen Himmel. Ich hatte mich die ganze Nacht in ungestümen Träumen im Schlafsack hin und her gewälzt. Mein Flugzeug hatte ich verpasst; die anderen mussten auf mich warten, aber ich kam nicht vom Fleck. Immer wieder rannte ich meinem Fototeam hinterher und war stets zu spät. Ich hatte all die schweren Koffer dabei, in denen die Kleider für die Foto-Shootings waren, und kämpfte hart, weil die anderen ohne mich nicht anfangen konnten. Aber ich kam einfach nicht voran. Der Fotograf schrie, und der Friseur schlug mit seiner Bürste durch die Luft. Sie standen mitten in der Wüste. Meine Koffer passten nicht in den Bus. Ich musste sie oben auf das Dach verfrachten, dann fuhr der Bus ohne mich davon. Als es endlich Morgen war, kroch ich erschlagen aus dem Zelt. Meine Träume da oben kamen mir unglaublich realistisch vor. Manchmal konnte ich mich des Gefühls nicht erwehren, dass meine Welt verdreht war. Ich dachte oft mit Entsetzen, dass ich eines Tages aufwachen würde und es wäre wieder März in New York und ich hätte alles nur geträumt. Auch tagsüber drangen immer wieder Träume, die ich vor vielen Jahren gehabt hatte, in mein Bewusstsein – als ob alles, was ich dort oben er-

lebte, vorbestimmt gewesen sei, als ob ich schon vor vielen Jahren von dieser Expedition geträumt hätte. Ich fand mich oft in Situationen wieder, die ich aus einem anderen Leben zu kennen schien, aber nichts ließ sich festhalten. In gewisser Hinsicht erging es mir wie dem Zauberlehrling in Goethes gleichnamiger Ballade: »Die ich rief, die Geister, werd' ich nun nicht los.«

Im Camp der Amerikaner traf ich Liesl, und sie erzählte mir, dass ihre Gruppe die zweite Nacht auf 7800 Metern verbringen und tags darauf zum letzten Camp aufsteigen wolle.

»Wenn das Wetter nur besser wird. Da oben tobt immer noch der Sturm, aber unsere Jungs schlagen sich tapfer«, sagte sie.

Conrad wollte – wie Mallory und Irvine damals vor fünfundsiebzig Jahren – versuchen, die zweite Stufe frei zu klettern. Es sollte die letzte Episode in ihrem Film werden. Wenn er es schaffen würde, dann hätten auch Mallory und Irvine eine gute Chance gehabt, den Gipfel zu erreichen. Vielleicht könnte dann das Geheimnis um die erste Besteigung des Everest endlich gelüftet werden. Die anderen wollten weiter oben Irvines Leiche suchen, in der Hoffnung, bei ihm vielleicht die gesuchte Kamera zu finden. Liesl war müde und wollte endlich nach Hause. Sie war schon seit über zwei Monaten da und vermisste die westliche Kultur. Eric hatte die Fotos von Mallory an alle Welt verkauft; Nova, ihr Auftraggeber, war darüber gar nicht glücklich. Täglich kamen E-Mails, die Liesl beantworten musste, viele brachten die Empörung über die Presse zum Ausdruck, die es gewagt hatte, Bilder von Mallorys Leiche auf den Titelseiten zu bringen. Damit war der Everest wieder einmal in aller Munde. Was meine Eltern wohl dachten? Ich musste ihnen unbedingt schreiben, dass es mir gut ging und wir alle wohlauf waren.

Norbert kam nachmittags zum Tee, und Ken hörte ihm erstaunt zu. Er hatte schon zehn der vierzehn Achttausender bestiegen und konnte wilde Geschichten erzählen. Er wollte zusammen mit Stephane am nächsten Mittag zum Gipfel aufbrechen. Ihr Wetterbericht sagte für zwei Tage gutes Wetter voraus, und sie wollten an einem Stück zum Gipfel klettern. Ein Sherpa würde in jedem ihrer

drei Hochcamps warten, wo sie je eine Stunde rasten wollten. Der Rest ihrer Gruppe war am Morgen zum Nordsattel aufgebrochen. Ken und ich waren schwer beeindruckt von ihren kühnen Plänen.
»Diesen Aufwand, wie ihn die Amerikaner betreiben, den brauchen wir nicht. Mit hunderten von Flaschen Sauerstoff und Sherpas, das kann ja jeder«, sagte Norbert etwas abfällig und begann, sich über die anderen Teams lustig zu machen.
Meine Bewunderung schwand langsam dahin. Es waren nun einmal nicht alle solche Supermänner wie sie, na und? Stephane und er hatten es schließlich auch schon mehrere Male probiert und nicht geschafft, mit Sauerstoff oder ohne.
Phurba kam ins Zelt gestürmt. Er hatte für den Weg vom Basislager zum ABC nur fünf Stunden gebraucht. Die anderen seien nicht weit, sagte er. Unsere Sherpas waren einfach die besten: Gipfelallüren waren ihnen gänzlich fremd; auch lag es ihnen fern, sich und anderen etwas beweisen zu wollen. Der Everest war für alle da, die sich an ihm versuchen wollten. Sie nahmen jeden Tag, wie er kam, und machten immer das Beste daraus. Sie waren dort die eigentlichen Supermänner, denen meine ganze Hochachtung gehörte. Draußen stürmte es wieder, und weiße Böen wirbelten durchs Camp.
Vermummt in dicke Daunen trafen wir uns in alter Runde zum Abendessen. Russell war in Hochstimmung und erzählte von seinen Abenteuern. 1990 hatte er den ersten Ballonflug über den Mount Everest geleitet.
»Es war ein irrsinniges Unterfangen, aber wir haben es geschafft und sind 120 Minuten in der Luft gewesen. Wir sind von Gokyo aus gestartet, über den Gipfel geschwebt und dann in Tibet gelandet. Gokyo liegt auf der Südseite des Cho Oyu im Khumbu. Ihr könnt euch nicht vorstellen, was für eine Prozedur es war, den Ballon bis nach Gokyo zu schaffen. Wir mussten nach Syangboche fliegen. Der Ballonkorb war zu groß und passte nicht ins Flugzeug. Wir mussten ihn unten an einem Hubschrauber befestigen und hochfliegen. Dann waren es noch fünf Tage Fußmarsch bis Gokyo, und alles musste von Trägern transportiert werden.«

Sie hatten ein Filmteam aus England dabeigehabt. Der Regisseur und Produzent war Australier und entwickelte sich zunehmend zu einem Tyrannen.
»Als ob wir nicht genug zu tun gehabt hätten. Die Sherpas und die Träger arbeiteten sich halb zu Tode, weil der Herr Regisseur nur bei Sonnenschein filmen wollte und alles immer wieder aufhielt. Wir hatten aber nur für wenige Tage eine Flugerlaubnis und mussten uns daranhalten. Jedenfalls haben wir schon auf dem langen Marsch nach Gokyo dem Regisseur immer wieder Yeti-Geschichten erzählt, bis er ganz scharf darauf war, den Yeti in seinen Film einzubauen. Einer aus der Crew hatte aus England ein Affenkostüm mitgebracht. Kurz vor Gokyo zog er das Kostüm an und ging voraus. Er versteckte sich oberhalb des Pfades hinter ein paar Felsen. Ich hatte ihm ein Funkgerät mitgegeben und schickte den Kameramann mit dem Regisseur hinterher. Plötzlich hörte der Regisseur ein Brüllen und fing an, wild herumzufuchteln. Er schrie: ›Der Yeti, der Yeti, dort oben, schnell, die Kamera.‹ Der Kameramann schaute ihn entgeistert an. ›Die Kamera, hast du sie fertig? Los, fang an zu filmen, auf was wartest du denn noch? Dort oben, da ist er!‹ Und der Regisseur begann, über die Felsen hinter dem Yeti herzuklettern. Der Kameramann werkelte eine Weile an seiner Kamera herum, damit der Yeti genug Zeit hatte, sich wieder zu verstecken, dann sagte er gelassen: ›Ich hab keinen Film in der Kamera.‹ Der Regisseur war außer sich und fuhr ihn erbost an. ›Das glaub ich nicht, das darf einfach nicht wahr sein. Was bist du denn für ein Kameramann?‹ Der Yeti zeigte sich noch einmal kurz, brüllte und verschwand dann hinter den Felsen. Ich kam hinzu und fragte, was passiert sei. Der Regisseur tobte, und ich hatte die allergrößte Mühe, mir das Lachen zu verkneifen. Natürlich waren der Kamermann und alle anderen eingeweiht gewesen. Wir hatten ja mit dem Yeti über Funk in Kontakt gestanden. Noch Tage später schickte der Regisseur immer wieder einen der Sherpas los, um den Yeti zu suchen. Der tauchte natürlich nicht mehr auf, weil wir das Kostüm schon wieder eingepackt hatten.«
»Und jedes Mal, wenn der Regisseur wieder etwas Unmögliches ver-

…gte, habt ihr ihm erzählt, dass der Yeti wieder gesichtet worden sei«, sagte ich.
Russell nickte.
»Habt ihr ihm denn nie reinen Wein eingeschenkt?«, fragte ich ihn.
»Nein, natürlich nicht. Erst als wir wieder in Kathmandu waren, hat einer das Affenkostüm angezogen und ist damit vor versammelter Runde im Restaurant an den Tisch getreten. Da hat er es erst gemerkt. Leider besaß er keinen Funken Humor.«

16. Mai

Am nächsten Morgen herrschte große Aufbruchsstimmung im ABC. Das Gerücht von einem zweitägigen Wetterfenster hatte sich im Nu verbreitet, und viele folgten dem Ruf des Berges, auf den sie schon so lange gewartet hatten. Eine Vorhut der Amerikaner wollte auf 8300 Meter hinauf ins letzte Camp. Es war wieder wärmer geworden, und der Wind war mild. Stephane und Norbert hatten frühmorgens Sponsorenfotos auf dem Gletscher gemacht und waren anschließend aufgebrochen. Auch Ken und Geoff saßen keine Minute still. Ob wir nicht das Wetterfenster verpassen würden, fragten sie Russell.
»Vielleicht«, antwortete er gelassen, »aber mir gefällt die Vorhersage nicht, sie gilt nur für zwei Tage, und dann soll es wieder stürmen. Ich möchte warten, bis die Wetterlage stabiler wird. Wir haben noch viel Zeit. Meistens wird das Wetter erst in der letzten Maiwoche wirklich gut. Wir brauchen mindestens drei Tage gutes Wetter, und das sehe ich noch nicht. Ihr müsst euch noch etwas gedulden.«
Das fiel den anderen schwer, ich konnte es ihren Gesichtern ansehen. Ich dagegen war froh, dass wir noch Zeit hatten. Fabrizio besuchte uns, und Russell öffnete die Bar an diesem Tag schon vor dem Lunch. Es gab Wein und Käse, und wir spielten Karten. Geoff war wieder einmal dabei, Australien zu verlieren; ich warf New York in die Schale und spielte mit. Ob sie es schaffen würden, all diejenigen, die nun oben in den Camps auf ihre Chance warteten? In der kom-

menden Nacht wollten sich die Ersten auf den Weg zum Gipfel machen. Ich drückte ihnen die Daumen. Es hatte während der vorherigen Woche viel geschneit, und schon mittags stiegen dicke Wolken aus den Tälern in die Höhe.

In der Früh schneite es leicht, aber manchmal blitzte die Sonne zu uns durch. Im amerikanischen Camp wurde schon fieberhaft gearbeitet. Die Filmkamera war auf Eric gerichtet. Er saß mitten im Schneegestöber und blickte angestrengt nach oben auf den Gipfelgrat. Ein Sherpa hielt ein graues Mikrofon an einer langen Stange über ihm in den Wind. Mit dem Windschutz sah er aus wie eine dicke Maus im Winterpelz. Dave und Conrad hatten die zweite Stufe erreicht. Die anderen aus dem Team waren nach der ersten Stufe umgekehrt, und Eric erklärte ihnen gerade, wie sie den Rückweg zum Camp finden konnten. Seiner Beschreibung zufolge war das nicht so einfach, wie ich es mir vorgestellt hatte. Man musste vom Grat in das Gelbe Band hinuntersteigen und durfte eine bestimmte Abstiegsrinne nicht verpassen. Punkt neun Uhr fing Erics Funkgerät an zu knistern.

»Conrad an ABC. Könnt ihr mich hören? Over.«

»Wir hören dich, Conrad. Wie läuft es bei euch? Over«, antwortete Eric.

»Gut, danke. Wir sind mitten in der zweiten Stufe. Ich stehe mit Dave auf dem Schneekegel direkt vor der Felswand. Ich werde jetzt versuchen, sie frei zu klettern. Der Fels rechts ist brüchig, aber links führt eine Spalte nach oben. Dave hat die Kamera bereit. Ich melde mich wieder, wenn wir oben angelangt sind. Over.«

Eric legte das Gerät weg und schaute angestrengt mit seinem Fernglas durch die Wolken nach oben. Jetzt würde sich herausstellen, ob Mallory und Irvine es geschafft haben könnten. Wir warteten gespannt.

Zu fünft hatten die Amerikaner in der Nacht um zwei Uhr dreißig das letzte Camp verlassen und waren über das Gelbe Band zum Nordostgrat aufgestiegen. Sie hatten neue Fixseile an der ersten Stufe angebracht und waren dann hinaufgeklettert. Um sechs Uhr

morgens waren Tap und Jake, zwei Bergsteiger der Gruppe, dort umgekehrt, weil sie erschöpft waren und das Wetter nicht gut aussah. Conrad, Dave und Sherpa Dawa Nuru waren dem Grat weiter nach oben gefolgt und hatten die zweite Stufe kurz vor neun Uhr erreicht. Dawa Nuru war erschöpft, und auch Dave wollte umkehren, aber Conrad konnte Dave überreden zu bleiben. Er wollte sich unbedingt an der zweiten Stufe versuchen, und Dave sollte filmen.
Eine halbe Stunde verging, bevor das Funkgerät wieder zu knistern anfing. Es war Conrad.
»Ich bin oben«, klang es atemlos aus dem Funkgerät.
Keuchen, dann Stille.
»Er hat es geschafft«, rief Eric in die Runde und strahlte.
»Da bin ich wieder, musste mir kurz die Sauerstoffmaske wieder anziehen, die Luft ist wahnsinnig dünn hier. Ich hatte den Sauerstoff zum Klettern abgedreht. Dave kommt jetzt rauf«, sagte Conrad.
Der erste Teil der zweiten Stufe bestand aus großen Felsblöcken, die auf den ersten Blick keine großen technischen Anforderungen stellten; allerdings war dieser Teil sehr ausgesetzt. Direkt darunter fiel die Nordwand über dreitausend Meter in die Tiefe. Dann kam ein Schneekegel. Dort ließ Conrad seinen Rucksack und die Sauerstoffmaske. Direkt vor ihm lag der letzte Teil der Stufe: eine kerzengerade in den Himmel ragende Felswand. 1975 hatte eine chinesische Expedition dort eine Leiter angebracht, die immer noch von allen Expeditionen benutzt wurde. Conrad wollte versuchen, ohne ihre Hilfe hinaufzuklettern. Links war ein Felsspalt. Er presste sein Knie hinein und zog sich nach oben. Auf halbem Weg wurde der Spalt schmaler. Er musste ein Klemmgerät anbringen, das ihn im Falle eines Sturzes sichern würde – nicht von ungefähr wird dieses Gerät als »Friend« bezeichnet. Dann machte er mit einem Fuß auf der Leiter Pause, weil er außer Atem war. Ganz konnte er die Leiter nicht umgehen, weil sie im Weg war. Er stieg darüber und zog sich rechts davon nach oben in Sicherheit.
»Ich würde den Schwierigkeitsgrad bei 5.8 ansetzen, wenn wir auf der Höhe des Meeresspiegels wären, aber hier oben in Plastikstiefeln

und mit Steigeisen ist es bestimmt 5.10. Ich weiß nicht, ob Mallory es geschafft haben könnte. Damals hatten sie noch keine Klemmgeräte, um sich zu sichern. Vielleicht sind sie an dieser Stelle gescheitert«, berichtete Conrad von oben.
Wolken versperrten uns die Sicht, und Eric legte das Fernglas weg. Ich ging nachdenklich zu unserem Camp zurück. Das war also die berühmte zweite Stufe. Meine Kletterkünste waren eigentlich gut. 5.10 ist schwer, aber das hatte ich in den Shawangunks-Klippen, zu Hause in New York, schon geschafft. Doch in Plastikstiefeln und mit Steigeisen auf 8600 Metern, mit schwerem Rucksack und Sauerstoffmaske, dickem Daunenanzug und Handschuhen? Ich schüttelte den Kopf. Aber in dem Moment fiel mir die Leiter wieder ein. Wir hatten ja die Leiter; vielleicht war es doch machbar. Kein Wunder, dass Ken und Geoff so oft über die zweite Stufe geredet hatten.
Die Sherpas saßen in der Küche beim Frühstück. Ich berichtete ihnen direkt vom Set. Lacchu nahm unser Radio auf die Schulter und drückte Sonam eine Salami in die Hand, die er mir wie ein Mikrofon entgegenhielt.
»Und hier ist unser Held Conrad. Er wird jetzt versuchen, die zweite Stufe frei zu klettern«, begann ich und zeigte hinüber zu Phurba. »Okay, Phurba, wir sind soweit. Beweg die Kamera, Lacchu. Und Action«, rief ich.
Phurba atmete tief ein und zeigte uns seinen Bizeps, dann stieg er über die Kochtöpfe hinweg an der Zeltstange nach oben.
»Das war unser Held Conrad von der zweiten Stufe. Und wir freuen uns, wenn Sie auch morgen wieder dabei sind. Dann geht das Abenteuer von unserem Helden weiter.«
Ich schaffte es gerade noch, mich von der Kamera zu verabschieden, als Russell hereinkam. Sonam biss in die Salami und tat so, als würde er nicht dazugehören, Lacchu machte ein paar Tanzschritte, das Radio auf seiner Schulter wie ein echter New York Homeboy. Phurba tat so, als würde er die Zeltstange inspizieren.
»Was macht ihr denn hier?«, fragte Russell erstaunt und blickte in die Runde.

»Nichts«, antwortete ich und musste mich setzen, weil mir mein Bauch weh tat vor Lachen.

Eine Stunde später ging das »echte« Abenteuer der Amerikaner weiter. Dave und Conrad hatten das dreieckige Schneefeld unterhalb des Gipfels erreicht. Der Schnee war so tief, dass sie das Fixseil nicht finden konnten. Sie wussten nicht weiter und wollten schon umkehren. Eric sah sich Hilfe suchend nach Russell um und übergab ihm das Funkgerät.

»Conrad. Hier ist Russell, kannst du mich hören? Over.«

»Ja, ich höre dich. Wir sind gerade über der dritten Stufe. Wir suchen schon eine Weile, aber das Seil ist nicht zu sehen. Weißt du, wo es anfängt? Over«, klang es zurück.

»Ihr müsst etwa fünf Meter nach rechts traversieren. Siehst du dort die Felsen? Ein paar Meter darüber wird der Schnee tiefer. Dort findet ihr auch das Seil. Es ist ganz bestimmt dort, weil die Ukrainer es auch schon benutzt haben. Wenn ihr es habt, dann folgt ihm einfach bis zum Ende des Schneefelds. Over.«

Stille. Wenn sie das Seil nicht fanden, konnten sie nicht weitergehen. Es sei zu gefährlich, ungesichert das steile, lawinengefährdete Schneefeld hinaufzusteigen, erklärte Eric. Wir warteten gespannt. Dann ertönte wieder Conrads Stimme aus dem Funkgerät:

»Wir haben es gefunden. Tausend Dank. Wir melden uns dann vom Gipfel wieder. Over.«

Ich schaute zu Russell hinüber: Das war unser Mann.

Am Nachmittag kamen Stephane und Norbert bedrückt ins Camp zurückgeschlichen. Die Enttäuschung darüber, es nicht bis zum Gipfel geschafft zu haben, war ihnen an den Gesichtern abzulesen. Stephane war schon kurz nach dem dritten Camp umgekehrt, weil er zu langsam gewesen war und das Wetter schlechter wurde.

»Vielleicht hätte ich es sogar bis zum Gipfel geschafft, aber dann hätte ich keine Kraft mehr gehabt, zurückzukommen. Es ist mörderisch da oben. Ohne Sauerstoff machst du dort nur einen Fehler, und der ist tödlich. Da gibt es keine zweite Chance«, sagte er ernst und sah mich eindringlich an.

Auch Norbert war nicht viel weiter gekommen. Der Everest hatte ihn erneut in die Knie gezwungen. Stevie Haston, ein anerkannter Eis- und Felskletterer, gesellte sich zu uns. Er hatte seinen Gipfelanstieg schon im Camp 2 aufgegeben. Wütend begann er über die Amerikaner zu schimpfen:

»Erst wecken sie die Toten, dann plündern sie sie aus.«

Damit meinte er die Briefe und die Stofffetzen, die die Amerikaner von Mallorys Leiche mitgebracht hatten.

»Die veranstalten einen unglaublichen Zirkus. Allein die Anzahl der Sauerstoffflaschen, die sie da oben haben, ist ungeheuerlich. Das hat doch mit Bergsteigen nichts mehr zu tun. Ich werde einen Artikel darüber schreiben, wenn ich zurück bin. Das soll die Welt erfahren«, schnaubte er ungehalten.

Unsere Puristen – der Everest hatte ihnen den Wind aus den Segeln genommen. Und nun zogen sie beleidigt von dannen. Ich konnte nicht verstehen, warum sie sich so schnell geschlagen gaben. Das Wetter und die Schneeverhältnisse hatten ihren Plan durchkreuzt, an einem Stück bis zum Gipfel zu steigen. Aber war das ein Grund, gleich ganz aufzugeben?

»Das Wetter wird Ende Mai besser werden. Wenn ihr euch ein paar Tage unten im Basislager ausruht, dann habt ihr bestimmt noch eine gute Chance«, sagte ich zu Stephane.

Schließlich hatten sie die weite Reise gemacht, sich monatelang auf diese Expedition vorbereitet und sich wochenlang akklimatisiert.

»Wenn diese Clowns da alle raufsteigen, was bedeutet der Everest dann noch? Das ist doch ein einziger Affenzirkus hier. Mir langt's«, erwiderte er.

Ihm war nicht zu helfen; er hatte nicht das nötige Durchhaltevermögen. Das war schon damals bei unserer gemeinsamen Expedition in Peru so gewesen. Alles musste schnell gehen. In drei Tagen hatte er uns auf den Huascarán gejagt, und anschließend durften wir nicht einmal mehr eine einzige Nacht im Basislager verbringen. Nein, wir mussten schnell, schnell durch die Nacht zurück. Wie gerne wäre ich damals geblieben, hätte endlich in Ruhe den Sternenhimmel über uns genossen. Ihm ging es offenbar nur um den Gipfel; alles andere empfand er als lästige Nebensache. Für mich aber war genau »das Nebensächliche« von Bedeutung.

Kurz bevor Stephane sich auf den Rückweg zum Basislager machte, kam er noch einmal zu mir, um sich zu verabschieden.

»Wenn du es zum Gipfel schaffst, dann gebe ich das Bergsteigen auf«, sagte er, wünschte mir aber dennoch viel Glück.

Ich lachte nur. Mein Husten war wieder schlimmer geworden, meine Nase lief, und meine Füße waren kalt. Ich spürte, wie die Höhe meinem Körper allmählich zu schaffen machte, aber dennoch fühlte ich mich voller Energie. Wir hatten noch eine gute Chance, wenn das Wetter besser werden würde.

Ich hatte nach dem Abendessen mit Russell und den Sherpas noch in der Küche gesessen, mich aber schon bald verabschiedet, weil ich meine erneut aufkommende Erkältung ausschlafen wollte. Ken saß am Satellitentelefon, und noch lange hörte ich in meinem Zelt die Stimmen von Russell, Ken und Geoff. Sie waren in eine lebhafte Diskussion verstrickt, aber ich konnte nicht verstehen, worum es dabei ging. Beim Abendessen hatten wir zum ersten Mal über die Möglichkeit gesprochen, alle gemeinsam zum Gipfel zu gehen. Wer wusste schon, ob das Wetter wirklich so lange halten würde, dass zwei Teams im Abstand von zwei Tagen hinaufgehen konnten.

»Wenn wir das machen, dann muss aber jeder von euch einen Schlafsack vom dritten zum vierten Camp tragen. Die Sherpas und ich nehmen ein zusätzliches Zelt und Kochgas mit, aber wir brauchen eure Hilfe«, sagte Russell und blickte in die Runde.

Ich stimmte ihm sofort zu. Ich war überglücklich und würde alles dafür tun, nur um zusammen mit Phurba, Karsang und Lobsang auf den Gipfel zu gehen. Ich hatte die drei ins Herz geschlossen und fühlte mich wohl mit ihnen. Auf keinen Fall wollte ich wie Sumiyo am Seil hinaufgeschleift und von Sonam von hinten geschoben werden, wie Russell sich das vielleicht vorstellte. Wenn es mir nicht aus eigener Kraft gelang, dann hatte der Gipfel keine Bedeutung für mich.

Kozuka sträubte sich mit Händen und Füßen gegen unseren neuen Plan.
»Ich bin sehr schwach, ich kann keinen zusätzlichen Schlafsack tragen«, jammerte er.
»Aber du willst mehr als zehn Flaschen Sauerstoff benutzen, die vom Nordsattel mitgerechnet. Wer soll denn die alle tragen? Jede Flasche wiegt etwa vier Kilo, und am Gipfeltag muss jeder zwei Flaschen selbst tragen. Wie willst du das denn schaffen, wenn du nicht einmal in der Lage bist, einen zwei Kilo schweren Schlafsack ins letzte Camp zu bringen?«, fragte Russell herausfordernd.
Kozuka wiederholte immer nur:
»Sehr schwach, sehr schwach.«
Seit er von seinem Bad aus Zangmu zurückgekehrt war, schien er ein gebrochener Mann zu sein. Er saß stundenlang im Zelt und starrte vor sich hin. Immer wenn ich ihn fragte, ob er mit mir »Vier gewinnt« spielen würde, winkte er ab und sagte, er müsse nachdenken.
»Du träumst wohl schon wieder von den chinesischen Mädchen in Zangmu?«, fragte ich ihn übermütig, um ihn aus seiner Lethargie herauszuholen.
»Vielleicht vermisst du ja auch die Disco? Na, das haben wir gleich«, sagte ich.
Ich legte eine Kassette von ABBA ein und begann zu tanzen. Er lächelte nur ganz schwach und versank dann wieder in seiner Schwermut. Nichts konnte ihn aufheitern. Der Gipfel des Everest schien wie ein Damoklesschwert über ihm zu hängen. Seine ganze Zukunft hing davon ab. Ohne den Gipfelsieg zurückzukommen, das konnte er sich nicht erlauben. Er machte sich Sorgen über seine Kondition, dabei war er um ein Mehrfaches kräftiger als ich. Aber seit Zangmu hatte ihn der Mut verlassen.
In der vergangenen Nacht hatten Russell, Geoff und Ken aber von ganz anderen Dingen gesprochen. Ken hatte schlechte Nachrichten von zu Hause – wirklich ganz schlechte. Sein Sohn lag mit einer schweren Hirnhautentzüdung auf der Intensivstation. Er war erst acht Jahre alt. Seine Frau befürchtete das Schlimmste. Die ganze

Nacht hatte Ken mit sich gerungen. Er war zum vierten Mal am Everest, hatte ein Jahr lang jeden Pfennig gespart, um mit einer voll ausgerüsteten Expedition, mit Sauerstoff und dem erfahrensten aller Bergführer endlich den Gipfel zu erklimmen, und plötzlich war alles zu Ende.

»Aber wenn ich nicht heimfahre und mein Sohn stirbt, dann werde ich mir mein Leben lang Vorwürfe machen. Nicht, dass ich in dieser Situation wirklich etwas für ihn tun könnte. Aber ich bin schließlich sein Vater und auch noch Arzt«, sagte er.

Damit war alles klar. Russell hatte schon einen Jeep organisiert, der im Basislager auf ihn wartete, und Kens Frau war dabei, seinen Flug umzubuchen. Kassang stand bereit, um Ken hinunterzubringen. Ken selbst hielt sich tapfer, er schaute noch einmal hinauf und gab dann jedem die Hand. Mich drückte er zum Abschied an sich.

»Wenn es einer von euch Clowns schafft, dann du. Du hast deine Flügel, vergiss das nicht«, flüsterte er mir ins Ohr.

In diesem Augenblick hätte ich am liebsten mit ihm getauscht. Er hatte es mehr als wir alle verdient, endlich einmal auf dem Gipfel zu stehen. Aber es sollte wohl nicht sein. Immer wieder hatten die Götter ihm einen Stein in den Weg gelegt, aber diesmal hatte ihn der Stein mitten ins Herz getroffen.

Ich machte mich daran, unsere Nachrichtenseite fürs Internet zu schreiben. Wir waren schon eine Woche in Verzug, weil keiner Lust hatte, das Tagebuch zu führen. Aber unsere Familien und Freunde in aller Welt warteten bestimmt schon sehnsüchtig auf Neuigkeiten aus dem ABC. Und Hamlet hatte an diesem denkwürdigen Tag das letzte Wort: »Readiness is all.« Ja, wir waren bereit für den Anstieg zum Gipfel. Alle Hochcamps waren eingerichtet und warteten nur noch auf ihre Gäste. Die Ukrainer hatten für ihre Rettungsaktion nur zwei Flaschen Sauerstoff gebraucht, und da wir nur noch zu dritt waren, hatten wir einen reichlichen Vorrat. Russell, die Sherpas und die Amerikaner hatten an allen wichtigen Stellen Fixseile angebracht. Wir waren bereit und mussten jetzt nur noch auf gutes Wetter hoffen.

Das Warten begann schon an jenem Nachmittag. Ich hatte keinen Appetit mehr und musste mich förmlich zum Essen zwingen. Wieso gab es keinen Schokoladenriegel, der 5000 Kalorien hatte? Mein Husten wurde nicht besser, und das Atmen fiel mir schwer. Nun kam es darauf an, nicht krank zu werden, fit zu bleiben und gute Laune zu behalten.

## *Hilferufe vom Gipfel* 18. Mai

Fabrizio kam zu Besuch, und wir eröffneten nachmittags die Teebar. Er erzählte uns gerade Schauergeschichten von den Schweizern und allen möglichen Klatsch aus unserem kleinen Dorf. Ian und Cathy schauten herein und gesellten sich zu uns. Sie hatten endlich ihre Trekker verabschiedet und konnten sich nun mit voller Kraft dem Berg widmen. Russell kam mit den neuesten Wettermeldungen aus London.

»Tägliche Schneeschauer und hohe Winde für die nächsten fünf Tage«, las er vor. »Es sieht so aus, als ob wir uns noch eine Weile gedulden müssten. Lasst uns einmal den 25. Mai ins Auge fassen. Das würde bedeuten, dass wir am 21. Mai auf den Nordsattel steigen, in drei Tagen also«, fügte er hinzu.

Außer den Amerikanern hatte in der letzten Runde niemand den Gipfel erklommen. Die meisten waren am Tag zuvor völlig erschöpft zurückgekommen und ruhten sich nun aus für einen zweiten Versuch. Einige andere waren in der vergangenen Nacht erneut nach oben aufgebrochen, andere warteten noch im letzten Camp. So genau wusste das niemand, weil jede der Expeditionen ihre eigene Funkfrequenz hatte.

Luc, unser Nachbar von der internationalen Gruppe, steckte den Kopf ins Zelt und fragte nach Russell. Eigentlich stand er nicht auf unserer Gästeliste, weil seine Gruppe sich geweigert hatte, sich an den Kosten für die Fixseile zu beteiligen, aber er sah so hilflos aus mit seinen zerzausten Haaren und den vielen kleinen Federn, die an sei-

nen schwarzen Fleecehosen klebten, dass ich ihn unmöglich vor den Kopf stoßen konnte.
»Russell kommt gleich wieder. Magst du einen Tee?«, fragte ich ihn, weil er vor Kälte zitterte.
Er nickte nur stumm. Ich schenkte ihm eine Tasse ein und rührte etwas Zucker hinein, weil er sich nicht von der Tür wegbewegte und auch den angebotenen Stuhl nicht annahm.
»Was ist denn los mit dir?«, fragte ich ihn und schaute auf sein Funkgerät, das er fest umklammert in der Hand hielt.
»Ich brauche Russell. Ich habe gerade mit Pascal gesprochen. Er ist mit Joel auf dem Gipfel, und ich weiß nicht, was ich tun soll«, stammelte er.
Ich sah auf die Uhr.
»16.15 Uhr, mein Gott, was machen die so spät noch am Gipfel?«, rief Geoff in die Runde und schüttelte energisch den Kopf.
»Ich weiß«, stammelte Luc weiter, »ich mach mir solche Sorgen. Die reden lauter dummes Zeug durchs Funkgerät. Joel ruft immer wieder, er sei ohne den Gipfel vom Everest zum Sauerstoff gegangen. Ich glaube nicht, dass er es komisch meint. Er verdreht die Sätze und scheint es nicht zu merken.«
»Die müssen schleunigst runterkommen. Das Wetter sieht gar nicht gut aus«, meinte Ian alarmiert.
»Sie haben gesagt, dass sie das Kamerastativ suchen, das am Gipfel steht, und dass sie es nicht finden«, sagte Luc.
»Das Stativ, das gibt es doch schon seit Jahren nicht mehr, das ist runtergefallen«, warf Cathy ein und schaute erschüttert in die Runde.
»Ich muss mit Russell reden, vielleicht kann er sie dazu bringen umzukehren. Die beiden sind schon seit Mitternacht unterwegs, und das ohne Sauerstoff. Über sechzehn Stunden«, jammerte Luc und zeigte auf seine Uhr.
Russell kam ins Zelt, und Luc hielt ihm sein Funkgerät entgegen. Er wiederholte stammelnd, was er uns schon erzählt hatte. Ich war erstaunt, wie ruhig Russell blieb. Er versuchte Luc zu beruhigen und

erkundigte sich genau nach den Fakten. Er bestätigte, dass sich das Stativ nicht mehr auf dem Gipfel befand.
»Sie sollen sich auf den Rückweg machen. Sag ihnen, dass ich mein Funkgerät auf ihre Frequenz einstelle und die ganze Nacht erreichbar bin, falls sie Hilfe brauchen, den Weg zum Camp zu finden. Mach dir keine Sorgen, Pascal und Joel sind erfahrene Bergsteiger, Pascal kennt den Berg ziemlich gut. Das schaffen die schon.«
Luc zog dankend und etwas ruhiger davon. Russell schüttelte den Kopf und sah wieder auf die Uhr.
»Wenn sie jetzt gleich losgehen, dann haben sie noch drei Stunden Tageslicht – genug Zeit, die erste und die zweite Stufe hinter sich zu bringen, bevor es dunkel wird.«
Eine polnische Expedition war an diesem Tag ebenfalls auf dem Gipfel gewesen. Die drei Beteiligten, der Expeditionsleiter Ryzsard Pawlowsky, der Bergführer Jacek Maselko und ihr Kunde Tadeusz Kudelski, waren um zwei Uhr nachmittags oben gewesen und befanden sich schon lange auf dem Rückweg. Russell hatte beim Abendessen das Funkgerät dabei, aber es blieb ruhig. Er sah erschöpft aus und hustete unentwegt. Nach dem Essen verabreichte er mir ein paar Pillen für meine Erkältung und nahm selbst auch welche, bevor er sich verabschiedete. Auch ich wollte früh schlafen gehen. Um halb acht lag ich schon in meinen Daunen. In der Ferne hörte ich Geoffs Stimme im Gemeinschaftszelt. Vielleicht saß er am Funkgerät, aber ich war schon weit fort und schlief ein. Mitten in der Nacht wachte ich noch einmal auf. Von draußen drang ein Stimmengewirr in mein Zelt. Russell, Eric, die Polen, alle redeten durcheinander, und ich konnte nicht viel verstehen. Dann war es wieder ruhig. Mein Zelt ratterte im Wind; ich war mir nicht mehr sicher, ob ich nur geträumt hatte, und schlief wieder ein.
Als ich aufwachte, schneite es wieder; heftig trommelten die Flocken ans Zelt. Das Stimmengewirr von der vergangenen Nacht war wieder da. Als ich schlaftrunken in die Küche stolperte, war die zweite Rettungsaktion bereits in vollem Gang. Pascal und Joel waren noch immer nicht im letzten Camp angekommen, und ihr Funkgerät

schwieg. Einer der Polen wurde ebenfalls vermisst. Ryszard saß seit zwölf Stunden irgendwo an der ersten oder der zweiten Stufe, niemand wusste es genau. Er hatte in der Nacht um Hilfe gerufen; seine Finger seien gefroren und er könne nicht mehr aufstehen. Dann hatte Russell auch mit ihm den Funkkontakt verloren. Vielleicht waren die Batterien leer. Die ganze Nacht hatten Russell, Eric, Ryzsards Campleiter und Luc in unserem Funkzelt gesessen und immer wieder gehofft, dass sich die Vermissten noch einmal meldeten. Doch die Funkgeräte blieben still. Eric vermutete, dass Ryszard gestürzt war, dass er sich vielleicht etwas gebrochen hatte und deswegen nicht aufstehen konnte. Russell konnte sich das nicht vorstellen. Ryszard war ein außerordentlich erfahrener Bergsteiger. Er hatte schon sieben Achttausender erklommen und war nicht zum ersten Mal auf dem Everest. Russell hatte versucht, von ihm zu erfahren, wo Tadeusz, sein Kunde, steckte, ob er bei ihm war, wo er ihn zum letzten Mal gesehen hatte, ob er abgestürzt war. Aber er hatte keine Antwort darauf bekommen. Zwei Sherpas waren nun auf dem Weg nach oben, um zu helfen.

Bascha, Ryszards Freundin, war die einzige, die im Camp 4 noch ein funktionierendes Funkgerät hatte. Sie war verzweifelt und weinte, als Russell mit ihr sprach. Russell versuchte sie zu beruhigen und sie dazu zu bewegen, zu den Italienern zu gehen, die auch dort oben waren. Er konnte diese über Funk nicht erreichen, aber vielleicht konnten sie ja helfen.

»Bascha«, begann Russell ruhig, aber bestimmt auf die Verzweifelte einzureden, »hast du deinen Daunenanzug an, Handschuhe, du brauchst Handschuhe, dann die Stiefel ... Du hast sie an? Gut. Jetzt machst du das Zelt auf und ziehst die Steigeisen an. Geh nicht ohne sie, es ist zu gefährlich ... Ich weiß, es ist kalt. Ich glaube, die Zelte der Italiener stehen etwas weiter oben. Melde dich, wenn du soweit bist. Over.«

Einige Sherpas befanden sich im Camp 2. Russell redete mit ihnen, und sie versprachen, sofort nach oben aufzubrechen. Eine halbe Stunde später saßen sie jedoch immer noch im Zelt. Der Wind sei zu stark. Eric schrie ins Funkgerät, dass sie es wenigstens versuchen sollten. Jede Minute sei kostbar. Wenn man die Vermissten in den nächsten Stunden finden würde, könnten sie vielleicht noch gerettet werden, aber oben am Berg tobte ein Sturm, und in der dünnen Luft ging alles nur im Zeitlupentempo. Wie oft hatte ich schon von so dramatischen Aktionen auf dem Everest gelesen, bei mir zu Hause im bequemen Sessel – und hatte dabei den Kopf geschüttelt. Nie hatte ich verstanden, warum diese Rettungsaktionen immer so chaotisch verliefen. Wieso konnte nicht einfach einer zum Zelt der anderen hinübergehen; sie standen doch nur zwanzig oder dreißig Meter weit voneinander entfernt? Allmählich begann ich zu begreifen, warum. Ich hatte selbst oben im Camp 2 im Zelt gelegen, hatte eine Tasse Tee in der Hand gehalten und war nicht in der Lage gewesen, mich aufzusetzen und zu trinken.

Obwohl meine Kopfschmerzen immer stärker wurden, lag ich manchmal eine ganze Stunde lang nur da, bevor ich mich endlich aufraffen konnte. Der Tee war dann schon eiskalt. Jede Bewegung in dieser Höhe erforderte eine ungemeine Anstrengung, verlangte eine unglaubliche Willenskraft.

Mittags hatten die zwei Sherpas Ryszard gefunden und ihn ins letzte Camp zurückgeführt. Er konnte selbst gehen und hatte nur geringe Erfrierungen. Auch sein Funkgerät funktionierte wieder, und keiner verstand, warum er die ganze Nacht unter der ersten Stufe gesessen hatte. Die Sherpas berichteten, dass sie Pascal gesehen hatten. Er saß im Schnee, reagierte aber nicht auf ihre Versuche, ihn zum Abstieg zu bewegen. Es war kalt und stürmisch; sie mussten Ryszard helfen und ließen Pascal zurück. Joel, Pascals Partner, war in einem Zelt im Camp 4 aufgetaucht, aber von Tadeusz fehlte immer noch jede Spur. Russell versuchte die Sherpas der Italiener zu überreden, noch einmal hinaufzugehen, um nach Pascal zu sehen. Sie weigerten sich, weil der Sturm alles zugezogen hatte. Pascal befinde sich mindestens viereinhalb Wegstunden von ihnen entfernt und ihm sei ohnehin nicht mehr zu helfen. Russell schüttelte verzweifelt den Kopf.

»Ryszard weigert sich mit Händen und Füßen, von Camp 4 weiter abzusteigen. Er will auf Tadeusz warten. Ich habe seinen Sherpas gesagt, sie sollen ohne ihn absteigen, weil es keinen Sinn macht, noch mehr Leben aufs Spiel zu setzen. Joel ist total daneben, man kann kein vernünftiges Wort mit ihm reden. Angeblich hat er schwere Erfrierungen, aber ich bringe ihn nicht dazu, herunterzukommen. Es ist zum Verrücktwerden. Er will wieder hinauf, um nach Pascal zu suchen. Er kann sich bald selbst nicht mehr helfen. Und es gibt nichts, was ich dagegen tun könnte.« Geoff berichtete, dass OTT auf der Südseite einen jungen Engländer beim Abstieg verloren hatte. Seine Frau hatte ihm per E-Mail berichtet, dass es in allen Zeitungen gestanden habe.

Ivan, Heber und Karla waren zu Besuch bei uns, um die neuesten Nachrichten zu erfahren. Karla war aus Mexiko und hatte im vergangenen Jahr schon auf der Südseite einen Versuch unternommen. Eine teure Expedition konnte sie sich in diesem Jahr nicht mehr leisten, und so hatte sie sich mit Ivan und Heber einem internationalen Team angeschlossen. Heber war Bergführer am Aconcagua, und Ivan, der Mathematikprofessor an der Universität von Quito war, leitete mitunter Expeditionen in Ecuador. Karla hatte einen eigenen Sherpa und sechs Flaschen Sauerstoff für den Gipfel. Alle drei schimpften auf die schlechte Organisation in ihrem Team.

»Ich würde euch ja gerne mal zum Essen einladen, aber es schmeckt so grauenhaft, dass ich euch das nicht zumuten will«, stöhnte Ivan. »Wir haben einen tibetischen Küchenboy, der für uns kocht, aber er kann nur Reis und Suppe machen und versteht kein Englisch.«

Ihr Expeditionsleiter hielt sich im Basislager auf und kümmerte sich um nichts. Mitfühlend lud ich sie zu unserer Nachmittagsrunde, zu Wein und Käse, Salami und Keksen ein. Heimlich packte ich eine Plastiktüte voll mit Schokokeksen, M & Ms, Snickers und anderen Süßigkeiten aus unserer großen Trommel und versteckte sie in Ivans Rucksack. Ich war so froh, dass ich die drei kennen gelernt hatte, und hoffte, dass sie sich uns anschließen würden, wenn wir zum Gipfel gingen.

Die Amerikaner hatten am Abend zuvor ausgiebig gefeiert und ver-

abschiedeten sich nun ganz fröhlich von uns. Sie hatten zwar Irvine nicht gefunden und auch die Kamera nicht, aber mit Conrads Erfolg an der zweiten Stufe waren sie einen wichtigen Schritt vorangekommen und glücklich über ihre gelungene Expedition. Uns drückten sie die Daumen für den Gipfel und verließen dann das ABC.
Als wir alleine waren, wurde Russell sehr ernst. Die Zeitungen in Europa berichteten wieder von Tragödien am Everest. Erst Mallory und jetzt der Engländer, der bei einer kommerziellen Expedition verloren gegangen war. Die Pressemeute rieb sich die Hände. Michael Matthews war der bislang jüngste Brite, der den Everest besteigen wollte. Seine Bergführer konnten nicht erklären, warum sie ihn verloren hatten, außer, dass er sich viel zu spät noch auf dem Weg zum Gipfel befand und sich trotz aller Bitten geweigert hatte umzukehren. Dann war der Sturm gekommen, und Mike, ein Bergführer der Gruppe, hatte lange auf ihn gewartet und sich die Füße erfroren. Michael war jedoch nicht zurückgekehrt.
»Es sind schlechte Nachrichten, ganz egal, warum es passiert ist. Die Polen haben oben am Gipfel eineinhalb Stunden lang Interviews an die Presse gegeben und auch vorher schon einen Medienrummel veranstaltet. Jetzt wird einer von ihnen vermisst, und wahrscheinlich ist er tot. Auch das wird in den Zeitungen stehen. Ich will, dass ihr alle eure Familien anruft und ihnen erklärt, dass bei uns alles in Ordnung ist. Ich kann euch nur sagen, dass unsere Expedition besser ausgerüstet ist als die anderen. Wir haben genug Sauerstoff, stärkere Sherpas und strikte Regeln für den Gipfeltag. Von uns steigt keiner nach zwölf Uhr mittags zum Gipfel auf. Wir kehren vorher um, wenn wir merken, dass wir es nicht schaffen. Der Wetterbericht war bisher sehr zuverlässig, aber ganz genau weiß man es nie. Ihr müsst euch darüber im Klaren sein, dass auch uns etwas passieren kann, obwohl wir versuchen werden, tunlichst alle Fehler zu vermeiden. Wenn ihr raufgehen wollt, dann müsst ihr euren Familien das erklären«, sagte Russel.
Als ich mir vorstellte, was meine Eltern in der Zeitung zu lesen bekamen, wurde mir übel. Aber Russell hatte Recht; unsere Expedition

war ganz anders organisiert. Ich konnte mir einfach nicht vorstellen, dass uns etwas passieren würde. Geoff war da anderer Meinung. Er hatte 35 000 Dollar bezahlt, wie wir alle. Im Gegensatz zu mir vertrat er jedoch den Standpunkt, damit eine Lebensversicherung erworben zu haben. Die Sherpas und Russell seien dazu da, ihn zu retten und heil nach Hause zu bringen. Aber die einzige Chance auf eine heile Rückkehr, so dachte ich, lag bei uns selbst. Wir mussten unsere eigenen Kräfte ganz klar selbst einschätzen und selbständig die Entscheidung zur Umkehr treffen, wenn wir deutliche Anzeichen von Erschöpfung spürten. Keiner von uns hatte 35 000 Dollar dafür bezahlt, dass einer der Sherpas oder Russell sich in Lebensgefahr begaben, um uns zu retten. Das Problem ist nur – wie erkennt man, dass die Erschöpfung bereits so weit vorangeschritten ist, dass man nicht mehr bis zum Gipfel aufsteigen kann, aber noch in der Lage ist, eigenständig zum letzten Camp zurückzukehren?
Die Sherpas der Italiener hatten sich am Nachmittag doch noch aufgemacht, um nach Pascal und Tadeusz zu suchen. Kurz bevor sie die erste Stufe erreichten, entdeckten sie jemanden, der an der falschen Seite hinunterzuklettern versuchte. Sie riefen nach ihm. Dann sahen sie nur noch, wie er vor ihren Augen in die Tiefe stürzte. Er hatte einen dunklen Daunenanzug getragen. Der Dauenanzug von Pascal war lila und derjenige von Tadeusz dunkelblau. Niemand wusste, wer von den beiden nun tot dort unten in der Tiefe lag. Die Italiener hatten ihren Anstieg zum Gipfel aufgegeben, und die wenigen Teams, die noch in den verschiedenen Hochlagern waren, befanden sich alle auf dem Weg nach unten. Der Wind war zu stark, und am Gipfel hatte sich eine große Linsenwolke gebildet. Sie war ein eindeutiges Zeichen dafür, dass sich das Wetter wieder verschlechtern würde.
Ich begann den Tisch zu decken und faltete sorgfältig Servietten, die ich mit rosafarbenen Bändern versah. Lacchu hatte aus den anderen Camps Kerzen zusammengetragen. Es sollte ein ganz besonderer Abend werden. Ein Abend, an dem sich alle wie zu Hause fühlen sollten, ein Abend wie in einer großen Familie. Es schien mir wichtig, den Tragödien und Wirrnissen um uns herum etwas entgegenzuset-

zen. Mehr konnte ich in diesem Augenblick nicht tun. Ich hatte Käsefondue aus der Schweiz mitgebracht und Ian und Cathy zum Essen eingeladen. Nachmittags hatte ich mit Lacchu in der Küche Brot gebacken, und es war uns ganz gut gelungen. Drei Fondue-Töpfe standen auf dem Tisch, und ich zündete die Kerzen an. Einmal mehr begaben wir uns in dicken Daunenjacken zu Tisch. Obwohl wir natürlich den ganzen Abend von den tragischen Geschehnissen des Tages sprachen, ließ das gemeinsame Fischen nach den Brotstücken im Käse doch eine ganz andere Atmosphäre aufkommen. Selbst der schwermütige Kozuka lebte auf.

Ich lag lange wach in dieser Nacht. Und kämpfte mit mir selbst. Da gab es eine Stimme in mir, die mir immer wieder sagte, dass ich dem Aufstieg zum Gipfel mit Zuversicht entgegensehen könne, dass ich stark genug sei, die Herausforderung anzunehmen, die Welt von oben anzuschauen und die Aussicht zu genießen, die nur so wenigen ihrer Bewohner einmal gewährt wurde. Dem Himmelsglück so nah. Eine andere Stimme in mir klang hingegen entschieden verhaltener. Warum ich? Was musste ich mir beweisen? Drei Männer waren dort oben umgekommen, zwei in den letzten Tagen. Die Vorstellung, über den einen oder anderen Toten hinwegsteigen zu müssen, war furchtbar. So direkt vor dem Tod, vor der eigenen Vergänglichkeit zu stehen – mich schauderte. Sie hatten Ambitionen gehabt wie ich, einige hatten zu hoch gepokert; ihre Träume waren mit ihnen erloschen. Ihre bunten Daunenjacken würden in der Sonne ausbleichen, ihr Grab lag einsam in eisiger Kälte. Würde ich wirklich erkennen können, wann es Zeit war umzukehren? Auf keinen Fall wollte ich, dass einer der Sherpas oder Russell sein Leben aufs Spiel setzen musste, weil ich meine Kräfte überschätzt hatte. Wie weit konnte ich gehen? So, wie ich mich fühlte, sollte ich am besten nach Hause gehen und den Berg Berg sein lassen. Was gab es denn noch zu gewinnen? War der Gipfel mir wirklich so wichtig? Hing mein Lebensglück davon ab? Natürlich nicht. Nichts würde sich dadurch ändern in meinem Leben. In der Modewelt würde es keinen Unterschied machen; eine Trekkingtour zum Basislager war für die meisten schon so gut wie der Gipfel. Dass ich in New York zu meinen Freunden sagen konnte: Ich war da oben? Das war schon etwas. Aber war es das wirklich wert, mein Leben zu riskieren und vielleicht auch das der anderen?

Ich öffnete mein Zelt und sah lange zum Mond hinauf. Chomolungma strahlte geheimnisvoll in seinem Licht; die Schneefelder schienen zu leuchten. Und da war es wieder, dieses unbeschreibliche Glücksgefühl. Am Nachmittag, als Ivan und Heber bei uns saßen, hatte ich es auch gespürt – die verschworene Gemeinschaft, das Leuchten in unseren Augen, wenn wir von »unserem« Berg sprachen; die gemeinsame Passion, die uns alle dort zusammengebracht hatte. Eine unendliche Sehnsucht erwachte wieder in mir. Meine Großeltern hatten schon voller Sehnsucht zu ihm hinaufgeschaut. Der Everest war der Thron der Götter; wie Engel würden wir bald dort oben auf dem Grat über das Dach der Welt wandern. Der Mond war hinter den Felsen verschwunden, und die Sterne leuchteten am unendlichen Firmament. Ich wusste längst, warum ich gekommen war.

Die Sonne stand wieder am tiefblauen Himmel. Ein weißer Wolkenschweif wehte vom Gipfel über den Nordgrat. Über vierzig Yaks und ihre Treiber waren dabei, das Camp der Amerikaner in bunten Duffelsäcken nach unten zu transportieren. Sie machten einen riesigen Lärm. Als sie endlich fort waren, ging ich zurück ins Zelt und schlief noch ein bisschen in der Sonne. Ryszard Pawlowsky kam bedrückt vom Nordsattel zurück. Seine Gruppe bereitete ihm einen rauschenden Empfang. Ich konnte nicht verstehen, warum.

### 21. Mai

Zwei Tage blieben uns noch. Noch einmal übten wir uns im Sauerstoffgebrauch, testeten die Funkgeräte, packten voller Zuversicht unsere Essensvorräte für die oberen Camps und besprachen unseren Plan im Detail. Die Sherpas lagen gemütlich in der Sonne. Es war wieder wärmer geworden, und Russells Wetterbericht sagte für die nächsten vier Tage besseres Wetter voraus, abflauende Winde und wärmere Temperaturen. Am 23. Mai wollten wir starten. Geoff und Kozuka drehten wie jeden Tag ihre Runde – hinauf zum Cramponpoint und zurück. Geoff schaffte es nun schon in zweiundfünfzig Minuten; Kozuka war etwas langsamer, aber immer dabei. Ich hingegen spielte viel lieber mit Phurba »Vier gewinnt«, döste in der Sonne, wusch mir die Haare und versuchte so viel wie möglich zu essen. Ich wollte auch meinen Körper so wenig wie möglich belasten, weil meine Erkältung nicht besser wurde. Fabrizio hatte mich zum Essen eingeladen, zusammen mit Ivan, Heber und Karla, und wir verbrachten eine romantischen Abend bei Kerzenschein in seinem Zelt. Draußen pfiff der Wind. Fabrizio kämpfte mit einem Magenvirus, hatte aber seinen Gipfelversuch noch nicht aufgegeben. Er wartete wie viele andere Teams darauf, dass Russell das Startsignal gab. Sie wussten, dass er die meiste Erfahrung am Everest hatte, und vertrauten seinem Urteil.

# 9

*Am Anfang war unsere Welt von Göttern bewohnt. Es gab kein Leid und keine Krankheiten, und die Götter hatten immer genug zu essen. Sie lebten in Zufriedenheit und verbrachten die Tage in tiefer Meditation. Die Götter brauchten kein Licht, weil ein helles, klares Licht von ihren Körpern ausging und die Welt erleuchtete.*
*Eines Tages entdeckte einer der Götter eine sahnige Substanz auf der Oberfläche der Erde. Er probierte sie und fand Geschmack daran. Er erzählte den anderen Göttern von seiner Entdeckung, und bald aßen alle Götter nur noch die sahnige Creme. Je mehr sie jedoch davon aßen, umso schwächer wurden sie. Bald konnten sie nicht mehr meditieren; auch das Licht, das einmal so hell von ihren Körpern ausgegangen war, wurde schwächer und erlosch. Die Welt tauchte in Dunkelheit, und die mächtigen Götter wurden zu Menschen.*
*Dann erschien aus der Dunkelheit der Nacht die Sonne am Firmament, und als die Sonne unterging, leuchteten der Mond und tausend Sterne vom Himmel auf die Erde. Die Sonne, der Mond und die Sterne kamen, weil die Götter in den vergangenen Jahren so viele gute Taten begangen hatten. Sie sind immer noch ein Zeichen dafür, dass unsere Welt einmal ein friedlicher, schöner Ort war – frei von Habgier, Leid und Schmerzen.*

LEGENDE AUS TIBET

## *Der Weg zum Gipfel* 23. Mai

Die Sonne strahlte mit voller Kraft auf unser kleines Dorf; es war völlig windstill. Ich saß im Zelt und packte meine Sachen: Sonnencreme, drei Paar Socken, Taschentücher, Schokoladenriegel, Traubenzucker, Hustenbonbons, Stirnlampe und Batterien, Stiefelheizer, einen zusätzlichen Fleecepullover und Hosen, Daunenhandschuhe, Balaclavamütze, Eisaxt, Sonnenbrille und Schneebrille, Kamera und Filme. Als ich den Rucksack hochhob, traute ich meinen Armen nicht, so schwer war er; dabei sollten noch meine Essensvorräte dazukommen. Letzteres fiel allerdings kaum ins Gewicht, weil ich nicht viel davon mitnehmen wollte, wusste ich doch bereits, dass mir dort oben ohnehin nicht nach essen zu Mute sein würde. In meine Wasserflasche füllte ich das letzte Sprite, das wir hatten. Noch einmal kräftig frühstücken, dachte ich und machte mir zwei Crêpes mit Nutella.

Lacchu verabschiedete uns, und langsam zogen wir zum letzten Mal über das Geröllfeld davon. Russell würde nachkommen, und die Sherpas wollten uns zwei Tage später im Camp 3 treffen. Geoff stürmte davon, und ich ging mit Kozuka langsam hinterher. Ich war an diesem 23. Mai nicht mehr auf der Höhe meiner Kräfte, weder in physischer noch in psychischer Hinsicht. Mein Husten war wieder schlimmer geworden, meine Nase lief ständig, und die dicken Fettpolster, die ich mir in New York angegessen hatte, waren längst dahin.

Ich war müde von den Anstrengungen der letzten Wochen. Wenn ich meine vielen Touren zu den Höhencamps und zurück zum Basislager zusammenrechnete, hatte ich die 8848 Meter, die Höhe des Everest, schon mindestens dreimal erklommen. Die Tragödien der anderen Bergsteiger, von denen drei umgekommen waren, hatten mich ziemlich mitgenommen. Auf dem Weg über die Moräne merkte ich, wie schwer mir dieser Weg nun fiel. Fünf Wochen zuvor war ich zum ersten Mal da gewesen. Damals war alles noch neu und der verschlungene Pfad über die Steine voller Wunder gewesen. Jetzt war ich froh, dass es das letzte Mal sein sollte. Ich wusste längst, dass hinter den Anhöhen wieder kleine Täler kamen, dass ich die mühevoll gewonnene Höhe auf der anderen Seite wieder verlieren würde und neu erklimmen musste. Ich machte lange Rast am Crampon-point, schnallte die Steigeisen an und tastete mich über das Eis. Einige Zentimeter Neuschnee erschwerten das Gehen, und von oben brannte die Sonne herunter. Nicht die geringste Brise wehte, und mein Rucksack wog schwer auf meinen Schultern. Ich hatte meinen Eltern am Abend zuvor noch eine E-Mail geschickt, dass sie sich keine Sorgen machen sollten.

Der Schweiß lief mir von der Stirn, und ich setzte mich zu einer Gruppe von Georgiern in den Schnee. Zwei von ihnen trugen Wüstenhüte, um sich vor der Sonne zu schützen. Mir war schwindlig, und ich erstickte fast an einem schweren Hustenanfall. Mein Magen stülpte sich um und mit ihm mein Frühstück.

»Bist du in Ordnung?«, fragte mich Gea, der Expeditionsleiter der Georgier, und nahm mir den Rucksack ab.

Ich nickte schwach, mein Magen war leer, aber das Schwindelgefühl, das mich auf der Moräne immer wieder in die Knie gezwungen hatte, war fort.

»Was hast du denn da alles drin?«, fragte er.

»Nicht viel, aber es ist so schwer«, antwortete ich und stützte den Kopf in die Hände.

Er machte meinen Rucksack auf und packte ihn aus.

»Stirnlampe und Batterien, Daunenjacke, und was ist hier drin? Essen? Ich nehm dir das mal ab«, sagte er und verstaute die Sachen in seinem Rucksack.

»Mir kannst du auch etwas geben«, sagte ein anderer aus ihrer Gruppe.

Er griff nach dem schwarzen Beutel, in dem meine Kamera und Filme steckten. Ich sah sie erstaunt an.
»Meint ihr das ernst? Ist euch das nicht zu schwer?«, fragte ich ungläubig.
»Kein Problem, wirklich nicht. Komm jetzt«, antwortete Gea und half mir auf.
Er setzte mir den halb leeren Rucksack auf die Schultern.
»Besser so?«, fragte er.
Ich war überglücklich und umarmte ihn. Sie nahmen mich in ihre Mitte, und wir begannen langsam den Aufstieg zum Nordsattel.
Im Gänsemarsch stapften wir hinauf, zehn Schritte, Pause, zehn Schritte und kurze Pause. Es war doch nicht so schwer. Ich fühlte mich leichter und unbeschwerter inmitten der kühlen Eistürme, die glänzend um uns standen. Vor der Eiswand machten wir kurz Halt. Die Gletscherspalten hatten sich geweitet und verlangten uns einen Riesenschritt ab, bevor wir in die Wand einsteigen konnten. Ich ließ den Georgiern den Vortritt und schwang mich dann ans Seil. Russell kam direkt hinter mir und hustete fast so schlimm wie ich. Von oben winkten die Georgier mir zu, und als ich sie erreichte, setzte ich mich keuchend zu ihnen in den Schnee. Russell lachte.
»Hast du schon wieder neue Freunde gefunden?«, stichelte er.
Ich strahlte ihn an. »Wenn du wüsstest«, dachte ich im Stillen. »Ohne sie würde ich jetzt noch mit meinem schweren Rucksack alleine da unten sitzen.« Was für ein Glück, dass es noch Gentlemen gab.
Ich folgte den Gentlemen weiter hinauf, fiel aber immer mehr zurück. »Schwer« war nicht der richtige Ausdruck, es war noch viel schwerer als schwer. Jeder Schritt bedeutete eine Überwindung, aber jeder Schritt zählte jetzt. Jeder Schritt war ein Schritt weniger auf dem Weg zum Gipfel. Wie ein Engel mit gebrochenen Flügeln landete ich endlich auf dem Nordsattel, den Tränen nahe. Ich kroch auf allen vieren zu unseren Zelten. Russell war mit Geoff im Zelt und rief mir zu, dass er meine Sachen schon ins Zelt nebenan getan hätte. Ich schüttelte den Kopf und zog die Steigeisen aus. Ich war ent-

täuscht, dass er nicht mit mir ein Zelt teilen würde. Kozuka war noch nicht da, und ich musste wieder alleine den Gaskocher anwerfen und selbst Schnee holen. Vor Erschöpfung fing ich an zu heulen und machte mich ans Werk. Ich musste die Georgier finden, um meine Sachen wieder an mich zu nehmen, aber Russell durfte das nicht mitkriegen. Leider konnte ich mich nicht mehr an ihre Namen erinnern. Wer von ihnen hatte meine Sachen getragen? Ich ging vorsichtig hinüber zu ihren Zelten. Gea sah mich an.
»Was ist denn los, warum weinst du?«, fragte er. »Ich habe Russell deine Sachen schon gegeben.«
»Du hast sie Russell gegeben?«, fragte ich und umarmte ihn schnell, damit er mein entsetztes Gesicht nicht sehen konnte. »Vielen Dank! Ohne euch hätte ich es nie geschafft«, stammelte ich und ging langsam zurück zu meinem Zelt.
Jetzt wusste Russel alles, wusste, dass ich nicht im Stande gewesen war, meinen Rucksack allein zu tragen. Immer hatte er betont, dass wir unsere eigenen Sachen tragen müssten. Ob er auch wusste, dass Lobsang meine Sauerstoffmaske und den Regulator bringen würde? Vielleicht hätte ich ihm doch sagen sollen, dass ich meine Tage hatte und mir seit dem vorherigen Tag hundeübel war. Am nächsten Tag würde es mir schon besser gehen.
Die Tränen liefen mir wieder herunter, und ich wischte sie schnell weg, als Russell den Kopf aus dem Zelt steckte und mich fragte, wie ich zurechtkäme.
»Hast du deine Sachen gefunden? Ich hab sie dir ins Zelt getan.«
Ich nickte und sagte traurig:
»Es sollte ein Geheimnis bleiben.«
Er lachte nur.
»Ein Geheimnis? Auf dem Berg gibt es keine Geheimnisse. Wieso hast du denn nichts gesagt, als ich dich heute Morgen gefragt habe? Ich hätte dir doch geholfen, aber du willst ja immer alles alleine können. Mach dir nichts draus, es ist schon okay. Hast du etwas zu trinken? Ich will mal sehen, wo Kozuka bleibt. Ruh dich aus.«
Die Sonne war noch warm und schien ins Zelt. Immer wieder setzte

ich mich auf, um mehr Schnee zu schmelzen und meine Wasserflaschen zu füllen. Wo Kozuka nur blieb? Er kam, als die Sonne schon untergegangen war, und setzte sich erschöpft vor unser Zelt. Er keuchte schwer und redete in wirren Worten mit sich selbst. Ich hielt ihm eine Tasse Tee hin und sagte, er solle seine Steigeisen ausziehen und hereinkommen. Er schien mich nicht zu hören. Immer wieder stammelte er etwas und bewegte wild die Hände vor seinem Gesicht, als ob er keine Luft mehr bekäme. Er wurde zunehmend hysterischer und machte keine Anstalten, seine Steigeisen auszuziehen. Ich befreite mich aus meinem Schlafsack und nahm seine Hände, damit sie aufhörten herumzufuchteln.

»Bist du in Ordnung, Kozuka? Hörst du mich?«, fragte ich ihn besorgt.

»Sauerstoff, ich brauche Sauerstoff«, stammelte er.

Ich begann, ihm die Steigeisen und dann die Schuhe auszuziehen.

»Komm ins Zelt, du zitterst ja. Du musst etwas trinken«, sagte ich eindringlich.

Ich versuchte ihn ins Zelt zu ziehen, aber ich schaffte es nicht, ihn zu bewegen. Seine Atmung wurde immer flattriger; er röchelte fast nur noch und rief immer wieder nach Sauerstoff. Die Tränen liefen mir herunter, ich wusste nicht mehr, was ich tun konnte. Er würde doch nicht in meinen Armen sterben?

Verzweifelt rief ich nach Russell.

»Russell, du musst mir mit Kozuka helfen. Ich hab Angst. Russell, bitte.«

Das Zelt gegenüber öffnete sich, und Russell streckte den Kopf heraus.

»Er braucht Sauerstoff, glaube ich«, sagte ich unter Tränen und hielt Kozuka fest in den Armen, damit er sich beruhigen würde.

»Gib ihm etwas zu trinken. Ich hole den Sauerstoff«, rief Russell und schüttelte den Kopf.

»Kozuka, du musst mir helfen. Komm ins Zelt. Du musst etwas trinken«, drängte ich ihn.

Ich wickelte einen Schlafsack um ihn und gab ihm vorsichtig eine halbe Tasse Tee. Er versuchte zu trinken, aber er zitterte so sehr, dass er die Tasse nicht halten konnte. Wie einem Baby flößte ich ihm etwas heißen Tee ein.

»Russell kommt gleich mit Sauerstoff«, flüsterte ich und nahm ihm die Gletscherbrille ab.

Was war nur passiert mit diesem Mann, der sonst so stark wie ein Stier war? Immer noch atmete er schwer und hörte nicht auf zu zittern. Ich legte wieder meine Arme um ihn, hielt ihn fest und spürte, wie mich meine eigenen Kräfte verließen.

Russell kam und setzte sich zu uns ins Zelt. Er hatte eine Flasche Sauerstoff mitgebracht und packte Kozukas Rucksack aus, um seine Maske zu finden. Gemeinsam steckten wir Kozuka in den Schlafsack. Russell war ernst geworden und sprach sehr streng mit Kozuka. Er würde ihn hinunterschicken, wenn er sich nicht zusammenreißen würde.

»Du bist schon dreimal hier oben gewesen und warst immer gut. Diese fixe Idee, die du mit deinem Sauerstoff hast, macht mir Sorgen. Ich geb dir jetzt eine Flasche, und du kannst heute Nacht damit schlafen, aber ich bin damit nicht einverstanden. Was willst du denn oben im Camp 4 machen, wenn du jetzt schon, hier auf 7000 Metern, mit Sauerstoff anfängst? Ich kann dich so nicht zum Gipfel gehen lassen.«

Seine Worte klangen so hart in meinen Ohren, dass ich Mitleid mit Kozuka bekam. Er zitterte immer noch. Russell sah mich an und fragte:

»Willst du, dass ich heute Nacht bei ihm bleibe? Du kannst zu Geoff ins Zelt ziehen, wenn du möchtest.«

Ich schüttelte den Kopf und sagte tapfer:

»Ich schaff das schon.«

Immer noch hielt ich Kozukas Hand in meiner. Vielleicht war es leichter für ihn, wenn er bei mir war.

Russell wurde nun sanfter. Er redete lange auf Kozuka ein, erinnerte ihn daran, wie stark er zuvor gewesen war, dass es nicht ungewöhnlich sei, acht Stunden zum Nordsattel zu brauchen, dass am nächsten

Tag alles anders aussehen würde und er sich nun einfach nur ausruhen sollte.
»Kozuka, du machst dir zu viele Sorgen um den Gipfel. Schon im ABC hast du in den letzten Tagen nur stumm vor dich hin gestarrt. Stundenlang hast du in deinem Zelt gesessen. Komm, schau dich doch an, du bist viel kräftiger als Helga, und sie nimmt es so viel leichter als du«, sagte er und zwinkerte mir zu.
Es war schon dunkel draußen, als er uns verließ. Kozuka saß die ganze Nacht steif im Zelt, und ich versuchte einzuschlafen. Er hatte nun seinen Sauerstoff und atmete gleichmäßig durch seine Maske. Das Geräusch beruhigte mich; er würde nicht sterben, solange er so dasaß und atmete.

24. Mai

Ich wachte mit den ersten Sonnenstrahlen auf. Kozuka hatte die Sauerstoffmaske ausgezogen und saß immer noch in der gleichen Stellung mitten im Zelt. Ich warf den Kocher an und kochte uns Tee. Er hatte sich beruhigt und hielt einen japanischen Kochbeutel in den Händen, den ich mit Wasser auffüllte.
»Sehr schwach«, sagte er und deutete auf sich.
Dann grub er in seiner Vorratstüte nach einer Dose Fleisch und begann, mit Stäbchen abwechselnd aus der Reistüte und der Fleischdose zu schlürfen. Ich hatte keinen Appetit und begnügte mich mit schwarzem Tee. Seine Reistüte duftete gut, und ich fragte ihn, ob ich probieren könne. Er nickte, und ich nahm einen Löffel voll.
»Lecker, ich glaube, das könnte ich auch hinunterbringen. Hast du noch einen für mich?«, fragte ich ihn begeistert.
Er schüttelte den Kopf und erklärte mir ganz ruhig, dass seine Rationen genau eingeteilt seien und er mir nichts abgeben könne.
»Ich muss viel essen. Sehr schwach. Kein Schlaf letzte Nacht«, sagte er bestimmt.
Ich verstand und schüttelte traurig den Kopf. Und ich hatte mir am Abend zuvor solche Sorgen um ihn gemacht, hatte die ganze Nacht

lang versucht, ihm Mut zu machen, hatte ihm von meiner Idee erzählt, dass wir in unseren Schlafsäcken doch schon verpuppt waren und am nächsten Tag als Schmetterlinge zum zweiten Camp fliegen würden. Ich würgte ein Stück trockenen Keks hinunter und zog dann meine Daunensachen an.

Um sieben Uhr verließ ich als Erste das Camp und überließ es Russell, Kozuka in die Gänge zu bringen. Ich musste fort und mich selbst wieder finden. Die anderen brauchten meine Flügel nicht. Unten im Tal waren dicke Wolken aufgezogen; unser ABC war nicht zu sehen, aber über mir leuchtete der blaue Himmel in die Ewigkeit. Sylvia und Wilfried waren vor mir, und ich versuchte mit ihnen Schritt zu halten. Ich zählte immer zwanzig Schritte, dann vierzigmal über der Eisaxt lehnend atmen, dann wieder zwanzig Schritte. Ich wechselte das Seil und klippte meinen Karabiner um, dann ging es weiter. Der Pumo Ri, der Cho Oyu und andere Gipfel ragten aus den Wolken heraus, aber die Gletscherflüsse waren nur manchmal zu sehen. Ich konnte plötzlich wieder fliegen.

Geoff und Russell waren weit hinter mir. Immer wieder stoppten sie im Schnee, Kozuka dicht hinter ihnen. Er ging mit Sauerstoff. Mein Rucksack war an diesem Tag leichter, weil ich die Daunensachen anhatte und nur ein paar Kekse mitgenommen hatte. Ich wunderte mich, warum Russell nicht näher kam. Er hatte im Camp gesagt, er würde mich später einholen. Doch jedes Mal, wenn ich mich umdrehte, war er immer noch gleich weit von mir entfernt. War ich denn so schnell an diesem Tag? Ich dachte wieder, dass ich eine gute Chance hätte, es zum Gipfel zu schaffen. Sylvia, Wilfried und George, Fabrizios Zeltgenosse, saßen weiter oben geschützt und zusammengedrängt an den Felsen. Der Wind pfiff uns um die Ohren, und ich war froh, dass dort schon unsere Zelte standen. Die anderen mussten noch ein ganzes Stück weiter, um ihr Lager zu erreichen. Ich wollte sie zum Tee einladen, aber sie winkten ab.

»Wenn wir jetzt nicht weitergehen, dann gehen wir nie mehr. Wir bringen es besser hinter uns, bevor der Wind noch stärker wird«, sagte Wilfried und half Sylvia auf die Beine.

*Camp 2*

Ich saß lange allein im Zelt, hatte den Schneebeutel gefüllt und schon heißes Wasser gebraut, als Geoff keuchend ankam.

»Kann ich bei dir einziehen?«, fragte er mich. »Russell kommt nicht. Ihm geht es nicht gut.«

Russell hatte sich den ganzen Morgen übergeben und war auf halbem Weg umgekehrt. Phurba war schon auf dem Weg nach oben und würde sich um Kozuka kümmern. Nun war mir auch klar, warum Russell mich nicht eingeholt hatte.

»Er hat die ganze Nacht gehustet. Er kann nichts bei sich behalten, nicht mal Tee. Seit drei Tagen schon. Ich glaube, die vielen Rettungsaktionen haben ihn geschafft«, erklärte Geoff, »vielleicht kommt er morgen nach, wenn es ihm besser geht.«

Es war gemütlich im Zelt, und ich öffnete es, um frische Luft hereinzulassen. Der Wind pfiff wild, und die Sonne fiel in dicken Streifen durch die Wolken. Wenn ich nur nicht hätte essen und trinken müssen, hätte ich mich wohler gefühlt, aber meine Kopfschmerzen gingen nur weg, wenn ich viel Tee trank. Wie Geoff diese Fertigmenüs essen konnte, war mir ein Rätsel. Ich gab mich mit ein paar Keksen zufrieden.

Eine Weile später klopfte Kozuka ans Zelt. Er atmete keuchend durch seine Sauerstoffmaske. Ich bedeutete ihm, dass er im Zelt gegenüber einziehen sollte. Ich hatte bereits seinen Schneebeutel gefüllt, aber an diesem Tag musste er alleine zurechtkommen. Russell erkundigte sich über Funk nach unserem Befinden. Er war nun wieder im ABC und würde wahrscheinlich nicht mit uns zum Gipfel gehen. Die Sherpas verbrachten die Nacht auf dem Nordsattel; wir würden sie am nächsten Tag im Camp 3 treffen.

Phurba stieg in der Abendsonne zu uns herauf. Wie freute ich mich, ihn zu sehen.

»Wie geht's meinem Helikopter?«, rief er aus. »Ich habe von Russell gehört, dass du heute nach oben geflogen bist. Er war ganz überrascht, dich in so guter Form zu sehen.«

Ich lachte. Er zog zu Kozuka ins Zelt und sprach den ganzen Abend mit ihm wie mit einem Kind. Unerschütterlich kochte er Tee und Suppe und kümmerte sich rührend um ihn. Die Nacht kam schnell, und ich schlief zum Fauchen der Gaskocher ein.

25. Mai

Mit der ersten Sonne kam auch schon Phurba mit Tee. Er murmelte leise seine Gebete und packte Kozukas Rucksack wie eine Mutter, die ihr Kind auf den Schulweg schickt.

»Hier hast du deine Thermoskanne. Vergiss nicht die Handschuhe, die Sonnencreme und vor allem auch die Gletscherbrille. Ich habe eine neue Flasche Sauerstoff in deinen Rucksack getan«, sagte er ihm.

Ich hatte Geoff den Vortritt gelassen, weil ich noch mit einer ganzen Serie von Hustenanfällen kämpfte und versuchte, mehr Tee zu trinken. Essen konnte ich ohnehin nichts. Mir war schwindlig, aber die kalte Luft, die ins Zelt wehte, tat gut.

Die Sherpas vom Nordsattel waren schon unterwegs, und ich machte mich mit Phurba ebenfalls auf den Weg. Russell fühlte sich elend und hatte beschlossen, im ABC zu bleiben. Nun waren wir alleine. Ich klippte meinen Jumar ins Seil und zog mich langsam hinauf. Die Steinplatten waren rutschig, und es war schwer, einen Rhythmus zu finden. Meine Daunensachen waren zu warm, und ich stopfte meine Jacke in den Rucksack. Mit jedem Schritt nach oben weitete sich der Ausblick auf den Himalaja. Nur wenige Wolken zogen weit unten über die Gletscherfelder. Hinter uns ragte der Changtse steil in den blauen Himmel. Ich begann wieder die Zelte zu zählen und machte an jedem eine Pause. Bunte Daunenknäuel hingen an den Seilen und bewegten sich langsam nach oben. Der Sturmwind der vergangenen Wochen hatte einigen Zelten böse mitgespielt, und zahlreiche Stofffetzen hingen verstreut in der Gegend. Leere Sauerstoffflaschen lagen überall herum, aber niemand hatte die Kraft, sie nach unten zu bringen. Wie viele Monde und Stürme sie wohl schon erlebt hatten?

Am zwölften Zelt war meine Thermoskanne leer. Lobsang und Karsang waren längst vorbeigestürmt. Narwang keuchte unter seiner schweren Last und blieb bei mir.

»Eine Stunde noch«, sagte er und zeigte nach oben.

Noch waren unsere Zelte nicht zu sehen. Erschöpft legte ich mich auf einen Felsen und schloss die Augen. Ich war sofort weg, alles wurde schwarz. Narwang rüttelte mich wach.

»Komm, wir müssen weiter, du kannst hier nicht schlafen. Wir sind gleich da«, sagte er.

Ich raffte mich wieder auf. Ich konnte nun den Gipfel des Changtse erkennen, weil wir schon fast auf gleicher Hohe mit ihm waren. Meine Beine waren schwer und ließen sich nur mühsam bewegen. Fünf Schritte, zwei für das rechte Bein, und drei für das linke.

»Nach der nächsten Pause bist du dann wieder mit drei Schritten dran«, sprach ich zu meinem rechten Bein. »Wir tun jetzt einfach so, als würden wir schon zum Gipfel gehen. Erste Stufe, zweite Stufe, jeder Schritt zählt«, versuchte ich meine Beine zu ermuntern. »Ich weiß, dir ist heiß und du hast Durst, aber die Zelte sind nicht mehr weit. Wir schaffen das schon«, sagte ich zu meinem Körper.

Längst hatte sich mein Geist von meinem Körper getrennt, aber sie verstanden sich gut. Wenn der Körper nur nicht so müde wäre. Immer musste der Geist ihn antreiben, zu jedem einzelnen Schritt überreden. Der Geist war willig, aber das Fleisch war so schwach.

## *Camp 3, 7900 Meter*

Endlich konnte ich die Zelte sehen, eine Seillänge noch, dann hatten wir es geschafft. Lobsang, Phurba und Karsang waren dabei, ein drittes Zelt aufzustellen. Ich setzte mich auf meinen Rucksack und schaute ihnen zu. Die Sonne schien warm an diesem windstillen Tag. Wir hätten auch an einem Karibikstrand sein können, so gewandt

steckten Lobsang und Phurba die Zeltstangen zusammen, rollten die Matten aus und errichteten ein geschütztes Haus im Sand der Felsen auf dem Dach der Welt. In der Ferne konnte man die braune Tibetische Hochebene sehen, die sich bis zum blauen Horizont weit unter uns erstreckte. Woher die Sherpas diese Kraft nur nahmen?
»Du kannst dir aussuchen, bei wem du wohnen willst«, rief Phurba herüber und lachte mich an.
»Bei dir natürlich«, gab ich lachend zurück und erhob mich von meinem Rucksack.
Geoff und Kozuka waren schon lange zusammen in ein Zelt gezogen. Lobsang, Narwang und Sonam zogen zusammen in das zweite Zelt, Karsang, Phurba und ich machten es uns im dritten Zelt gemütlich. Ich war immer wieder erstaunt, wie wenig ich brauchte, um glücklich zu sein – einen warmen Schlafsack, frisch gewaschene Füße und dicke Socken. Phurba kochte Schnee zu blubberndem Wasser und reichte Tee in einer gemeinsamen Tasse durchs Zelt. Ab dem nächsten Tag würde ich nur noch die wichtigsten Sachen mitnehmen. Ein paar Teebeutel und etwas Zucker, eine Handvoll Kekse und Hustenbonbons. Die duftenden Cremes, mit denen ich jeden Nachmittag meine Füße massierte, mussten nun zurückbleiben. Ich sprach lange über Funk mit Russell. Er erklärte mir, wie die Heizeinlagen in meinen Stiefeln funktionierten.
»Sie reichen leicht für zehn bis zwölf Stunden, wenn du sie nicht zu hoch einstellst. Am besten ist es, wenn du sie eine halbe Stunde, bevor ihr zum Gipfel startet, anmachst, weil sie eine Weile brauchen, um sich aufzuheizen. Mach dir keine Sorgen, wenn du nichts essen kannst. Du hast noch genug Energie für die nächsten drei Tage. Es macht wirklich keinen Unterschied, ob du drei Kekse und eine Suppe isst oder nicht, weil dein Körper so viele Kalorien in der Höhe verbrennt, dass du das ohnehin nie ausgleichen könntest. Hauptsache, du trinkst genug.«
Ich war unendlich erleichtert. Die Sherpas schlürften ihre Suppe. Phurba füllte meine Wasserflasche mit heißem Tee und lachte, als ich sie in den Schlafsack stopfte, um meine Füße aufzuwärmen.

Ich hatte meine eigene Flasche Sauerstoff und setzte die Maske auf. Wir sollten in dieser Nacht alle mit Sauerstoff schlafen und ab dem nächsten Tag auch mit Sauerstoff gehen. Meine Kopfschmerzen vergingen zwar auf der Stelle, als ich durch die Maske atmete. Auch das Schwindelgefühl war ganz weg, aber schlafen konnte ich mit diesem Ungetüm nicht. Phurba grinste und machte das Zelt dicht. Dann schraubte er eine Flasche Sauerstoff auf und sie pfiff gleichmäßig durchs Zelt.

»Sherpatrick«, sagte er stolz und nahm mir die Maske ab.

Unser Zelt war nun wie ein Flugzeug, in dem wir durch die Nacht flogen. Ich erklärte den Passagieren den Gebrauch der Sitzgurte und verwies auf die Leuchtstreifen am Boden, die uns zu den Notausgängen führen würden.

»Nach dem Essen zeigen wir dann unseren Spielfilm, auf Kanal eins können Sie ihn in deutscher Sprache hören und auf Kanal zwei in Sherpanisch.«

Wir lachten ohne Ende, und Karsang hopste in seinem Schlafsack durchs Zelt, als wäre unser Flugzeug in Turbulenzen geraten. Wir flogen vorbei an weißen Sandstränden, über blaue Lagunen hinweg und über Palmen, deren breite Blätter sich sanft im Wind bewegten. Ich beschrieb ihnen die rauschenden Zuckerrohrfelder auf Hawaii und die Hulamädchen in ihren Baströcken, die nachts mit Fackeln zum Takt der Trommel tanzten. Weiße Wolken flogen rasend schnell durch den schwarzen Himmel und warfen dunkle Schatten in das Mondlicht über der Insel. Ich kuschelte mich an Phurba, der neben mir in seinem Schlafsack lag.

»Ob wir Vollmond haben, wenn wir zum Gipfel gehen?«, fragte ich ihn.

Er nickte und nahm mich samt meinem Schlafsack in den Arm. Die Kopfschmerzen kamen und gingen. Der Mond schien hell durch die Zeltdecke.

26. Mai

Ich war während der vergangenen Nacht immer wieder aufgewacht, aber zwischendurch hatte ich fest geschlafen und fühlte mich ausgeruht. Phurba war schon am Kochen. Ich solle meine Sauerstoffmaske aufsetzen, bevor ich aufstehen würde, dann gingen die Kopfschmerzen gleich weg, riet er mir, als er sah, wie ich den Kopf in meinen Händen hielt und ihm zusah, ohne mich zu bewegen. Geoff und Kozuka waren schon lange auf dem Weg nach oben, und ich kämpfte immer noch mit meinen Stiefeln und Steigeisen. Ich hatte vergessen, meine Daunenhose zuerst anzuziehen, und musste jetzt noch einmal von vorne anfangen. Die trockene Luft kratzte in meinem Hals, aber mit der Sauerstoffmaske war alles noch viel komplizierter.

»Dein Husten ist furchtbar«, sagte Lobsang und half mir auf.

Er checkte meine Sauerstoffflasche und zeigte auf ein durchsichtiges Plastikröhrchen im Schlauch.

»Hier kannst du sehen, ob sie funktioniert. Wenn die Nadel in der Mitte ist, dann hast du einen steten Fluss von Sauerstoff in deiner Maske«, sagte er und schickte mich auf den Weg.

Meine Steigeisen kratzten auf den Felsen, und ich schwankte wie ein dickes Trampeltier auf Stelzen über die losen Steinplatten. Mein Rucksack war schwer, aber wenn ich ihn für eine Pause absetzen wollte, musste ich erst die Sauerstoffmaske abnehmen, weil sie mit meinem Rucksack verbunden war, in dem sich die Sauerstoffflasche befand. Aber meine Gletscherbrille saß über den Gummischnüren, mit denen meine Maske unter der Daunenkapuze befestigt war. Ich hätte erst meine Daunenhandschuhe ausziehen müssen, um die Brille abzunehmen, aber meine Finger waren schon so kalt. Also konnte ich keine Pause machen. Es war zu kompliziert.

Das erste Stück des weiteren Aufstiegs ging über Geröll; erst dann kamen kleine, zwischen den Felsen verstreute Schneeflecken. Es waren angeblich nur vier Stunden bis zum nächsten Camp, aber es kam mir wie eine Ewigkeit vor. Die Sauerstoffmaske verdeckte drei Viertel meines Gesichts und rieb unangenehm auf meinen Wangenknochen. Immer wieder beschlugen meine Brillengläser. Tapfer versuchte ich, durch den Nebel hindurch nach draußen zu schauen und jeden Schritt zu kontrollieren, damit ich nicht zu oft auf den Steinplatten ausrutschte. Ich hatte erwartet, dass es mir viel leichter fallen würde, mit Sauerstoff zu gehen, aber die Flasche zog meinen Rucksack schwer nach unten. Ich schnallte den Hüftgurt etwas enger, um die Schultern zu entlasten. Nach etwa einer Stunde gab ich den Kampf entmutigt auf und setzte mich in den Schnee. Die Nadel in dem kleinen Plastikröhrchen schwang unregelmäßig hin und her und zeigte an, dass der Sauerstofffluss nicht richtig funktionierte. Ich wartete auf Lobsang. Ob es nicht doch einfacher wäre, wie die Sherpas ohne Sauerstoff zu gehen? Nein, ich musste mich einfach daran gewöhnen, denn ohne Sauerstoff hätte ich keine Chance, am nächsten Tag zum Gipfel hinaufzusteigen. Lobsang sah sich meine Maske an und gab mir aus seinem Rucksack eine andere. Sie passte mir nicht richtig, aber immerhin blieb nun die Nadel der Anzeige wieder stetig in der Mitte. Langsam spürte ich, wie meine Hände sich aufwärmten und meine Kopfschmerzen nachließen. Es schien zu funktionieren.

Ich folgte Geoffs Fußstapfen im Schnee und machte genauso wie er alle paar Meter Pause. Wir waren schon so hoch, dass ich dem Pumo Ri auf seine weiße Glatze hätte spucken können. Auch der Cho Oyu weiter im Westen sah schon aus wie ein Gartenzwerg. Ich kraxelte an einem Felsband entlang, als plötzlich der ganze Nordostgrat vor mir in den blauen Himmel ragte. Gelb zogen sich dicke Bänder durch die steile Wand bis hinüber zu dem dreieckigen Schneefeld unter dem Gipfel. Der Anblick war überwältigend, weil man jeden kleinen Stein, jedes noch so kleine Schneefeld klar erkennen konnte, so transparent war die Luft in dieser Höhe. Ich konnte den Nordostgrat in seiner vollen Länge sehen, und mir wurde plötzlich mit Schrecken bewusst, dass mein Vier-Schritte-Takt eine ganze Oper ergeben würde. Als ob eine Ameise versuchen würde, das Empire State Building zu erklimmen. Dann schaute ich hinunter. Kleine Wolkenfetzen zogen über den Nordsattel, und dazwischen konnte ich immer wieder kleine schwarze Punkte erkennen – unser Camp 1. Wie weit wir es schon hinter uns gelassen hatten. Ich klippte meinen Jumar in ein blaues Seil und stieg ein steiles Schneefeld hinauf. Im Schnee ging es sich leichter.

## *Camp 4, 8300 Meter*

Bunte Zelte standen einsam in der Geröll- und Schneewüste auf dem höchstgelegenen Campingplatz der Welt. Darüber stiegen die hellen Felsen des Gelben Bandes steil zum Nordostgrat hinauf. Am Ende des Grats thronte die Gipfelpyramide des Everest und blickte gelassen auf die Erde hinunter, über all die kleinen Schäfchenwolken, die über dem Hochland von Tibet verstreut waren. Jemand hatte in mühevoller Arbeit kleine Plattformen in die Felswüste gegraben, um einigermaßen horizontale Plätze für die Zelte zu schaffen. Gärten gab es da oben nicht und auch keine Grillplätze, aber wir waren ja auch nur auf der Durchreise, 8300 Meter über dem Meeresspiegel. Ich setzte mich neben dem kleinen Trampelpfad auf einen Felsen und sah mich um. Phurba winkte mir zu. Noch dreißig Meter bis zu unseren Zelten – eine Viertelstunde noch. Plötzlich begriff ich, warum es den anderen so schwer gefallen war, im Sturm hinauszugehen und die Nachbarn zu wecken in jener unheilvollen Nacht eine Woche zuvor.

Camp 4 war ein desolater Ort. Wo wohl das blaue Zelt stand, in dem der Österreicher lag, der 1996 da gestorben war? Wilfried hatte mir von ihm erzählt. Er nannte ihn den schwarz-weißen Mann, weil die eine Hälfte seines Gesichts weiß und die andere Hälfte schwarz war von den Erfrierungen, die er erlitten hatte. Im Jahr zuvor hatte Wilfried mit einer Gruppe von Tschechen ausgemacht, in einem ihrer Zelte zu übernachten, aber als er dort ankam, waren alle besetzt, und niemand konnte ihn unterbringen. Er klopfte voller Hoffnung an dem blauen Zelt, das da ganz einsam stand und eingefallen war. Vielleicht hatte jemand das Zelt zurückgelassen. Er öffnete vorsichtig den Reißverschluss und fand zu seinem Entsetzen den toten Österreicher. Er machte den Reißverschluss schnell wieder zu, um den Toten nicht weiter zu stören, und legte einen Stein auf das Zelt. Dann ging er weiter in Richtung Gipfel. Ich blickte mich um und sah plötzlich, dass der Mann nicht weit von mir in einem Haufen von zerfetzten blauen Zeltresten lag. Genauso wie Wilfried ihn beschrieben hatte. Seine rote Daunenjacke war verblichen, seine Hände ruhten auf dem halb offenen Schlafsack, in dem er lag. Schwarze Bartstoppeln verdeckten die untere Hälfte seines Gesichts. Er hatte eine schwarze Wollmütze auf. Ich konnte nur die weiße Hälfte seines Gesichts sehen in dem kurzen Augenblick, den ich hinübersah. Mir blieb fast das Herz stehen, und ich übergab mich in einem furchtbaren Hustenanfall. Heulend raffte ich mich auf, so schnell ich konnte, und hielt mir die Augen zu. Wieso hatte mich denn niemand gewarnt? Er lag direkt neben dem Pfad, wo das Seil durchs Camp führte, keine zehn Meter entfernt. Wieso deckte ihn denn niemand zu?

Heulend setzte ich mich zu den Sherpas in den Schnee.

»Hast du den Wachsmann gesehen? Du musst keine Angst vor ihm haben, er ist schon viele Jahre hier«, sagte Lobsang und half mir aus den Steigeisen.

Karsang lachte und erzählte, dass im vergangenen Jahr eine Gruppe ihr Zelt direkt auf ihm aufgestellt habe. Es habe so viel geschneit, dass er unter der Schneedecke nicht zu sehen gewesen sei, und die Gruppe sei ganz glücklich gewesen, so eine gute Plattform gefunden zu haben. Mir war übel – welch grausam kalte Welt in diesen Höhen. Ich war froh, als Ivan zu uns kam.

»Mein Engel«, rief er mir zu, »jetzt sind wir schon fast im Himmel.«

Ich fühlte mich ihm unendlich verbunden. Er strahlte nicht nur die Sicherheit eines Bergführers aus, sondern auch eine Herzenswärme, die Geoff und Kozuka gänzlich fehlte. Er drückte mich an seine rote Daunenjacke, und sein Bart kratzte an meinen Wangen.

»Heber kommt auch gleich«, sagte er.

Ich bot ihm an, unsere dritte Plattform in Besitz zu nehmen. Sonam war in Camp 3 an diesem Morgen umgekehrt, weil er sich schlecht fühlte, und wir hatten beschlossen, nur zwei Zelte zu beziehen, damit die Sherpas nicht das eigentlich vorgesehene dritte herauftragen mussten. Es würde eng werden, aber es war ja nur für ein paar Stunden.

Drei in Daunenanzügen vermummte Bergsteiger riefen uns von oben zu und hielten kurz bei uns an, um mit Lobsang zu sprechen. Sergio, der grauhaarige Italiener, der mich vor ein paar Wochen auf dem Nordsattel so elegant überholt hatte, Maria, eine Spanierin, und George waren gerade vom Gipfel zurückgekommen und berichteten über die Schneeverhältnisse am Gipfelgrat.

»Der Schnee ist nicht tief, etwa so hoch«, sagte Sergio und zeigte auf seine Knie.

»Gratuliere, dass ihr es schon geschafft habt. Wunderbar. Wo ist Fabrizio?«, fragte ich George.

Der schüttelte den Kopf.

»Er ist im Camp 2 umgekehrt, weil es ihm gar nicht gut ging. Der Magen«, entgegnete er und deutete auf seinen Bauch.

»Viel Glück morgen«, riefen sie uns zu, und schon waren sie auf und davon.

Die drei wollten an diesem Nachmittag noch zum Camp 3 absteigen. Ich richtete mich mit meinen wenigen Habseligkeiten so gemütlich ein, wie ich konnte. Phurba ernannte mich zum Küchenchef, weil die Sherpas damit beschäftigt waren, die Sauerstoffflaschen noch einmal zu testen und für die Nacht herzurichten.

Ivan stellte sein Zelt auf und befestigte es umständlich mit einem Seil. Ich wollte ihm helfen, aber ich war völlig erschöpft, und mein Schädel brummte vor Schmerzen. Jedes Mal, wenn ich mich zu schnell bewegte, wurde mir schwindlig, und ich musste mich hinlegen. Es war zu warm im Zelt; ich öffnete es ganz weit, um frische Luft hereinzulassen.

Plötzlich krachte es, und mein Wassertopf fiel vom Gaskocher. Ich sah erschrocken hoch, konnte jedoch nur noch ein Poltern hören, das in der Ferne verhallte. Ein halber Liter Wasser war ins Zelt geschwappt, und es gelang mir gerade noch, die Schlafsäcke an mich zu reißen und vor der Sintflut zu bewahren, aber meine Fleecehandschuhe waren tropfnass.

»Was war denn das?«, rief ich nach draußen.

Ivan hatte aus Versehen eine der leeren Sauerstoffflaschen angestoßen. Er hatte versucht sie aufzuhalten, aber sie war direkt an unserem Zelt vorbei in die Tiefe gestürzt. Phurba schimpfte und half mir den Kocher wieder in Gang zu setzen.

»Es tut mir Leid«, sagte ich, um mich für Ivan zu entschuldigen.

Ivan hatte gar nicht bemerkt, was er da angerichtet hatte, und bastelte seelenruhig weiter an seinem Zelt.

»Ich schmelze gleich mehr Schnee. Ihr könnt inzwischen meine Thermoskanne haben, da ist noch genug drin«, sagte ich zu Phurba.

Er untersuchte die Schlafsäcke und schüttelte den Kopf, als er meine nassen Handschuhe sah.

»Ich hab noch ein zweites Paar dabei, es ist nicht so schlimm«, sagte ich.

Wenn es eine unserer Daunenjacken oder nur meine Socken erwischt hätte, hätte das kleine Missgeschick leicht das Aus für den Gipfel bedeuten können, so nah befanden wir uns an den Grenzen des Möglichen.

»Du kannst froh sein, dass unser Zelt nicht abgebrannt ist«, sagte Phurba vorwurfsvoll zu mir und sah zu Ivan hoch. »Ich gehe besser zu ihm und passe auf, dass er nicht noch mehr Unheil anrichtet.«

Den Rest des Nachmittags verbrachten wir wie die Sardinen im Zelt, jeder in seinem Schlafsack, die wie bunte Kokons nebeneinander lagen. Geoff, Kozuka und Karsang lagen in einem Zelt gegenüber, wir waren in unserem Zelt zu viert. Jeder hatte seine Sauerstoffmaske auf und die Flasche neben sich. Ich starrte verschlafen zur Zeltdecke, die Luft war schwer, und ich schaukelte wie in einer Hängematte zwischen Palmen langsam hin und her. Ich hatte jegliches Gefühl für Zeit und Raum verloren. Nur eines versuchte ich mir immer wieder einzureden: »Du musst viel trinken, zwei, drei Liter mindestens, bevor wir aufbrechen.« Aber die mit heißem Tee gefüllte Wasserflasche ruhte reglos in meinen Händen. Endlich raffte ich mich auf und würgte wenigstens ein paar Schlucke hinunter. Jemand hatte mir gesagt, wenn man viel trinke, würden nicht nur die Kopfschmerzen aufhören, sondern auch die Blutzirkulation im Körper werde angeregt. Und ich wollte auf dem Weg zum Gipfel nicht umkehren müssen, weil meine Hände oder Füße eingefroren waren; und schwere Erfrierungen wollte ich schon gar nicht riskieren. Ich musste also mehr trinken.

Niemand kann sagen, dass ich es nicht wenigstens versucht hätte. Doch in einem plötzlichen Hustenanfall, der überhaupt nicht mehr aufhören wollte, musste ich mich, keuchend aus dem Zelt gelehnt, übergeben. Phurba hielt mich fest.

»Bist du in Ordnung?«, fragte er besorgt.

Als ich es endlich überstanden hatte, warf ich mich heulend in seine Arme.

»Dieser Husten raubt mir noch die letzten Kräfte. Ich kann nicht mehr.«

Ich ließ mich erschöpft auf den Schlafsack fallen, und Phurba setzte mir die Maske wieder auf. Ich musste mich beruhigen, tief einatmen. Aber die Gedanken an den Wachsmann verfolgten mich unentwegt. Wie er wohl gestorben war? Vielleicht war er einfach eingeschlafen und dann erfroren. Eigentlich sah er sehr friedvoll aus – wie eine Gestalt aus dem Wachsfigurenkabinett von Madame Tussaud.

Langsam ging die Sonne unter, aber ich war zu müde, um Fotos zu machen. Die Aussicht war bestimmt herrlich, aber nichts konnte mich dazu bringen, auch nur einen einzigen Finger zu rühren. Russell hatte gesagt, dass ich genug Energie hätte, und zwei Tage brauchte ich sie noch, die Energie, wo immer sie auch stecken mochte. Ich flog immer weiter fort – fort in die Dunkelheit.

# 10

*»O einmal wieder hinaufsteigen auf Deck und die Winde fühlen und die Vögel, und sehen, wie die großen, großen Nächte kommen mit den glänzenden Sternen …«*

RAINER MARIA RILKE
Aus einem Brief an Ellen Key
6. Februar 1904

## 27. Mai

In den vergangenen Wochen hatte ich jegliches Gefühl für Zeit und Wochentage verloren. Aber dieser Tag war ein besonderer, der Tag, auf den wir alle gewartet hatten – der 27. Mai 1999. Es war ein Donnerstag. Das lang ersehnte Wetterfenster über dem Everest stand offen und ließ uns hinaus in die Nacht steigen zu unserem Gipfelsturm. Auf dem höchsten Punkt der Erde zu stehen, wenn auch nur für eine halbe Stunde, dem Himmel so nah zu sein und weit hinunterzuschauen, die Krümmung der Erde am Horizont zu sehen – das war unser aller Traum, der sich nun – vielleicht – verwirklichen sollte.

Mitternacht. Draußen war es hell, denn der fast volle Mond stand direkt über unserem Zelt. Schon lange hatten die orangefarbenen Daunenkokons angefangen, sich neben mir zu bewegen, und ich vernahm das Schlürfen der Sherpas, die in der Stille der Nacht ihre Suppe aßen. Ich musste tief geschlafen haben, denn der Rückweg von den Wolken, über denen ich geschwebt hatte, schien mir unendlich lang zu sein. Dann saß ich zwischen den Sherpas im Zelt – es war soweit!

Weil es im Zelt so eng war, machte sich einer nach dem anderen fertig. Lobsangs Stirnlampe zog überall kleine Lichtkreise, durch die ich stieg, um mich anzuziehen. Gipfelsocken, Heizeinlagen in die Stiefel ... Der obere Teil meines Schlafsacks war angefroren, und die kleinen Schneekristalle glänzten im Lichtschein. Ich nahm meine Sauerstoffmaske ab, denn ich musste mich nun konzentrieren und durfte nichts vergessen – Daunenhose, Fleecehandschuhe, Sonnencreme und Brille in eine Jackentasche; kleine Heizkissen in meine Handschuhe; die Thermoskanne in die Jackeninnentasche; ein paar

Hustenbonbons, eine kleine Packung Kekse, Taschentücher und meine Schneebrille stopfte ich in den Rucksack. Hatte ich wirklich alles? Ich zählte noch einmal jedes Stück auf. Ich hatte alles dabei. Narwang reichte mir eine Tasse Tee. Seit dem Abend im Camp 1 hatte ich außer ein paar Keksen nichts mehr gegessen, und allein der Gedanke an Essen ließ mich schon erschaudern. Aber Russell hatte ja gesagt, dass ich mir deswegen keine Sorgen machen solle, dass ich genug Energie bis zum Gipfel und wieder zurück hätte und dass der Appetit dann schon wieder kommen würde.

Russell war im ABC, und Lobsang sprach über Funk mit ihm.

»Wir sind soweit«, sagte er und öffnete das Zelt. »Kozuka geht mit Phurba, Geoff mit Karsang und ich mit Helga. Narwang bleibt hier und wartet auf uns, falls irgend etwas schief gehen sollte. Alles läuft wie geplant.«

Ich lauschte angestrengt seinen Worten und versuchte gleichzeitig, meine Schuhe anzuziehen. Kalte Nachtluft strömte ins Zelt. Karsang und Phurba waren schon draußen, und ihre Steigeisen knirschten im gefrorenen Schnee.

Wenn ich mich nicht bewegte, spürte ich die Auswirkungen der dünnen Luft auf 8300 Meter Höhe fast überhaupt nicht. Als ich jedoch meine Schuhe zumachen wollte, wurde mir schwindlig. Ich versuchte tief einzuatmen und mich zu konzentrieren. Die anderen waren schon zum Abmarsch bereit, als ich endlich aus dem Zelt kroch. Meine Hände und Füße waren eiskalt. Wenn nur die Heizkissen endlich warm werden würden. Die Nacht war eisig, und ich musste mich beeilen. Ich musste meine Daunenhandschuhe wieder ausziehen, um meine Steigeisen zu befestigen. Lobsang wollte eigentlich schon früher losgehen, aber Russell hatte den Aufbruch für ein Uhr festgelegt, weil sonst die Nacht zu lang und zu kalt sein würde.

Um Punkt ein Uhr verließen Geoff und Karsang die Zelte, und ich kämpfte immer noch mit meinen Steigeisen und der Kälte. Lobsang packte zwei Flaschen Sauerstoff in meinen Rucksack und half mir auf die Beine. Die Lichtkegel von Phurbas und Kozukas Stirnlampen tanzten wild durch die Nacht. Ich stellte die meine ein, damit sie mir den Weg zeigte, und folgte dann dem Lichtschein der anderen. Mein Körper war noch steif vom langen Liegen im Zelt, und so stolperte ich im Schneckentempo vor mich hin. Mal versanken meine Füße im tiefen Schnee, dann kratzten die Steigeisen wieder auf den gefrorenen Felsen, die sich dunkel vom Schnee abhoben. Ich hatte mich schon daran gewöhnt, dass es am Anfang immer hart war, aber diesmal war es noch viel härter als sonst. Ich fand keinen Rhythmus, atmete zu schwer in meine Maske, und die Kräfte, die sonst immer langsam erwachten, wollten sich einfach nicht regen. Der kleine Lichtkegel leuchtete nach oben, aber meine Beine konnten ihm nicht folgen. Erschöpft lehnte ich mich über meine Eisaxt. Wo waren die Engel, wo waren meine Flügel? Der Rucksack mit den beiden Flaschen Sauerstoff hing wie Blei auf meinen Schultern. Meine Füße in den Stiefeln waren eiskalt. Warum wurden die Heizer nicht aktiv? Nichts funktionierte. Was für ein Alptraum. Und dies sollte der Anfang eines zwölf, vielleicht auch vierzehn Stunden langen Tages sein? Ich musste an jenen Nachmittag denken, als wir zum ersten Mal im Camp 1 schlafen sollten. Russell war damals zu mir ins Zelt gekommen und hatte mir ein Predigt gehalten.

»Morgen, wenn wir zum Camp 2 aufsteigen, wird es ernst, und ich will, dass du dich konzentrierst. Der Urlaub ist vorbei, der Everest ist harte Arbeit und kein Spaziergang.«

Ich hatte damals gelacht und ihm geantwortet:

»Mach dir keine Sorgen, ich hab doch meine Flügel. Ich werde da morgen wie ein Schmetterling hinauffliegen – du wirst schon sehen.«

Damals war das Wunder tatsächlich eingetreten und an vielen Tagen danach wieder, aber nun war alles anders. Der Mond schien hell, die kleinen Schneekristalle funkelten – aber es half alles nichts; ich hatte keine Kraft. Ich atmete tief in meine Maske und drückte sie mit den Händen fest ans Gesicht, damit kein Hauch des wertvollen Sauerstoffs entkommen konnte, aber das machte alles nur noch schlimmer. Ich kam mir vor wie in einem U-Boot, das nicht mehr mit Luft versorgt wurde. Ich muss umkehren, den Gipfel aufgeben, es hat keinen Sinn – schoss es mir durch den Kopf. Vielleicht fehlte mir die Ener-

gie, weil ich so lange nichts gegessen hatte, vielleicht hatte der furchtbare Husten, den ich wochenlang mit mir herumschleppte, mich endlich meiner letzten Kräfte beraubt.
Lobsang holte mich ein und stieg an mir vorbei. Ich wollte seinen Schritten folgen, ganz mechanisch: eins, zwei, eins, zwei – wie damals, als ich Pembas Schritten über das Geröllfeld gefolgt war und meine Erschöpfung vergessen hatte. Aber auch das gelang mir diesmal nicht. Nach drei Schritten ging mir schon die Puste aus, und ich lehnte mich wieder keuchend über die Eisaxt.
»Lobsang, Lobsang, warte auf mich. Irgendetwas stimmt nicht mit mir«, rief ich ihm nach.
Aber er hörte mich nicht. Ich sah das Fixseil im Schnee und klippte meinen Jumar hinein, vielleicht würde es ja helfen, wenn ich mich mit meinen Armen nach oben zog? Wieder versuchte ich zum Mond hinaufzuschauen, zu den Sternen, zu den kleinen Kristallen, die so verführerisch auf den Schneeflecken blinkten – auf irgendeine Weise musste das Wunder doch geschehen in dieser dunklen Nacht. Ob mein Sauerstoffgerät nicht funktionierte? Das kleine Plastikröhrchen zeigte einen steten Fluss an. Ob Lobsang den Regulator wirklich auf vier gestellt hatte? Ich musste ihn fragen, aber dazu musste ich ihn erst einmal einholen. Was wäre, wenn er auf vier gestellt war und ich mich trotzdem so schwach fühlte? Würde Lobsang mit mir umkehren, weil er dachte, dass ich es nicht schaffen würde? Ich hatte zwei Monate am Berg verbracht, zwei Monate in Zelten geschlafen und allem Luxus dieser Welt entsagt. Ich war zwischen all unseren Camps immer wieder hinauf- und hinuntergestiegen, um meinen Körper langsam an die Höhe zu gewöhnen – und das sollte nun das Ende sein? Ich war verzweifelt.
So unbekümmert wie möglich rief ich wieder nach Lobsang; diesmal hörte er mich und drehte sich um.
»Lobsang, hast du meinen Sauerstoff vorhin auf vier eingestellt?«
Er nickte mit dem Kopf, und mein Herz sank tiefer.
»Kannst du bitte nachschauen? Irgendetwas stimmt da nicht«, sagte ich traurig.

Jetzt war mir fast schon alles egal. Wenn ich wirklich auf vier Liter pro Minute war, dann war ich nicht stark genug, dann hatte es auch keinen Sinn, ihm das zu verheimlichen – denn wir befanden uns schließlich auf dem Everest. Viele andere Bergsteiger waren in der dünnen Luft schon ums Leben gekommen, in der sogenannten Todeszone, nur weil sie ihre Kräfte hoffnungslos überschätzt hatten. So weit wollte ich es nicht kommen lassen. In den letzten Wochen hatte ich so mit mir gekämpft und mich immer wieder gefragt, ob ich es wirklich schaffen könnte. Meine größte Horrorvision hatte jedoch immer darin bestanden, dass ich es nicht schaffen würde und auf halbem Weg gerettet werden müsste, nur weil ich mich überschätzt hatte. Auf einmal hatte ich das Gefühl, am Nullpunkt angelangt zu sein.

Ich lehnte immer noch über meiner Eisaxt. Lobsang zog seine Handschuhe aus und wühlte in meinem Rucksack, dann machte er ihn wieder zu.

»Jetzt ist alles in Ordnung«, sagte er.

»Es war immer noch auf zwei?«, fragte ich ihn.

»Ja, aber jetzt ist es auf vier«, entgegnete er.

Ich kann das Glücksgefühl nicht beschreiben, das mich auf einmal überkam. Fast hätte ich schon alles aufgegeben! Ich schaute hinauf in den Nachthimmel und spürte auf einmal das Leuchten des Mondes.

Ich ging weiter; wie viel leichter jeder Schritt plötzlich war, wie herrlich die Schneefelder in dieser wundersamen Nacht um mich glänzten. Die runden Lichtkegel der anderen tanzten wie trunkene Feuerfliegen hoch oben in den Felsen des Gelben Bandes – sie hielten inne, sahen sich um und flogen dann weiter.

Lobsang machte seine Lampe aus, und ich folgte seinem Beispiel. Der Mond leuchtete so hell, dass wir das künstliche Licht gar nicht brauchten. Es war entschieden einfacher, nur bei Mondschein zu klettern. Die Maske verdeckte ohnehin einen Großteil des Gesichtsfeldes, und die Daunenkapuze tat ein Übriges. Ich konnte nur geradeaus schauen. Immer wieder stellten sich uns große Felsbrocken

in den Weg, über die wir klettern mussten. Aber meine Schritte waren jetzt so viel leichter.
Auf einem Schneefeld überholten wir Karla und ihren Sherpa, dann kamen wieder hohe Felsen. Ich schob meinen Jumar weit nach oben und stützte mich mit der anderen Hand am Felsen ab. Meine Hände waren warm; ich zog die dicken Daunenhandschuhe aus und behielt nur die Fleecefäustlinge an. Wie ein Elefant, der in einem Porzellanladen auf ein Regal klettern wollte, kraxelte ich über die Felstürme. Mit den groben Fäustlingen griff ich in kleine Felsspalten. Meine Eisaxt hing an einer Schlinge lose von meinem Arm herunter und klapperte gegen den Fels, während ich mich vorsichtig nach oben zog, um nicht mit den Steigeisen, die ich mit aller Kraft in die schmalen Spalten drückte, abzurutschen. Oft verschwand der Pfad im Schatten der Felsen, und ich kletterte einfach nur dem Seil hinterher.
Der dunkle Pfad errinnerte mich an den griechischen Mythos vom Labyrinth des Minotaurus. Vierzehn junge Athener wurden dem Ungeheuer darin jedes Jahr geopfert. Wer einmal in das Labyrinth eindrang, verirrte sich hoffnungslos und fiel früher oder später den tödlichen Klauen des Biestes anheim. Der Everest schien mir manchmal wie der Minotaurus zu sein, der alljährlich seine Opfer verlangte. Er zog sie, immer höher hinauf, in seinen Bann und verwirrte sie in seinen himmlischen Sphären so sehr, dass sie den Rückweg nicht mehr fanden. Erst Theseus konnte den Minotaurus besiegen, mit Hilfe eines Fadens, den Ariadne ihm mitgegeben hatte. Es war ein Lebensfaden, den er am Eingang des Labyrinths befestigte und der ihm half, den Weg zurück zu finden. Auch wir hatten einen Lebensfaden, die Fixseile. Sie würden uns in einem Schneesturm beim Abstieg den Weg weisen. Ich fädelte meinen Karabiner durch die verblichenen Seile und folgte ihnen durch das dunkle Labyrinth des Gelben Bandes nach oben.
Wir traversierten immer weiter nach rechts. Als Nächstes überholten wir Ivan, den ich nicht sofort erkannte. Er atmete schwer und bewegte sich langsam. Er ging ohne Sauerstoff, dafür hatte er aber kei-

nen schweren Rucksack. Es tat mir Leid, dass wir ihn zurückließen, aber Lobsang war schon weitergegangen, und ich musste mit ihm Schritt halten.

Russell hatte gesagt, dass wir mit vier Litern pro Minute leicht das Steilstück zum Grat hinaufklettern könnten und dann oben, wenn es flacher wurde, unseren Sauerstoff auf zwei Liter reduzieren sollten. Der hohe Sauerstofffluss würde uns Mut machen und uns warm halten in der langen Nacht. Der Grat lag schon 8500 Meter hoch. Der Weg zum Gipfel war von dort aus zwar noch weit, doch wir mussten dann nur noch vergleichsweise wenige Höhenmeter überwinden.

Ich war überrascht, wie schnell wir den Grat erreichten. Plötzlich konnten wir auf der anderen Seite hinunterschauen. Der Nordostgrat lehnte sich über die schwindelerregende Kangchung-Wand hinunter. Ich beugte mich nach vorne und drückte mich vorsichtig in die gefrorene Schneewechte. Von der Wechte ging es zunächst etwa fünfzig Meter senkrecht hinab, darunter fielen die weißen Schneefelder in die Tiefe – bis sie im Dunklen, etwa 3000 Meter weiter unten, verschwanden. Der Berg schien von innen zu leuchten; Millionen von Schneekristallen tanzten im Mondschein durch die Nacht. Im Osten erhob sich der Makalu in seinem grauen Felsenkleid, still umrahmt von weißen Wolken. Ich wusste längst, warum ich diesen Berg besteigen wolltc. Wic so vicle andere wollte auch ich in die Unendlichkeit schauen.

Der Mond, der silbern am Nachthimmel geglänzt hatte, nahm langsam eine goldene Färbung an. Golden leuchteten nun auch die dicken Wolken, die sich über die ganze Welt zu erstrecken schienen. Weit unten in den Tälern schliefen jetzt alle Menschen. Die Sterne schienen schon heller am Firmament, und unsere schwarzen Schatten wurden immer länger. Wir stiegen weiter am Grat entlang, im Niemandsland zwischen Nepal und Tibet. Der Pfad, auf dem wir aufstiegen, wurde immer schmaler, bis er nur noch einen halben Fuß breit war; ich musste mich konzentrieren. Plötzlich hielt Lobsang an, wandte sich zu mir um, ergriff meine Hand und flüsterte leise: »Hab jetzt keine Angst.«

Ich verstand ihn nicht, lächelte ihn an und bedeutete ihm mit einem Kopfnicken, dass mit mir alles in Ordnung war. Mir ging es gut, alles war gut, alles war bestens.

»Helga, du darfst jetzt keine Angst haben«, wiederholte er und drückte meine Hand fester.

Plötzlich schoss es mir eiskalt durchs Herz – die Leichen. Ich hielt seine Hand fester und schluckte, suchte krampfhaft mit den Augen den Boden vor mir ab. Im dunklen Schatten eines Felsens sah ich eine Gestalt liegen. Es war kein Felsstück, weil es keine scharfen Kanten hatte; es waren die Umrisse eines Menschen. Ich fing an zu zittern, Tränen liefen mir kalt übers Gesicht, und ich hielt mich fest an Lobsangs Hand, die mich nach vorne zog. Ich musste über ein Paar gelbe Stiefel steigen, die direkt im Weg lagen. Die Gestalt sah aus, als würde sie schlafen, und hatte eine Hand unter den Kopf gelegt. Eine Gletscherbrille und eine Sauerstoffmaske verdeckten das Gesicht, der Körper steckte in einem weichen Daunenanzug. Ich fing an zu heulen, aber Lobsangs Hand zog mich weiter. Kalt tropften die Tränen auf meine Daunenjacke, zu meiner rechten Seite fiel die Nordwand in die Tiefe. Der Mond schien kalt auf die schmale Spur. Ich musste mich konzentrieren und einen Fuß vor den anderen setzen, aber nichts konnte mich dazu bringen, Lobsangs Hand loszulassen.

Russell hatte mich gewarnt. Viele Bergsteiger waren dort auf der Nordflanke des Everest ums Leben gekommen, drei alleine in den vergangenen Wochen. Wir waren dabei gewesen, hatten versucht, mit unseren Funkgeräten zu helfen. Aber dann war es plötzlich still geworden, und die Batterien waren leer – ein Schneesturm hüllte den Gipfel in dunkle Wolken. Uns würde das nicht passieren, hatte Russell gesagt. Wir würden auf das Wetterfenster warten; wir hatten genug Sauerstoff und sehr starke Sherpas als Begleitung. Bei aufkommender Gefahr würden wir rechtzeitig umkehren. All das hatte mir unten im Basislager eingeleuchtet. Ich würde stark sein. Doch die harte Realität, die furchtbare Hilflosigkeit, wenn ein Sturm seine Gewalten entfesselte und die heile Bergwelt in einen einzigen Alptraum verwandelte, überwältigte mich nun doch. Die Spur schlängelte sich gefährlich am Abgrund entlang, und ich rutschte mit meinen Steigeisen auf den schneebedeckten Felsen. Zu beiden Seiten fiel der Grat in die dunkle Tiefe. Der Mond war nun fast in den Wolken verschwunden, und in der Ferne gingen erneut die Lichtkegel an und bewegten sich lautlos durch die Nacht.

Die Sterne leuchteten noch intensiver am Firmament, und ich verspürte auf einmal wieder den Zauber – wir waren nah am Himmel. Federleicht, wie Engel, die auf Zehenspitzen tanzten, wanderten wir auf dem höchsten Grat der Welt. Um vier Uhr morgens erreichten wir die erste Stufe. Eine steile Eiswand ragte vor uns auf, und überall konnte ich Fußstapfen sehen. Ich griff nach dem Seil und schlug meine Steigeisen in die Wand, mit der linken Hand drückte ich die Axt ins Eis, schob mit der rechten den Jumar weiter und zog mich nach oben. Auf halbem Weg verschwand das Eis im Fels, und ich musste das Seil wechseln. Die Steigeisen kratzten im Gestein, und mein Herz sprang mir fast aus der Brust, so schwer musste es pumpen. Ich stützte mich seitlich an der Felswand ab und zog mich mit der anderen Hand am Jumar hoch. Es war nicht schwer, und die schwindelerregende Höhe machte mir nichts aus. Alles war dunkel, und ich konnte den Abgrund nicht richtig sehen.

Lobsang wartete auf mich, dann stiegen wir weiter. Wir traversierten vom Grat hinunter in die Nordflanke des Berges, an unebenen Bändern aus brüchigem, abschüssigem Gestein entlang. Ich konnte meinen linken Fuß nicht mehr spüren. Einige Zeit schon hatte ich versucht, mit den Zehen zu wackeln, um den Fuß wieder zu beleben, aber es hatte nichts genützt.

»Lobsang, warte kurz, ich spüre meinen linken Fuß nicht mehr«, rief ich.

»Nicht jetzt, es ist zu gefährlich«, entgegnete er.

Energisch schüttelte er nochmals den Kopf und deutete nach vorn. Er hatte Recht; ich konnte die Hand nicht vom Seil nehmen, um nachzuschauen, denn der Pfad war zu schmal und der Fels brüchig. Ein Stückchen weiter machten wir auf einem kleinen Schneefeld

Halt. Das rote Licht an der Batterie meiner Heizeinlage war ausgegangen, mein Fuß war am Erfrieren. Vielleicht waren meine Zehen schon schwarz, ich spürte sie überhaupt nicht mehr. Ich kann doch meine Zehen nicht verlieren, schoss es mir durch den Kopf. Mein Gehirn arbeitete auf Hochtouren, wenn auch im Zeitlupentempo, weil nicht viel von dem wenigen Sauerstoff zu meinen Gehirnzellen gelangte. Plötzlich hatte ich die grandiose Idee, einfach die Batterie meines rechten Stiefels, die oben in meinem Strumpf steckte, mit derjenigen des linken Stiefels zu tauschen. Mein rechter Fuß war warm und würde es bestimmt eine Weile ohne Heizeinlage aushalten. Lange konnte die Nacht ja nicht mehr dauern.

Als ich mich nach Osten umwandte, begann der Himmel sich gerade von der Erde zu trennen; in der Ferne zeichnete sich ein schwacher Lichtbogen ab. In Minutenschnelle änderte sich nun unsere Welt. Die Geister der Nacht entflohen, und ein Stern nach dem anderen verschwand am Himmel. Statt der Feuerfliegen erschienen überall auf dem felsigen Grat bunte Käfer in dicken Daunenanzügen; manche bewegten sich langsam, andere ruhten über ihre Eisäxte gebeugt aus. Eine kleine Schneeveranda tauchte plötzlich in dem steinigen Grat auf – nicht größer als zwei zusammengeschobene Küchentische. Es war unser erster Rastplatz und Sauerstoffwechselpunkt. Viele orangefarbene Flaschen lagen da und blitzten in den ersten Sonnenstrahlen. Wir setzten uns; Lobsang nahm meine halb leere Flasche aus dem Rucksack und steckte eine volle hinein. Er hatte meine dritte Flasche bis dahin getragen.

Ein Stück vor uns bildete sich eine Schlange von etwa zwölf Gestalten, die vor der zweiten Stufe warteten, bis sie an der Reihe waren. Schließlich konnte nur jeweils einer am Seil hinaufklettern. Geoff und Karsang waren allen voran, und zehn Tibeter drängten ihnen nach. Der Gipfelclub Tibets hatte sich doch entschlossen, am selben Tag wie wir zu gehen, obwohl sie Russell versprochen hatten, noch einen Tag zu warten. Schlangestehen auf 8600 Metern Höhe. Ich hatte schon mehrmals von diesem Phänomen gehört, und das Unglück am 10. Mai 1996 auf der Südseite, bei dem fünf Bergsteiger im

Sturm ums Leben gekommen waren, war oft mit diesem Massenandrang in Verbindung gebracht worden.
Eine gemütliche Rast gibt es am Gipfeltag auf dem Everest nicht, denn mit jeder Minute, die vergeht, wird man schwächer und kühlt aus. Ich konnte es nicht fassen, dass wir nun warten mussten, bis einer nach dem anderen sich mühsam nach oben gekämpft hatte. Lobsang machte sich keine Sorgen, denn wir waren in der Nacht schnell vorangekommen, und es war noch früh am Morgen. Ich setzte mich zu ihm und schaute auf die Welt hinunter. Die Täler waren in bläuliche Schwaden gehüllt, aus denen hunderte von weißen Gipfeln ragten. Vorsichtig tasteten sich die ersten rötlichen Sonnenstrahlen am Horizont entlang. Ich folgte dem Lauf der Gletscher bis zu unserem Basislager hinunter, der Nordsattel bildete eine Brücke, die bis hinüber zum Changtse reichte. Plötzlich leuchtete im Westen die breite Gipfelspitze des Cho Oyu in den ersten goldenen Strahlen, die langsam über die bleichen Schneefelder wanderten. Es war, als ob die Sonne zum ersten Mal über der Welt aufginge. Und uns hatte die Sonne an diesem Morgen zuallererst berührt, weil wir schon höher als auf jedem anderen Platz der Erde waren.
Feuerrot thronten die Felsen der zweiten Stufe vor uns – eine etwa dreißig Meter hohe Felsbarriere mit einer senkrechten Schlusswand. Die zweite Stufe setzte sich aus drei Kletterstellen zusammen. Der Anfang war nicht so schwer. Ich kletterte durch einen schmalen Kamin zwischen der Felswand und einem massigen Felsblock empor und zog mich nach oben. Dann folgte ein kurzer, steiler Schneehang zum Fuß der senkrecht aufragenden Schlusswand nahe dem Abschluss der Stufe. Dort konnte ich rasten.
Eine etwa vier Meter lange silberne Leiter hing vor mir in der Wand. Es war nicht einfach, sie zu besteigen, denn sie war oben nur mit ein paar Seilen befestigt und bewegte sich hin und her. Ich klippte meinen Jumar ins Seil und umklammerte mit beiden Händen die dritte Sprosse. Die Steigeisen quietschten auf dem Eisen. Mit jedem Schritt musste ich wieder vorsichtig mit meinen Schuhen gegen die Felswand drücken, um die Stahlzähne meiner Steigeisen zwischen

den Sprossen festzuhaken, damit ich das Gleichgewicht nicht verlor. Beim nächsten Schritt schwang die Leiter zurück, und alles begann von neuem. Darüber hinaus zog mich mein schwerer Rucksack nach hinten. Nun war mir klar, warum die anderen so lange gebraucht hatten.

Natürlich endete die Leiter nicht mit dem Felsen, sondern schon einen Meter vorher – das wäre auch zu einfach gewesen. Am Ende der Leiter musste man wieder nach rechts hinüber in den Felsen steigen, und darin bestand die Crux der zweiten Stufe. Oft hatten wir darüber im Basislager gesprochen, und Geoff und Ken hatten diesen Bewegungsablauf ausführlich mit Russell diskutiert. Es ging allein darum, dem Seil zu vertrauen und nicht nach unten zu schauen. Ich wechselte den Jumar in meine linke Hand und schob ihn so weit wie möglich nach oben. Dann holte ich tief Luft, stach mit meinem rechten Steigeisen in eine kleine Spalte im brüchigen Felsen und schwang mich vorsichtig hinüber. Dann tastete ich mit der rechten Hand über mir nach einem Halt, fand ihn und zog mich nach oben. Ich setzte mich keuchend in den Schnee und schaute hinunter. Unter mir fiel die Nordwand ins endlose Nichts – 3000 Meter oder mehr, bis an den Fuß der Gletscher. Wenn man hier abrutschte, würde man wahrscheinlich auf dem einen oder anderen Felsvorsprung aufschlagen, aber dann weiter – mit schwerem Rucksack wohl meist Kopf voran – über die steilen Eishänge rutschen. Keine Eisaxt der Welt würde einen solchen Fall stoppen können, und niemand würde kommen, um einen unten am Gletscher in Empfang zu nehmen. Schöne Aussichten!

Oberhalb der zweiten Stufe war es wieder flach, und die Spur schlängelte sich durch gefrorenen Schnee. Das Plateau war von schwarzen Felsblöcken und weißen Schneefeldern übersät. Es schien die einzige Stelle zu sein, wo man keine Angst haben musste abzustürzen. Zu meiner Linken lag Nepal im Sonnenlicht. Ich machte Halt, um meine Gletscherbrille aufzusetzen und Sonnencreme aufzutragen. Lobsang wechselte wieder meine Sauerstoffflasche. Meine zweite war noch mehr als halb voll, aber er bestand darauf, dass wir beide eine neue nahmen. Der Gipfel war nun nur noch etwa drei Stunden entfernt, aber das war in der Höhe nie so sicher, denn schnell konnte ein Sturm heraufziehen, und dann konnte aus drei Stunden eine Ewigkeit werden. Eingestellt auf vier Liter Sauerstoff pro Minute reichte eine Flasche etwa sechs Stunden; ich stellte meine Flasche auf zwei Liter pro Minute ein.

Die Sonne stand nun schon hoch am Himmel, und man konnte die ganze Länge des dreieckigen Schneefelds sehen, das zum Gipfel hinaufragte. Wir hatten weit über die Hälfte des Weges schon hinter uns gebracht. Bei gutem Wetter konnte man dieses Schneefeld vom vorgeschobenen Basislager aus sehen. Von dort unten hatten wir immer mit dem Fernglas hinaufgeschaut, wenn andere Bergsteiger wie schwarze Ameisen darüber hinweggestiegen waren. Ich hatte dann oft auf die Uhr geschaut und gedacht, dass diese Bergsteiger nicht auf dem Weg nach oben, sondern bereits beim Abstieg sein sollten. Es war erst halb sieben. Russell hatte unsere Umkehrzeit definitiv auf zwölf Uhr festgesetzt. Wenn wir zu diesem Zeitpunkt den Gipfel nicht erreicht hätten, dann mussten wir umkehren, auch wenn der Gipfel nur noch fünf Minuten entfernt war. Das hört sich hart an, macht aber durchaus Sinn, wenn man bedenkt, dass der Aufstieg zum Gipfel nur der halbe Weg ist. Die meisten Bergsteiger, die auf dem Everest umgekommen sind, verunglückten, nachdem sie den Gipfel schon erreicht hatten. In diese Gefahr wollten wir uns auf keinen Fall begeben.

Das ukrainische Nationalteam war in diesem Jahr als erstes zum Gipfel vorgestoßen. Am 8. Mai waren die drei Stärksten aus ihrer Gruppe auf dem Gipfel gewesen – einer ging danach im Sturm verloren, ein zweiter erlitt schwere Erfrierungen, und wenn nicht so viele andere Teams eingesprungen wären, um ihn zu retten, wäre auch er nicht zurückgekommen. Wir waren schockiert gewesen über die Tatsache, dass die Saison auf dem Everest schon so früh mit einem Unglück begonnen hatte. Am 17. Mai erreichten Conrad und Dave den Gipfel, und der Berg zeigte wieder ein freundlicheres Gesicht. Aber nicht lange. Schon am Tag darauf brach der nächste Sturm los,

und von fünf Gipfelstürmern kamen nur drei zurück. Die Nordflanke des Everest, die da so still im Sonnenlicht lag, hatte in den vergangenen drei Wochen drei Menschenleben gefordert.
Wir stiegen weiter. Nicht eine Wolke schwebte über uns am blauen Himmel, nur weit unten verdeckten sie die Täler. Neben uns fiel ein Geröllfeld langsam in die Tiefe. Es war die letzte Ruhestätte eines weiteren Bergsteigers, dessen rote Daunenjacke von der Sonne bereits ausgeblichen war. Er musste in einem Sturm abgestürzt sein; er lag auf dem Rücken und hatte die Arme schützend über den Kopf gelegt. Lobsang zufolge war er 1994 ums Leben gekommen. Er sah aus wie eine Skulptur, die ein Künstler von jemandem geformt hatte, der einem Sturm in den Bergen zum Opfer gefallen war. Eine tragische Pose, die mir einen Stich versetzte und doch eine gewisse heroische Faszination ausübte. Wie verbunden ich mich ihm fühlte, war er doch wie ich selbst dem Ruf des Abenteuers gefolgt und aus der Welt hinausgestiegen, um auf ihrem höchsten Gipfel zu stehen. Aber er war besiegt worden. Die Geister der Nacht waren nun verschwunden, und es fiel mir leichter, den Opfern des Everest zu begegnen.
Wir gelangten schließlich zur dritten Stufe und wussten, dass wir nun nicht mehr weit vom Gipfel entfernt waren. Im Gegensatz zu den beiden ersten Stufen musste man hier eher kraxeln als regelrecht klettern. Außer der eigenen Atemnot gab es dort nichts, wogegen man hätte ankämpfen müssen. Dann standen wir auf dem dreieckigen Schneefeld. Glücksgefühle stiegen in mir auf, und ich spürte meine Energie. Ein blaues Seil führte durch den Schnee nach oben; ich klippte meinen Karabiner hinein und folgte Lobsang. Er sprach wieder über Funk mit dem ABC. Dort war Russell die ganze Nacht wie ein werdender Vater herumgewandert und hatte sich immer wieder nach unserem Befinden erkundigt. Nun konnte er uns vom ABC aus sehen, nun waren wir die kleinen schwarzen Ameisen, die über das Schneefeld zum Gipfel stiegen. Ich hatte oft gelesen, dass andere auf der letzten Strecke zum Gipfel pro Schritt viermal atmen mussten, doch ich konnte mehr Schritte machen, bevor ich mich

über meine Eisaxt lehnen und ausruhen musste. Der Schnee war fast knietief, aber die anderen vor uns hatten eine tiefe Spur hinterlassen.
Ich war immer davon ausgegangen, dass wir am Ende dieses Schneefelds bereits den Gipfel erreichen würden. So zumindest hatte es von unten ausgesehen. Aber als wir dort ankamen, schaute ich nach oben und stellte zu meinem Entsetzen fest, dass wir noch lange nicht ganz oben waren. Lobsang traversierte nach rechts auf einen schmalen Felsvorsprung, an dem ein Seil entlangführte. In der vergangenen Nacht hatte ich oft meinen Karabiner in ein Seil geklippt und ihm sorglos vertraut, nur um am anderen Ende festzustellen, dass der Mantel des Seils durchgescheuert war und von dem Seil nur noch wenige Fäden übrig waren. Die kleinen Steine, die Lobsang mit seinen Steigeisen lostrat, fielen direkt in die Tiefe, ohne nochmals aufzuprallen. Wer dort Höhenangst hatte, würde keinen Schritt weitergehen. Ich klippte meinen Jumar vorsichtig ins Fixseil. Es war, als ginge man auf dem Dach eines Wolkenkratzers am äußersten Rand entlang, nur dass die Nordwand ein paar tausend Meter höher war. Mein Bauch füllte sich mit Schmetterlingen – ein rauschhaftes Glücksgefühl bemächtigte sich meiner. Ich hielt mich mit einer Hand an den Felsen fest und schaute in die Tiefe. Ich erinnerte mich an Träume, in denen ich hoch oben auf einem Felsvorsprung gestanden hatte und dann hinuntergeflogen war, die Arme zu Flügeln ausgebreitet. In diesen Träumen hatte ich dieselben Schmetterlinge im Bauch gespürt wie in diesem Augenblick.
Als wir den Felsvorsprung umrundet hatten, lehnten sich die Felsen plötzlich gemächlich zurück. Sie waren blank gefegt, aber mit schmalen Ritzen durchzogen, in denen meine Steigeisen Halt fanden. Ich tastete mich vorsichtig am Fixseil entlang. Der wirkliche Gipfelgrat bestand aus drei Schneewellen, die sich weit über die Kangchung-Wand lehnten. Zum Gipfel war es nun nicht weiter als ein Straßsenblock in New York, aber in dieser Höhe bedeutete das fast ein halbe Stunde. Langsam folgte ich Lobsangs Schritten auf dem winkeligen Pfad zum Dach der Welt. Es war ein berauschendes

Gefühl, dem Gipfel so nah zu sein – so weit über der Welt. Nur ein paar Schritte noch. Ich hatte wieder die Bilder von den eingemummten Figuren in ihren bunten Daunenanzügen vor Augen, die ihre Eisäxte wie einen Spazierstock umklammerten und in deren Gletscherbrillen sich der Gipfelgrat spiegelte. Nun war ich selbst dem Himmel so nah. Wie still die Morgensonne die Welt in ihrem Licht erstrahlen ließ. Ich drehte mich um. Blaue Wolkenschwaden bedeckten die Täler. Geoff, der mich einige Minuten zuvor stürmisch umarmt hatte, war bereits auf dem Rückweg. Er drehte sich noch einmal um, und ich winkte ihm zu.

»Warte, ich will ein Foto machen«, rief ich aus und kramte umständlich meine Kamera hervor.

Ich sah ihm noch lange nach, bis er zwischen den Felsen verschwand. Eine unendliche Glückseligkeit durchströmte mich. Die Sonne strahlte und bannte Millionen von auffliegenden kleinen Schneekristallen wie in einer Momentaufnahme; dann rieselten sie leise weiter über die Schneefelder. Mir war, als hätten sie mich mit ihrem faszinierenden Glitzern völlig durchdrungen; ein Leuchten durchströmte plötzlich meinen Körper, und ich hatte das Gefühl, abzuheben. Wie die umliegenden Berge schien auch ich über den Wolken zu schweben – schwerelos und unendlich frei.

»Helga, kommst du?«, rief Lobsang.

Ich drehte mich um, strahlte ihn an und nickte wild entschlossen mit dem Kopf. Es war kein Traum! Auf einmal wölbte sich der blaue Himmel vor uns hinunter – weder Fels noch Eis erhob sich mehr vor uns. Ich schaute mich um. Wir waren wirklich am höchsten Punkt angekommen!

Zehn Tibeter drängelten sich auf dem Gipfel und machten Fotos für ihre Sponsoren. Ich nahm meine Sauerstoffmaske ab und zog den Rucksack aus. Lobsang lächelte mich an, und ich umarmte ihn. All die Wochen, in denen wir immer nach oben geschaut hatten, waren mit einem Mal vergessen – der ganze Himalaja lag zu unseren Füßen. Ich umarmte Lobsang noch einmal, weil ich es einfach nicht fassen konnte.

Zwei Monate zuvor war ich auf dem Weg nach Lhasa an diesem Berg vorbeigeflogen. Damals wollte ich mich aus dem Fenster des Flugzeugs lehnen, um die Luft zu testen, meine Hand ausstrecken und über die Schneefelder streifen lassen. Wenn ich damals aus dem Flugzeug gestiegen wäre und mich auf den Gipfel gesetzt hätte, wäre ich wahrscheinlich in wenigen Sekunden ohnmächtig geworden und kurze Zeit später gestorben. Denn auf 8848 Meter hat die Luft gemessen an der Meereshöhe nur ein Drittel des Sauerstoffgehalts.

Als ich damals im Flugzeug meinen Orangensaft trank, träumte ich davon, einmal in meinem Leben dort oben zu stehen, aber nie hatte ich wirklich gedacht, dass dieser verrückte Traum in Erfüllung gehen würde. Und wie es uns so häufig mit Träumen geht, wünscht man sich manchmal, dass sie doch nicht in Erfüllung gehen, weil der Traum sich dann doch, gemessen an der Realität, als viel schöner entpuppen könnte. Doch diesmal war es anders. Auf dem Gipfelgrat in der Morgensonne zu wandern, leicht wie einer der himmlischen Boten … dort unten am Himmelshaufen im alten Rongbuk-Kloster hatte ich es mir gewünscht. Dass es allerdings eine so himmlische Reise sein würde, hätte ich mir damals nicht träumen lassen. Nun saß ich auf dem schmalen Gipfel im Schnee und atmete die dünnste Luft der Erde. Einige Minuten waren bereits vergangen, und ich fühlte mich großartig. Dic lauten Nachbarn waren endlich fort; der Gipfel gehörte nun uns ganz allein.

Wir waren über Funk mit Russell verbunden.

»Wir haben es geschafft. Du solltest bei uns sein. Die Aussicht ist phantastisch«, rief ich.

»Gratuliere, ich wusste immer, dass du es schaffen würdest«, klang es zurück.

Wirklich?

»Bleibt nicht zu lange, der Weg zurück ist noch weit. Pass auf, dass dir nicht kalt wird«, sagte unser besorgter Vater. »Wie ist es, auf dem Gipfel der Welt zu stehen?«, fragte er dann.

»Unglaublich! Tausende von Schneekristallen wirbeln durch die Luft – es ist, als ob die Engel tanzen würden. Ich kann es nicht fassen.

Ich glaube, ich will für immer hier bleiben. Der Dalai Lama ist auch da«, antwortete ich.

Der Dalai Lama war tatsächlich da und lächelte uns aus einem goldenen Bilderrahmen entgegen. Hunderte von Gebetsfahnen waren an einem Eispickel festgebunden und flatterten im Wind. Ich setzte mich davor, und Lobsang machte ein paar Fotos. Dann packte er seine nepalesische Fahne aus und hielt sie in Siegerpose in den Wind. Ich knotete die weiße Kata, die uns der Lama in Lhasa gegeben hatte, von meinem Rucksack los und band sie über den Fahnen an den Eispickel – als Dank an die Götter. Und ich schickte ein paar Gebete mit ihr in den Himmel – für meine Eltern, meine Geschwister und meine Freunde in aller Welt, verbunden mit der Bitte, dass auch ihre Wünsche in Erfüllung gehen mögen.

Weiter unten war die Welt in weiße Wolken getaucht; nur die höchsten Gipfel des Himalaja ragten heraus und schienen über der Welt zu schweben. Glitzernde Schneekristalle wirbelten durch die blauen Lüfte; der Himmel wölbte sich so tief hinunter, dass ich meinte, das ganze Firmament würde uns umschließen. Mir war, als ständen wir inmitten einer großen Schneekugel, in der ein großer Meister ein grandioses Gemälde des Himalaja geschaffen hatte.

Der Lhotse stand direkt vor uns. An der Südseite des Everest verliefen Fußspuren hinunter und verschwanden in der Tiefe. Weiter unten führten sie zum Südsattel, und von dort stieg der Grat des Lhotse auf. Wie Orgelpfeifen fielen weiße Schneerillen an seiner langen Nordflanke hinunter. Im Osten ragte der Makalu grau und elegant aus dem Wolkenmeer; seine felsige Nordwand befand sich noch im Schatten. Ich drehte mich weiter und weiter und begann mit den Armen im Wind zu rudern. Ich wollte tanzen mit all den Schneekristallen, die der Wind durch die Luft wirbelte. Und mir schien es, als könnte ich in der unendlichen Stille Sphärenklänge hören!

Von der Südseite war an diesem Tag niemand heraufgekommen. Michael hatte unser Rendezvous verpasst. Wie es ihm wohl ergangen war? Ivan kam als Nächster am Gipfel an und schloss mich in seine Arme.

»Mein Engel ist schon hier«, rief er aus.
Gemeinsam knieten wir nieder und berührten mit unseren Wangen den höchsten Punkt der Erde. Ivan rief immer wieder:
»Chomolungma – Muttergöttin, wir sind bei dir.«
Tränen liefen ihm über das Gesicht. Lobsang machte Fotos von uns, und dann packte Ivan seine Sponsorenfahnen aus. Ich schoss ein Foto nach dem anderen von ihm, und Lobsang rief immer wieder besorgt: »Vorsicht, Helga!«, wenn ich zu weit über die Schneewechte stieg, die sich gewaltig über die Kangchung-Wand lehnte. Groß ist der höchste Gipfel der Welt nicht – am höchsten Punkt etwa so groß wie ein Küchentisch –, und man muss aufpassen, nicht mit den Steigeisen in dem Fahnengewirr hängen zu bleiben und hinunterzustolpern. Ringsherum waren noch ein paar Meter Platz, dann zogen sich die Fußspuren über den schmalen Grat wieder nach unten.
Ich wäre am liebsten ewig geblieben, aber Lobsang hatte seine Sauerstoffmaske schon wieder aufgezogen und hielt meinen Rucksack in den Händen. Er wollte, dass wir uns auf den Rückweg machten. Es war erst acht Uhr, aber die Wolken stiegen schon in Paaren über den Nordsattel und züngelten wie Feuerflammen an der Nordflanke nach oben. Meine Hände waren eiskalt und wärmten sich nicht auf; auch meine Füße konnte ich nicht mehr spüren. Ich musste meine Sauerstoffmaske wieder aufsetzen, um warm zu werden, und so fiel es mir nicht gar so schwer, wieder zu gehen. Auch wenn ich Stunden auf dem Gipfel geblieben wäre, hätte ich doch nicht geglaubt, dass ich wirklich dort war und nicht alles nur geträumt habe.
Beim Abstieg über die Felsen begegneten wir Kozuka. Phurba half ihm mit den Seilen und redete ihm Mut zu. Kozuka konnte nur einen Schritt pro Raststopp machen und war unendlich langsam. Er war ganz blass und keuchte schwer in seine Maske.
»Du hast es fast geschafft, eine halbe Stunde noch, dann seid ihr oben«, rief ich ihm zu.
Er nickte nur und keuchte weiter. Man sah seinen Bewegungen an, dass er sich unendlich quälte. Wenn sie nicht so nah am Ziel gewesen wären, hätte Phurba mit ihm umkehren müssen, weil er seine Kräfte

schon bei weitem überschritten hatte. Aber es war noch so früh am Tag. Ich fragte Lobsang, ob er bei Phurba bleiben wolle, um Kozuka zu helfen, aber er winkte ab.

»Ich will dich nicht alleine gehen lassen. Der Weg hinunter ist gefährlicher, als du denkst«, antwortete er und schüttelte energisch den Kopf.

Wir stiegen über das breite Schneefeld hinunter. Meine Hände waren nun wieder warm, so warm, dass ich meine Daunenjacke auszog. Wir trafen Heber und weiter unten auch Karla mit ihrem Sherpa. Sie gingen beide langsam, aber wir waren ja beim Abstieg, und der geht immer sehr viel schneller. Wir rasteten in der Sonne und packten unsere zurückgelassenen Sauerstoffflaschen wieder in den Rucksack. Noch lag uns die ganze Welt zu Füßen, und ich schwang mich glücklich an der zweiten Stufe ins Seil. Es war herrlich, so hoch oben in den Seilen zu hängen.

Der Weg über den Grat war schon schwieriger, und ich spürte, wie meine Kräfte langsam nachließen, wie müde meine Beine wurden. Als ich meinen Abseilachter an der ersten Stufe am Seil befestigen wollte, sah ich plötzlich unter mir eine lila Daunenjacke am Fuß der Stufe im Schnee sitzen. Noch ein Toter. Ich hatte ihn in der Nacht nicht gesehen. Das musste Pascal sein, den die Sherpas im Sturm gesehen hatten. Er war vor ihren Augen hinuntergestürzt und lag nun dort unten. Ich versuchte, das Seil durch den Abseilachter zu drücken, aber meine Hände zitterten. Immer wieder sah ich Pascal vor mir, wie er vor ein paar Wochen noch mit uns im Zelt gesessen hatte. Wie seine Augen damals geleuchtet hatten, als er vom Gipfel sprach. Diesmal würde er es bestimmt schaffen, hatte er damals gesagt. Nun wird er nie mehr nach Hause zurückkehren; er wird einsam frieren in den langen Nächten, im Winter, wenn die Stürme mit hunderten von Stundenkilometern über ihn hinwegfegen. Was hatte ihn nur dazu getrieben, sich so spät an jenem Nachmittag noch zum Gipfel vorzukämpfen? Er hätte doch wissen müssen, dass er sein Glück herausforderte und schon lange die Grenze zwischen Leben und Tod überschritten hatte. Wieso war er nicht umgekehrt? Es war sein vierter Versuch am Everest gewesen, und diesmal hatte er es tatsächlich geschafft – aber um welchen Preis?

Lobsang wartete geduldig auf mich. Ich drehte mich noch einmal nach der lila Daunenjacke um. Lange braune Locken schauten aus der Kapuze hervor. Sie waren im Schnee festgefroren. Nein, das konnte nicht Pascal sein; das musste die amerikanische Frau sein, von der Cathy mir erzählt hatte. Pascal war wahrscheinlich in den Couloir hinuntergestürzt.

Dicke graue Wolken drängten sich um uns, und ich spürte den Wind kalt an meinen Wangen. Müde kämpfte ich mich weiter am Grat entlang. Nach einer Weile setzte ich mich einfach in den Schnee und starrte vor mich hin in die Wolken. Überall lagen Sauerstoffflaschen herum, einige orange, andere gelb. Einige waren achtlos weggeworfen worden, weil sie leer waren, andere hingegen standen sorgfältig verstaut zwischen den Felsen im Schnee und warteten sehnsüchtig auf die Rückkehr ihrer Besitzer. Manche vergeblich, weil ihre Besitzer nicht wiederkommen würden. Ich wollte nicht weitergehen, wollte nicht noch einmal über die gelben Stiefel steigen, die direkt im Weg lagen – ich wollte keinen Schritt mehr tun.

Lobsang sprach mit Russell am Funkgerät.

»Wir sind schon unter der ersten Stufe. Helga geht es gut. Es sind vielleicht noch zwei Stunden bis zum Camp. Ich kann es schon durch die Wolken sehen. Over«, berichtete er und erkundigte sich nach Kozuka und Phurba.

»Die beiden sind schon auf dem Rückweg, aber unendlich langsam, weil Kozuka total erschöpft ist«, sagte Russell.

Wie er den Rückweg bewältigen wollte, war mir in Anbetracht meiner eigenen Erschöpfung ein Rätsel.

»Ich habe Narwang mit Tee losgeschickt, damit er den beiden entgegengeht. Ihr müsstet ihn bald sehen. Ich möchte, dass ihr beide bis zum Camp 3 hinuntergeht. Ihr könnt in Camp 4 eine Weile rasten, aber dann geht ihr weiter«, klang es bestimmt zu uns herauf.

Wir hatten es früher schon einmal besprochen. Russell wollte, dass wir nach dem Gipfel so schnell wie möglich die sogenannte Todeszone verließen. Es seien nur wenige Stunden mehr, und im Camp 3 wären wir viel sicherer, wenn das Wetter umschlagen würde. Nun begann die Tortur, jeder Schritt war eine Qual, und doch musste ich jeden einzelnen so vorsichtig wie möglich tun, musste meinen Karabiner in jedes Seil klippen, auch wenn es noch so umständlich war. Der Pfad war manchmal nur wenige Zentimeter breit und führte an brüchigen Felsvorsprüngen vorbei, die neben uns steil in die Tiefe fielen. Wie unbedenklich wir das in der Nacht gemeistert hatten, grenzte für mich angesichts der Schwindel erregenden Aussicht an ein Wunder. Die Steigeisen kratzten böse auf den Steinen. Wenn mein Rucksack nur nicht so schwer wäre …

Um halb zwölf kamen wir im Camp 4 an; knappe elf Stunden waren wir nur unterwegs gewesen. Mit letzter Kraft zog ich meine Steigeisen aus und ließ mich auf die weichen Daunenschlafsäcke fallen. Eine halbe Stunde zuvor hatten wir Narwang getroffen. Er hatte Orangensaft in seiner Thermoskanne und mich damit vor dem Verdursten gerettet. Ich fiel schnell in schwere Träume, und Lobsangs Stimme drang zu mir wie aus einer anderen Welt.

»Wir müssen gehen«, sagte er.

»Ich weiß, aber ich kann nicht«, murmelte ich zurück, ohne meine Augen aufzumachen.

»Komm, wir gehen«, insistierte er.

Woher ich die Kraft nahm, meine Steigeisen wieder anzuziehen, weiß ich nicht, aber wir mussten weiter absteigen. Vielleicht war es Lobsangs sanfte Stimme oder sein bittendes Lächeln oder seine ausgestreckte Hand, die mir aufhalf. Ich durfte ihn jetzt nicht enttäuschen. Er hatte mir in der vergangenen Nacht alles bedeutet, hatte meine Hand gehalten, als wir über die gelben Stiefel steigen mussten, und meine Tränen fortgewischt. Ohne ihn hätte ich es nie geschafft, ohne seine Wärme, seine unendliche Geduld. Immer hatte er auf mich gewartet, sich um mich gekümmert – nun musste ich auch meinen Teil dazu tun und mit ihm gehen, so schwer es mir auch fiel.

Geoff und Karsang waren schon aufgebrochen, und Camp 3 war

nicht mehr so weit. Ich setzte mich alle paar Meter in den Schnee und kletterte dann weiter über die Felsen hinunter zum nächsten Schneefleck. Gierig trank ich den Saft aus meiner Thermoskanne und füllte sie immer wieder mit frischem Schnee. Es war warm in den dichten Wolken, die um uns geisterten und hie und da Schneeflocken durch die Luft warfen. Was hätte ich in diesem Augenblick nicht alles für ein Schokoladeneis gegeben. Mein Rucksack war unendlich schwer, und mein Rücken bog sich vor Schmerzen.
Zwei finnische Bergsteiger krochen keuchend an mir vorüber. Sie fragten mich, ob ich es bis zum Gipfel geschafft hätte, und ich antwortete stolz:
»Aber natürlich.«
Sie schienen nicht überzeugt zu sein und gingen weiter, ohne mir noch einen zweiten Blick zu schenken. Lobsang und Karsang hatten viele Flaschen Sauerstoff in ihren Rucksäcken. Trotzdem warteten sie immer auf mich. Es tat mir leid, aber ich konnte mich nicht schneller bewegen als eine Schnecke.
»Geht ruhig schon voraus. Ich schaff das schon alleine, es ist ja nicht mehr weit«, rief ich ihnen zu und nickte energisch mit dem Kopf.
»Bitte, das macht es nur noch schlimmer, wenn ihr immer auf mich warten müsst. Ich kann einfach nicht schneller gehen«, sagte ich.
Endlich gingen sie weiter, und ich konnte in Ruhe im Schnee sitzen.
Als ich im Camp 3 ankam, war niemand mehr da; ich konnte gerade noch sehen, wie Geoff in den Felsen nach unten verschwand. Ich rief ihm nach, aber er hörte mich nicht. Ich dachte, wir würden diese Nacht dort bleiben, und nun waren sie alle fort. Ich zog die Steigeisen aus und suchte die Zelte nach einem Funkgerät ab. Schlafsäcke und Matten lagen noch durcheinander, aber das Funkgerät konnte ich nicht finden. Meinen Saft hatte ich schon längst ausgetrunken. Ich hatte auch nicht mehr die Energie, den Gaskocher anzumachen. Außerdem war weit und breit kein richtiger Schnee zu sehen, den man hätte auftauen können, nur ein paar Flocken, aber die konnte ich auch im Mund zergehen lassen.
Unsere Zelte von Camp 3 standen weit entfernt von den anderen

über den Felsen, und plötzlich wurde mir bewusst, dass ich ganz alleine war. Narwang war weiter Richtung Gipfel geklettert, um Phurba und Kozuka zu helfen. Ob sie es schaffen würden, Kozuka herunterzubringen? Ich suchte wieder die Zelte ab; es musste doch irgendwo ein Funkgerät geben, damit ich wenigstens mit Russell sprechen konnte. Ich wühlte in den Daunen, im Kochgeschirr – ohne Erfolg.

Auf einmal bekam ich Panik. Wie lange es wohl noch dauern würde, bis es dunkel wurde? Wo Phurba nur blieb? Ich konnte niemanden sehen. Auf keinen Fall wollte ich die Nacht alleine verbringen. Ich hatte Angst im Dunkeln – schon immer –, und in der Höhe, wo so viele Geister in den Wolken umherirren, erst recht. Wie spät es wohl war? Ich schaute durch die Wolken hinauf zur Sonne, aber ich konnte nicht ausmachen, wie tief sie schon gesunken war. Noch war es hell. Meine Beine waren müde, und mein Rücken schmerzte, auch wenn ich nur so dasaß. Ich musste weiter nach unten, musste es bis zum nächsten Camp schaffen. Ich versuchte mich krampfhaft zu erinnern, ob Lobsang irgendetwas gesagt hatte und ich vielleicht nur die Camps verwechselt hatte. Vielleicht warteten sie schon auf mich? Wenn ich doch nur ein Funkgerät hätte. Gestern noch hatte ich mich geweigert, eins zu tragen, weil es so schwer war und ich es eigentlich nicht brauchte. Doch nun war ich völlig abgeschnitten von der Welt, konnte nicht einmal mit jemandem reden. Ich setzte meine Maske wieder auf und drehte den Regulator auf vier Liter.

Das Felsgeröll war ein Alptraum, ich hing wie ein Kartoffelsack an den Seilen und kroch Meter um Meter nach unten. Wieder begann ich die Zelte zu zählen; keines davon war belegt. Ich würde verdursten. Ich hätte bleiben und wenigstens einen Tee brauen sollen, aber ich war bereits zu weit entfernt, um noch einmal hinaufzusteigen. Russell hatte gesagt, es würde der härteste Tag meines Lebens werden, aber so schlimm hatte ich es mir nicht vorgestellt. Tränen liefen mir über die Wangen und tropften auf meine Daunenjacke. Ich stand wieder auf und kletterte ein Stück weiter.

Da verfingen sich plötzlich meine Steigeisen in meiner Daunenhose und rissen ein Loch hinein. Federn flogen durch die Luft. Ich erinnerte mich an eine schreckliche Nacht am Cho Oyu im ersten Camp. Ich saß damals mit wütenden Kopfschmerzen heulend in meinem Schlafsack. Tom, unser Bergführer, war bei mir und hielt mir eine Daune entgegen. »Feeling a bit down today?«, hatte er mich gefragt, und ich musste trotz aller Tränen lächeln. Nun verspürte ich zahllose »downs«, und niemand war bei mir. Ich kaute weiter an kleinen Schneebällen, die ich mit den bloßen Händen formte – Everest-Eiscreme. Nicht viele Menschen können von sich behaupten, Everest-Eiscreme gegessen zu haben.

## *Camp 2*

Wie ich die rutschigen Felsen hinter mich gebracht hatte, wusste ich nicht, aber plötzlich saß ich auf dem Nordsattel im Schnee. Unsere Zelte waren nicht mehr weit, zwanzig Meter noch. Auf allen vieren kroch ich an den Seilen entlang, weil ich die Kraft nicht mehr hatte, meine Steigeisen wieder auszupacken. Der Weg durch die Sahara hätte nicht länger sein können, doch aus einem der Zelte stieg Rauch auf. Jemand war dabei, Schnee zu schmelzen, und ich drohte jeden Moment zu verdursten. Hoffentlich war es keine Fata Morgana, hoffentlich bildete ich mir die Zelte nicht nur ein. Ich kniff die Augen zusammen und betete. Nein, sie waren wirklich da. Ian saß in einem unserer Zelte und kochte.

»Wasser, Wasser, sonst sterbe ich«, rief ich ihm zu.

Er lachte und schenkte mir eine Tasse ein.

»Es ist noch nicht gekocht«, sagte er

»Das ist mir ganz egal«, entgegenete ich und griff gierig nach der Tasse.

Welch ein Glück, dass Ian und Cathy da waren.

»Wo sind die anderen?«, fragte ich ihn.

Er deutete nach unten.

»Die sind zum Camp 1 gegangen. Wir haben mit Russell ausge-

macht, dass wir eines eurer Zelte benutzen. Bist du denn ganz allein?«, fragte er mich.
Ich nickte und warf meinen Rucksack ins andere Zelt.
»Wie war es auf dem Gipfel?«, fragte er mich. »Gratuliere, wir haben es über Funk gehört. Ihr wart ja früh oben. Super!«
Ich musste erst einmal verschnaufen, bevor ich ihm antworten konnte. Ich war so froh, dass ich nicht mehr alleine war, ich hätte keinen Schritt mehr gehen können.
Ich fragte Ian nach seinem Funkgerät. Ich musste Russell Bescheid sagen, wo ich war.
»Camp 2 an ABC, könnt ihr mich hören? Over.«
Erleichtert klang es zurück.
»Wo in aller Welt steckst du denn? Ich habe mir solche Sorgen gemacht. Ist alles okay? Over«, rief Russell.
»Ich bin bei Ian und Cathy, und ich geh keinen Schritt weiter«, rief ich hustend zurück. »Ich hatte Angst allein im Camp 3. Alle waren schon fort, als ich dort ankam. Ich konnte das Funkgerät nicht finden. Ich hab nur immer wieder die ausgeblichenen Daunenjacken vor mir gesehen, wenn ich die Augen schloss. Ich konnte da nicht bleiben. Over.«
»Deswegen hab ich mir solche Sorgen gemacht. Ich weiß nicht, warum die Sherpas und Geoff dich allein gelassen haben. Die können was erleben. Wir sprechen uns in der Früh. Ruf mich an, wenn irgendetwas ist. Ich lass das Funkgerät die ganze Nacht an«, klang es zurück.
Phurba und Kozuka waren immer noch nicht zurück im letzten Camp, aber sie hatten Funkkontakt mit Russell. Es würde eine lange Nacht werden. Ich gab Ian sein Funkgerät zurück und füllte meine Flasche mit heißem Wasser. Dann schlief ich ein.

Um fünf Uhr morgens hörte ich jemanden meinen Namen rufen. Draußen war es schon hell.
»Helga, bist du da? Helga!«, rief da jemand Hilfe suchend.
Ich öffnete verschlafen mein Zelt. Phurba fiel herein und tastete sich erschöpft ins Zelt. Seine Augen waren rot und geschwollen, Tränen liefen ihm übers Gesicht. Er war die ganze Nacht unterwegs gewesen, hatte sich seinen Weg im Dunkeln über die Felsen gebahnt.
»Meine Augen! Ich sehe nichts mehr«, sagte er verzweifelt.
Phurba war schneeblind; er hatte auf der zweiten Stufe seine Brille verloren, als er Kozuka hinunterhalf. Er hatte es zunächst nicht gemerkt. Elf Stunden hatten sie gebraucht, um vom Gipfel zum letzten Camp zu gelangen. Narwang hatte ihm geholfen. Dann war über Funk die Nachricht gekommen, dass Karla vermisst wurde. Phurba war noch einmal zum Gelben Band hinaufgestiegen und hatte Karla zurückgebracht. Um zehn Uhr abends merkte er, dass mit seinen Augen etwas nicht stimmte. Er konnte nichts mehr sehen und bekam Panik. Er ließ Kozuka mit Narwang zurück und begann abzusteigen.
Ich nahm ihn in die Arme und wiegte ihn hin und her, während er schluchzte.
»Du bist nur schneeblind, Phurba, das ist nicht so schlimm. Es tut nur furchtbar weh, aber in ein paar Tagen geht es vorbei. Ich hab das auch schon mal gehabt«, beruhigte ich ihn.
Vorsichtig schaute ich seine Augen an. Sie waren entzündet, aber nicht wirklich gefährdet. Ich wickelte meinen schwarzen Schal um sein Gesicht, damit kein Licht in die Augen dringen konnte. Dann zog ich ihm die Schuhe aus und packte ihn in meinen Schlafsack. Ich warf den Kocher an, damit wir etwas trinken konnten. Ich musste dringend mit Russell sprechen. Mir war schwindlig, und die kalte Luft kratzte mich im Hals.
Ich versuchte ruhig zu klingen, aber meine Nerven waren so angespannt, dass ich vor Erschöpfung anfing zu heulen. Ich konnte nicht

verstehen, was Russell von mir wollte. Irgendetwas von Sand und Sternen. Er war ungeduldig, ich solle Phurbas Augen anschauen und ihm Tropfen aus dem Medizinbeutel geben. Phurba war jedoch gerade eingeschlafen, und ich wollte ihn nicht wecken. Russell wurde wütend.

»Frag ihn, ob es sich so anfühlt, als ob ihm jemand Sand in seine Augen geworfen hätte, ist das denn so schwer? Over.«

»Ja, wie Sand, sagt er. Ich kann nicht mehr, Russell, mir ist so schlecht. Over«, flüsterte ich zurück, und dann wurde mir schwarz vor den Augen.

Ich musste die Medizin finden und Phurba wecken, das Wasser kochte, aber ich hatte keinen Teebeutel mehr. Ich stellte den Kocher ab. Ich musste mich zusammenreißen, Phurba brauchte mich jetzt. Ich schluckte zwei blaue Pillen aus dem Medizinbeutel, weil »gegen Schwindel« draufstand, und tropfte vorsichtig eine Flüssigkeit in Phurbas Augen. Dann machte ich mich daran, nach Russells Instruktionen eine Brille für ihn zu basteln. Nur ganz dünne Schlitze ließ ich in der Mitte und verklebte die ganze übrige Glasfläche mit weißem Verbandsmaterial. Ich probierte sie aus. Wenn er meine Gletscherbrille aufsetzte und dann die geschlitzte Schneebrille darüber, konnten wir ihn hinunterbringen. Lobsang war auf dem Weg nach oben, um mir zu helfen. Ich stellte das Funkgerät leise und schlief wieder ein.

Zum Camp 1 war es nur noch eine lange Schlitterpartie. Lobsang hatte Phurba von hinten an ein Kurzseil gebunden, und ich ging drei Schritte vor ihm und hielt das Fixseil gerade neben mir hoch, damit er sich dort festhalten konnte. Lobsang bestand darauf, dass ich seinen Sauerstoff nahm, weil ich sonst zu langsam war. Es war anstrengend, jeder Schritt musste sitzen, und ich zählte immer fünfundzwanzig und stoppte dann. In zwei Stunden erreichten wir Camp 1.

Sonam hatte die Zelte schon abgebaut und Tee für uns gekocht. Phurba war tapfer im Dunkeln mit uns hinuntergestiegen. Unglaublich, wieviel Kraft er noch besaß, nach allem, was er durchgestanden hatte. Wir machten ein Picknick mit Kuchen und Orangensaft und alberten herum. Wir würden die Nächte durchtanzen in Kathmandu und unseren Blinden überall stolz herumzeigen. Phurba lachte. Er wolle seine Eisaxt als Gehstock mitnehmen und all die Trekkerinnen erschrecken, die sich bestimmt schon dort tummelten. Zum ersten Mal wurde mir bewusst, dass wir es zum Gipfel geschafft hatten.

Auch Phurba war zum ersten Mal oben auf dem Gipfel gewesen und war überglücklich. Lange hatte er als Küchenboy für Expeditionen gearbeitet und nie die Chance gehabt zu zeigen, wie stark er war. Erst Russell hatte ihn entdeckt und letzten Herbst auf den Cho Oyu mitgenommen. Er war mit einem der Kunden zum Gipfel gegangen und hatte sehnsüchtig nach Osten zum Everest hinübergeschaut.

»Weißt du, dass wir am Cho Oyu im ABC einmal Seile von deinem Zelt zu unserem Küchenzelt gespannt hatten? Wir hatten gehofft, dass du es nicht merkst und versehentlich zu uns kommst«, sagte er zu mir.

»Wieso habt ihr mich nicht einfach mal eingeladen?«, fragte ich zurück und lachte.

Russells Gruppe hatte ihr Lager direkt neben uns, und ich wusste, dass ich manchmal Bewunderer hatte, wenn ich meine Haare in der Sonne wusch. Doch vorgestellt hatten sie sich nie. Nur Russell war öfter zu Besuch gekommen. Niemand konnte damals ahnen, dass wir alle zusammen auf den Everest steigen würden.

Die Sonne war warm, und ich stopfte meine Daunensachen in den Rucksack.

Die Sherpas halfen Phurba hinunter über den steilen Nordsattel, und ich stolperte hinterher. Der Schnee war tief und nass; es fiel mir unendlich schwer, die Beine immer wieder anzuziehen. Ich stellte mich an wie ein Trampeltier, das zum ersten Mal im Schnee geht, stürzte kopfüber am Seil entlang und rappelte mich dann wieder auf. Wenn nur Russell mit seinem Fernglas nicht zusah. Nicht, dass es irgendeinen Unterschied gemacht hätte. Meine Gliedmaßen waren so müde, dass sie nicht mehr auf mein Kommando hörten. Kassang erwartete uns am Crampon-point mit heißem Tee, und er bestand darauf, meinen Rucksack zu tragen. Russell selbst kam uns auf halbem Weg entgegen und schüttelte stolz jedem die Hand. Mich umarmte er.

»Ich bin stolz auf dich, auch wenn du eigentlich in den Zoo gehörst«, flüsterte er mir ins Ohr und lachte schallend.

»Du hast uns mit dem Fernglas beobachtet? Du konntest es nicht lassen, du alter Voyeur. Wie gemein von dir!«, antwortete ich.

Aber ich musste selber lachen und führte den Sherpas vor, was sie verpasst hatten.

Lacchu hatte einen großen Schokoladenkuchen gebacken, und das ganze Camp duftete danach. Er hielt mir eine Dose Sprite entgegen. Darauf stand in gelben Leuchtbuchstaben »Helga – The Everest Queen«. Ich nahm Platz auf meinem Thron in der Küche.

Russell verarztete Phurbas Augen und versuchte Kozuka zu überreden, vom Nordsattel herunterzukommen. Solange nicht alle heil unten waren, hatte er keine Ruhe. Kozuka war total erschöpft.

»Fast tot, fast tot«, wiederholte er immer wieder und weigerte sich, weiter abzusteigen.

Da platzte Russell der Kragen.

»Du machst, dass du da runterkommst. Ich lass dich sonst alleine da oben. Es reicht schon, dass du Phurba fast umgebracht hast durch deine Sturheit. Narwang kommt heute Nacht herunter. Er ist erschöpft, und ich will nicht, dass er noch eine Nacht in der Höhe verbringt. Du kannst machen, was du willst. Das tust du ja sowieso immer«, rief er wütend ins Funkgerät.

Er war außer sich, weil Kozuka durch seine Versessenheit auf den Gipfel sich selbst und Phurba in Lebensgefahr gebracht hatte. Er hätte früher umkehren sollen. Er wusste genau, dass er längst weit über seine Kräfte hinausgegangen war und sich selbst nicht mehr helfen konnte. Phurba hatte ihn mehrmals gedrängt umzukehren, weil er so langsam war, aber er hatte nur immer wieder gestammelt: »Ich muss zum Gipfel gehen, ich muss.«

Einen Sherpa, der niemals jemandem eine Bitte abschlagen kann, so unter Druck zu setzen war unverantwortlich. Phurba selbst drehte seinen Sauerstoff auf ein Minimum herunter und trug die zusätzlichen Flaschen von Kozuka. Als dieser am Ende war, gab er ihm seine Flasche. Sie hatten die Grenze weit überschritten. Wenn das Wetter umgeschlagen wäre, hätte es vielleicht auch in unserer Gruppe eine Tragödie gegeben. Diesmal war alles gut gegangen, aber Russell machte sich Vorwürfe, dass er nicht bei uns gewesen war, um vor Ort Entscheidungen zu treffen.

Wir feierten die ganze Nacht, bei Pizza und Wein. Ivan, Karla und Heber waren zur Gipfelrunde eingeladen. Alle waren heil zurückgekommen, niemand hatte Erfrierungen erlitten. Wir hatten Glück gehabt und hoben die Gläser, um den Göttern zu danken. Russell hatte den richtigen Tag für uns herausgepickt. Alle Sicherheitsnetze, die er und die Sherpas in all den Wochen zuvor für uns gespannt hatten, hatten gehalten und uns heil aufgefangen. Selbst Kozuka saß wieder im Zelt und starrte vor sich hin. Ich schlich mich in die Küche. Dort stand der große Schokoladenkuchen von Lacchu, und wir dekorierten ihn mit bunten Sahneblumen: EVEREST 1999. Draußen stieg der Vollmond langsam aus den roten Wolken, die im letzten Sonnenlicht glänzten.

Als ich spät in der Nacht in mein Zelt kletterte, stand er silbern über dem Gipfel, und leise rauschten die vielen tausend Glitzersterne, die ich über der Kangchung-Wand gesehen hatte, durch die Nacht. Ich konnte die Engel noch hören, die leise über den Gipfelgrat flogen. Nie mehr würde ich in das silberne Angesicht des Mondes schauen, ohne an jene Nacht zu denken, in der wir auf den höchsten Berg der Erde gestiegen waren.

29. Mai

Am nächsten Morgen herrschte wieder reger Funkverkehr. Cathy und Ian waren mit ihren Sherpas oben am Gipfel. Wir begannen zu packen. Ein kühler Wind wehte durchs Camp; das gute Wetter hatte gehalten, aber nun lag ein Wechsel in der Luft. Von Süden her drangen dichte Wolken zu uns herüber. Die ersten Monsunstürme kündigten sich an.

Geoff war eifrig dabei, Presseberichte an seine Frau zu diktieren, Kozuka war immer noch »fast tot«, wie er sagte, und ließ sich nicht zu einem letzten »Vier gewinnt«-Spiel überreden. Ich schwebte immer noch hoch über den Wolken vor Glück und rief meine Eltern von unserem Satellitentelefon aus an. Sie schienen außer sich vor Freude, vor allem meine Mutter, weil sie dachte, dass ich nun von meiner Bergsteigerei geheilt sei – nie mehr würde sie sich wieder solche Sorgen machen müssen. Immer wieder musste ich zum Gipfel hinaufschauen; ich konnte immer noch nicht glauben, dass wir es geschafft hatten. Wie schnell zum Schluss alles gegangen war.

Der lange Weg ins Basislager verging wie im Flug. Ich träumte schon von all den Dingen, die ich nach unserer Rückkehr in die zivilisierte Welt unternehmen wollte. Ein neues tibetisches Kleid aus roter Seide wollte ich mir anfertigen lassen, denn ich konnte schließlich nicht in Jeans und T-Shirt nach Bodnath, zum bedeutendsten buddhistischen Heiligtum in Kathmandu, wo ich mich bei den Göttern für unser großes Glück bedanken wollte, wo ich noch einmal die Gebetsmühlen drehen und Gebetsfahnen aufhängen wollte, die meinen Dank in den Himmel tragen würden. Im *Rumdoodle*, der berühmten Gipfelbar in Kathmandu, würde ich meinen Namen zu den anderen Gipfelstürmern vom Everest an die große Tafel schreiben. Und in New York würde ich eine große Gipfelparty geben, unter den bunten Fahnen in meinem kleinen Appartement mitten in einer der größten Städte der Welt, die – so merkwürdig das auch klingen mag – in ihren Dimensionen dem Himalaja gar nicht so unähnlich ist. Meine Katze sollte ein blaues Band um den Hals tragen und wie Prinz Everest auf dem Sofa sitzen, wenn meine Freunde kamen. Nie mehr würde ich mich klein fühlen neben hartgesottenen Bergsteigern. Michelle, meine Agentin in New York, würde sich freuen, und alle meine Kunden würden mich wieder buchen, obwohl ich so lange fort gewesen war. Aber immerhin hatte ich einen guten Grund für meine lange Abwesenheit. Ich war schließlich auf dem Everest gewesen. Ich hatte die größte Herausforderung meines Lebens bestanden, hatte unbeugsamen Willen und Nervenstärke bewiesen. Dann fiel mir ein, dass Michelle mir von nun an alle unmöglichen Doppelbuchungen zumuten würde. Wenn ich dann jammern würde, würde sie einfach sagen:

»Helga, du schaffst das schon, du warst doch schließlich auf dem Everest.«

Nun hatte ich keine Ausrede mehr.

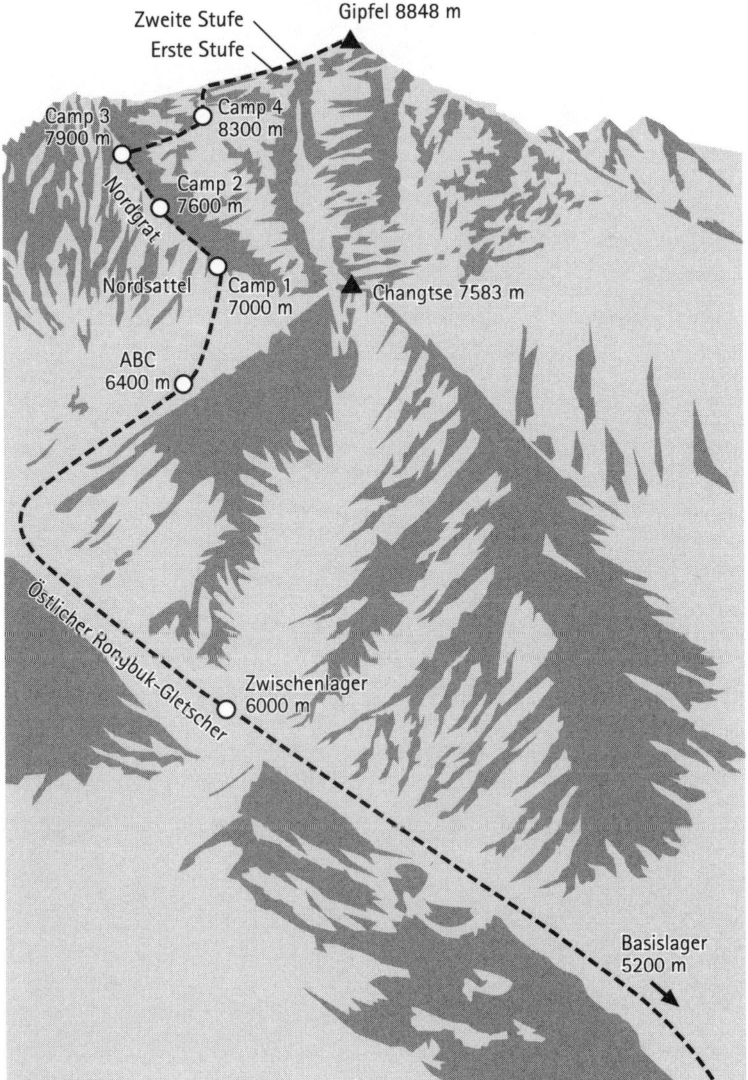
Gipfel 8848 m
Zweite Stufe
Erste Stufe
Camp 4
8300 m
Camp 3
7900 m
Camp 2
7600 m
Nordgrat
Nordsattel
Camp 1
7000 m
Changtse 7583 m
ABC
6400 m
Zwischenlager
6000 m
Östlicher Rongbuk-Gletscher
Basislager
5200 m